印紙税
課否判定の手引

共著 原　　幸（税理士）
　　 恒吉 良典（税理士）
　　 鈴木 澄子（公認会計士・税理士）

新日本法規

はしがき

　印紙税は、日々の経済取引に伴って作成される文書（契約書、領収書など）に課税される税金で、原則として課税文書を作成した際に、作成者が課税文書に印紙税相当額の収入印紙を貼り付け、消印する方法により納付します。

　したがって、文書の作成者は、日々の業務の中で作成される個々の文書について、課税文書に該当するのかどうかの判定と該当するとなればいくらの収入印紙を貼り付ければよいのかを判断していただく必要があります。

　近年の経済取引のグローバル化・複雑化に伴い取引も多様化し、作成される文書も複雑多岐で、かつ多量化しており、課税文書に該当するかどうかの判定が容易でない文書も見受けられ、更に判定を誤るとその影響も小さくないことから各方面の関係者から数多くの質問が寄せられているところです。

　また、最近の税務調査の傾向を見ると、法人税・消費税・源泉所得税、そして印紙税まで、しっかり調査されているようで、せっかく問題なく調査が終わりかけて、最後に印紙税で指摘された経験の先生方も多いように聞いています。

　本書の特徴は、印紙税について余り馴染みのない方でも具体的な事例（文書）を見ていただくことで課税文書に該当するか否かの判定ができるよう簡潔に解説し、文書の種類別に区分して掲載しています。さらに、平成25年3月「所得税法等の一部を改正する法律」の成立により印紙税法及び租税特別措置法の一部が改正されていますので、これらの内容についても掲載しました。

　また、本書の執筆者の1人は、東京国税局課税第二部調査部門（印紙税を含む間接諸税担当）で、大手金融機関（銀行・証券など）、大手

百貨店・ホテル業などへの印紙税調査に従事していた経験があり、これらを踏まえて、多業種にわたる事例を織り込みながら、分かりやすいものとなるように努めました。

　本書が、広く関係者の皆さまにご利用いただき、少しでもお役に立てれば幸いです。

　最後に、本書刊行の機会を与えてくださいました新日本法規出版株式会社の林田邦隆氏をはじめ、編集部の皆様に対しまして心から感謝申し上げます。

　平成25年10月

原　　　幸
恒吉　良典
鈴木　澄子

著　者　略　歴

原　幸（はら　みゆき）

東京国税局調査第一部調査審理課、税務大学校教育第一部教授、東京国税局調査第一部特別調査官、同局調査第一部主任国際専門官、東京国税不服審判所国税審判官、高松国税局管内税務署長、東京国税不服審判所管理課長、八王子税務署長を経て、現在、税理士

【著書】

『勘定科目別にみた・消費税のチェックポイントと経理処理』（税務研究会出版局、2007）

恒吉　良典（つねよし　よしのり）

税務大学校東京研修所教育官、東京国税局消費税課係長、同局課税第二部調査部門　主査、総括主査（印紙税を含む間接諸税調査担当）、江東東税務署副署長、東京国税不服審判所国税審判官、熊本国税局日南税務署長を経て、現在、税理士

鈴木　澄子（すずき　すみこ）

公認会計士二次試験合格、中央大学大学院卒業、大手監査法人を経て、現在、公認会計士・税理士

凡　例

＜本書の内容＞

　本書は、印紙税について、具体的なケースにおける課否判定が簡易に行えるよう解説したものです。

＜本書の構成＞

　本書は、「第1章　印紙税の基礎知識」、「第2章　印紙税の課否判定」、「参考法令等」で構成しています。

　第1章は、印紙税の基礎知識について、論述形式で解説を行い、第2章は、具体的なケースごとに解説しています。

　第2章の1項目の構成・ポイントは、次のとおりです。

ケース見出し	判定の対象となる文書を示します。
ケース	具体的な事例を設定します。
課否判定	〇　　（印紙税が課税される） ×　　（印紙税が課税されない） （不）　（課税文書に該当しない） （非）　（非課税文書に該当する） 　　　　　という形で判定を示します。
POINT	ケースに関する解説を行います。 必要に応じて、文書例を示してあります。

＜法令・通達の表記＞
　法令・通達の表記は、本文中は原則としてフルネームを用い、根拠となる法令等は、次の略記例および略語を用いました。
(1)　略記例
　　　印紙税法第4条第4項第3号＝（印法4④三）
　　　印紙税法基本通達別表第1第5号文書第1項
　　　　＝（印基通第5号文書の1）
　　　印紙税法別表第1の課税物件表「課税物件表の適用に関する通則」4ロ㈠
　　　　＝通則4ロ㈠〔本文中および根拠において用いました。〕
(2)　略　語
　　印法　　印紙税法
　　通則　　印紙税法別表第1の課税物件表「課税物件表の適用に関する通則」
　　印令　　印紙税法施行令
　　措法　　租税特別措置法
　　印基通　印紙税法基本通達

＜参　考＞
　「第1章　印紙税の基礎知識」は、平成24年10月国税庁公表「印紙税の手引」を参考に執筆しています。

目　次

第1章　印紙税の基礎知識

　　　　　　　　　　　　　　　　　　　　　　　　　　　　　　　ページ
- 第1　納税義務者、納税地……………………………………………… 3
- 第2　課税範囲…………………………………………………………… 7
- 第3　文書の所属の決定………………………………………………… 12
- 第4　契約書……………………………………………………………… 17
- 第5　記載金額…………………………………………………………… 21
- 第6　納付方法…………………………………………………………… 32
- 第7　過誤納金の還付等………………………………………………… 34
- 第8　過怠税……………………………………………………………… 36
- 第9　印紙税法および租税特別措置法の一部改正…………………… 37

第2章　印紙税の課否判定

第1　商品売買関係

- 1　商品売買基本契約書………………………………………………… 45
- 2　加工トマト契約書…………………………………………………… 47
- 3　たけのこ缶詰売買契約書…………………………………………… 49
- 4　牛乳・乳製品等取引契約書………………………………………… 51
- 5　リース契約に関する業務協定書…………………………………… 53
- 6　購入品品質保証契約書……………………………………………… 55

7 品質保証協定書……………………………………………………57
8 商品拡売についてのお約束書……………………………………59

第2 不動産売買関係

9 不動産の売買契約書および売渡証書……………………………61
10 分譲住宅地売買契約書……………………………………………62
11 土地付建物売買契約書……………………………………………64
12 構築物売買契約書…………………………………………………65
13 物件移転を伴う土地売買契約書…………………………………67
14 代物弁済契約証書…………………………………………………69
15 解体（建物）した部材の売買契約書……………………………71
16 土地の再売買予約契約書…………………………………………72
17 農地停止条件付売買契約書………………………………………74
18 不動産売買契約変更契約書………………………………………76
19 損失補償契約書……………………………………………………78
20 物件移転契約書（土地収用の場合）……………………………79
21 マンション購入申込書……………………………………………81

第3 不動産等賃貸借関係

22 土地の賃貸借契約書………………………………………………82
23 定期借地権設定契約書（戸建住宅・賃借権）…………………84
24 土地賃貸借契約の更新契約書……………………………………86
25 賃貸借料変更の覚書………………………………………………88
26 墓地永代賃貸借契約書……………………………………………90
27 駐車場用地賃貸借契約書…………………………………………92
28 土地の使用承諾書…………………………………………………94

29	地線埋設承諾書	95
30	建物賃貸借契約書	97
31	定期建物賃貸借契約書	99
32	貸室賃貸借契約書	101
33	裸用船契約書	103
34	車両の賃貸借契約書	105
35	電子計算機を賃借することの約定書	106

第4 永小作権、地役権、鉱業権、無体財産権、営業権関係

36	永小作権設定契約書	108
37	地役権設定契約書	110
38	租鉱権設定契約書	112
39	砂利採取契約書	114
40	鉱業権譲渡契約書	116
41	特許等の出願権の譲渡契約書	118
42	特許権の専用実施権設定契約書	120
43	特許権の通常実施権許諾契約書	121
44	実用新案権の譲渡契約書	123
45	商標使用契約書	124
46	回路配置利用権の通常利用権設定契約書	126
47	育成者権の譲渡契約書	128
48	商号譲渡契約書	130
49	著作物利用許諾契約書	131
50	排出量取引に関する売買契約書	133

第5 請負関係

- 51 大型機械の売買契約証書……………………………………………… 135
- 52 食肉加工請負契約書…………………………………………………… 137
- 53 加工（規格）製作契約書……………………………………………… 139
- 54 建築申込書……………………………………………………………… 141
- 55 注文書（見積書に基づく注文書）…………………………………… 143
- 56 工事の注文書および請書……………………………………………… 144
- 57 監査契約書……………………………………………………………… 146
- 58 エレベーター保守契約書……………………………………………… 147
- 59 暖房設備保守契約書…………………………………………………… 149
- 60 広告請負契約書………………………………………………………… 151
- 61 清掃契約書……………………………………………………………… 152
- 62 作業請負契約書………………………………………………………… 154
- 63 クリーニング承り票…………………………………………………… 156
- 64 介護サービス契約書…………………………………………………… 158
- 65 有料老人ホーム入居契約書…………………………………………… 159

第6 運送関係

- 66 運送基本契約書………………………………………………………… 160
- 67 貨物の運送契約書……………………………………………………… 161
- 68 運送業務契約書………………………………………………………… 163
- 69 納品代行業務請負契約書……………………………………………… 164
- 70 定期用船契約書………………………………………………………… 166
- 71 ヘリコプター賃貸借契約書…………………………………………… 168

第7 委任関係

- 72 業務委託契約書……………………………………………… 169
- 73 産業廃棄物処理委託契約書……………………………… 171
- 74 社内売店委託契約書……………………………………… 173
- 75 ガス料金集金契約書……………………………………… 174
- 76 調査委託契約書…………………………………………… 175
- 77 税理士委嘱契約書………………………………………… 176
- 78 顧問契約書………………………………………………… 177
- 79 コンサルタント業務契約書……………………………… 178
- 80 株主総会の委任状………………………………………… 179

第8 消費貸借関係

- 81 金銭消費貸借契約証書…………………………………… 180
- 82 抵当権設定金銭消費貸借契約証書……………………… 182
- 83 債務承認書………………………………………………… 184
- 84 借入申込書………………………………………………… 185
- 85 利率変更についての覚書………………………………… 186
- 86 借用金変更約定書………………………………………… 187
- 87 カードローン申込書……………………………………… 188
- 88 住宅資金借用証…………………………………………… 189
- 89 借用証書…………………………………………………… 190

第9 担保関係

- 90 譲渡担保権設定契約書…………………………………… 191
- 91 預金担保差入証…………………………………………… 193

92	担保品預り証	195
93	抵当権設定契約書	197
94	抵当権譲渡承諾書	199

第10 債務保証・債権譲渡関係

95	債権譲渡証書	200
96	売掛債権譲渡契約書	201
97	債権譲渡承諾書	203
98	地位承継覚書	204
99	通貨および金利交換取引契約証書	205
100	債務履行引受契約証書	207
101	債務引受けに関する同意書	209
102	債務保証についての念書	210
103	保証差入書	211
104	保証書	213
105	連帯保証承諾書	215
106	身元保証書	217
107	入社誓約書	218
108	誓約書	219

第11 金融・保険関係

(1) 預貯金関係

109	預金契約書	220
110	財産形成積立定期預金契約の証	222
111	預金の預り証	223

112	受取書	225
113	送金取組依頼書	226
114	キャッシュカード利用申込書	228
115	預金残高証明書	229
116	積金通帳	230
117	定期預金証書	232
118	譲渡性預金証書	234
119	夜間預金金庫使用証	236
120	手書記入欄のある普通預金通帳	237

　(2)　保険関係

121	生命保険の代理店契約書	238
122	生命保険証券	240
123	保険証券	242
124	団体信用生命保険に関する覚書	243
125	団体取扱契約証書	245
126	火災保険証券	246
127	自動車損害賠償責任保険のインターネット通信販売の取扱いに関する覚書	248
128	販売用・陸送自動車等包括保険特約書	251
129	国内海外旅行・航空損害保険契約証（保険料領収証）	253
130	動産総合保険証券	254
131	動産総合保険商品付帯契約特約書	256
132	保険契約更新通知書	258

　(3)　手形関係

133	約束手形	260

134	銀行間の約束手形	262
135	為替手形	264
136	白地手形	265
137	手形支払依頼書	267
138	代金取立手形預り証	269
139	代金取立手形通帳	270

第12 寄託関係

140	商品寄託契約書	272
141	貨物寄託契約書	274
142	貨物の保管および荷役契約書	275
143	有価証券の寄託に関する預り書	277
144	金（ゴールド）預り証	278
145	倉荷証券	279

第13 信託関係

146	住宅信託契約書	280
147	生命保険信託契約書	282
148	金銭信託証書	283
149	財産形成信託取引証	284
150	信託行為に関する通帳	286
151	金銭の信託契約書	287
152	貸付有価証券契約書	289
153	信託財産領収書	291

第14　会社関係

(1) 定　款

154　定　款 …………………………………………………………… 292
155　一般社団法人・一般財団法人が作成する定款 ………………… 294

(2) 組織再編

156　合併契約書 ………………………………………………………… 295
157　合併契約一部変更契約書 ………………………………………… 296
158　事業譲渡契約書 …………………………………………………… 297
159　株式買取りについての覚書 ……………………………………… 299
160　吸収分割契約書および新設分割計画書 ………………………… 301

(3) 株券・社債券・配当金領収書・配当金振込通知書

161　株式申込受付票 …………………………………………………… 302
162　株券 ………………………………………………………………… 304
163　配当金支払帳 ……………………………………………………… 305
164　配当金領収証 ……………………………………………………… 306
165　配当金振込通知書 ………………………………………………… 307
166　外国証券配当金（金利）のお知らせ …………………………… 308
167　学校債券 …………………………………………………………… 309
168　社債登録請求承諾書 ……………………………………………… 310
169　外国法人の発行する債券 ………………………………………… 312

第15　受取書関係

170　金銭の受取書 ……………………………………………………… 313
171　売上代金と売上代金以外の金額を併記した領収書 …………… 316
172　元利金弁済金の受取書 …………………………………………… 317
173　計算書 ……………………………………………………………… 318

174	レシート（領収書、精算票、お買上票）	320
175	プリペイドカードにより代金決済した場合の受取書	321
176	相殺したことを証明する領収書	323
177	訪問販売の領収書	324
178	売掛金を集金した際に作成した仮領収証	325
179	相済の請求書	326
180	手付金の領収書	328
181	入金証明書	329
182	定期積金の受取書	330
183	クレジット販売の場合の領収書	332
184	住宅ローン完済通知書	333
185	再発行した領収書	334
186	領収証明書	335
187	旅館等が作成するタクシー代等の受取書	336
188	振替済通知書	337
189	振込入金のお礼	339

第16 通帳関係（預金通帳を除く）

190	お通帳	341
191	会費領収欄のある会員証	343
192	お買上明細および領収書	345
193	家賃の領収通帳	346

第17 判取帳関係

- 194 判取帳 …………………………………………… 347
- 195 給与台帳 ………………………………………… 348
- 196 外交員報酬受領書 ……………………………… 349
- 197 給与明細書 ……………………………………… 350

第18 継続取引関係

- 198 工事請負基本契約書 …………………………… 351
- 199 商取引基本契約書 ……………………………… 353
- 200 ビール大麦売買契約書 ………………………… 354
- 201 チェーン・ストア契約書 ……………………… 355
- 202 販売代理店契約書 ……………………………… 356
- 203 自動車借上げについての請書 ………………… 357
- 204 化粧品コーナー設置契約書 …………………… 358
- 205 会員制度による物品売買基本約定書 ………… 359
- 206 加盟店取引約定書 ……………………………… 361
- 207 商品輸送についての契約書 …………………… 362
- 208 警備保障に関する覚書 ………………………… 364
- 209 単価決定通知書 ………………………………… 365
- 210 商品販売リベートの収受についての覚書 …… 367
- 211 清掃業務請負基本契約書 ……………………… 368

第19 その他

- 212 貨物引換証・倉庫証券・船荷証券 …………… 370
- 213 信用状 …………………………………………… 372
- 214 解約合意書 ……………………………………… 373

参考法令等

○印紙税法施行令（抄）（昭和42年5月31日政令第108号）………377
○印紙税法基本通達（抄）（昭和52年4月7日間消1－36ほか）…379
○印紙税額一覧表（国税庁）………………………………………382

○事項索引 …………………………………………………………387

第 1 章

印紙税の基礎知識

第1 納税義務者、納税地

1 納税義務者（印法3）

(1) 納税義務の成立および納税義務者

印紙税の納税義務は、課税文書を作成した時に成立し、課税文書の作成者が、その作成した課税文書について印紙税を納める義務があります。

(2) 課税文書の作成とは

課税文書の作成とは、単なる課税文書の調製行為をいうのではなく、課税文書となるべき用紙などに課税事項を記載し、これをその文書の目的に従って行使することをいいます。

したがって、課税文書の「作成の時」は、その行使の態様によりそれぞれ次のとおりになります。

	行使の態様	作成の時	例　示
1	相手方に交付する目的で作成される課税文書	交付の時	手形、株券、出資証券、社債券、預貯金証書、貨物引換証、倉庫証券、船荷証券、保険証券、配当金領収証、受取書、請書、差入書
2	契約当事者の意思の合致を証明する目的で作成される課税文書	証明の時	各種契約書、協定書、約定書、合意書、覚書
3	一定事項の付け込みを証明することを目的として作成される課税文書	最初の付け込みの時	預貯金通帳、その他通帳、判取帳
4	認証を受けることにより効力が生ずる課税文書	認証の時	定款
5	本店に備え置くことが義務付けられている課税文書	本店に備え置く時	新設分割計画書

(3) 課税文書の作成者とは

　課税文書の作成者は、原則として、その文書に記載された作成名義人ですが、法人などの役員または従業員がその法人などの業務または財産に関して作成したものについては、役員または従業員が作成名義人となっていても、その法人などが作成者となります。

　なお、委任に基づく代理人が、委任事務の処理に当たって作成する課税文書については、次のとおりとなります。

① 代理人名義で作成する文書は、その文書に委任者の名称が表示されていても、代理人が作成者となります。

② 委任者の名義のみが表示されている文書は、その委任者が作成者となります。

(4) 共同作成者の連帯納税義務

　一の課税文書を2以上の者が共同して作成した場合には、その2以上の者は、その作成した課税文書について、連帯して印紙税を納める義務があります。この場合、そのうちの1人がその課税文書に係る印紙税を納めたときは、他の者の納税義務は消滅します。

　なお、この共同作成者の連帯納税義務については、過怠税の納税義務についても同様です。

2　納税地（印法6）

　印紙税の納税地は、次に掲げる課税文書の区分に応じ、それぞれの場所となります（印法6）。

① 印紙税法11条1項または12条1項の承認に係る課税文書

　これらの承認をした税務署長の所属する税務署の管轄区域内の場所

② 印紙税法9条1項の請求に係る課税文書

　当該請求を受けた税務署長の所属する税務署の管轄区域内の場所

③　印紙税法10条1項に規定する印紙税納付計器により、印紙税に相当する金額を表示して同項に規定する納付印を押す課税文書
　　当該印紙税納付計器の設置場所
④　①～③に掲げる課税文書以外の課税文書で、当該課税文書にその作成場所が明らかにされているもの
　　当該作成場所
⑤　①～③までに掲げる課税文書以外の課税文書で、当該課税文書にその作成場所が明らかにされていないもの
　　下記政令（印令4）で定める場所

　さらに、印紙税法施行令4条には、印紙税法6条5号に掲げる政令で定める場所は、次に掲げる場所とされています。
①　単独作成した文書
　㋐　その作成者の事業に係る事務所、事業所その他これらに準ずるものの所在地が記載されている課税文書
　　当該所在地
　㋑　その他の課税文書
　　当該課税文書の作成の時における作成者の住所（住所がない場合には、居所）
②　共同作成した文書
　㋐　その作成者が所持している課税文書
　　当該所持している場所
　㋑　その作成者以外の者が所持している課税文書
　　当該作成者のうち当該課税文書に最も先に記載されている者のみが当該課税文書を作成したものとした場合の①の㋐または㋑に掲げる場所

号	区　　分	納税地（注）
一	書式表示の承認に係る課税文書（印法11）	A
	預貯金通帳等に係る申告・納付（印法12）	A
二	税印押なつ請求に係る課税文書（印法9）	B
三	納付計器の設置場所（印法10）	C
四	課税文書の作成場所が明らかであるもの（印法9）	作成場所
五	一～三に掲げる課税文書以外で作成場所が明らかでないもの	D
	①　単独作成の場合	
	㋐　作成者の事業に係る事務所、事業所等の所在地が記載されている課税文書	D－1
	㋑　その他の課税文書	D－2
	②　共同作成の場合	
	㋐　作成者が所持している課税文書	D－3
	㋑　作成者以外が所持している課税文書	D－4

(注)　納税地
　　A　承認をした税務署長の所属する管轄区域内の場所（印法6一）
　　B　請求を受けた税務署長の所属する管轄区域内の場所（印法6二）
　　C　納付計器の設置場所（印法6三）
　　D　政令で定める場所（印法6四）
　　　1　事務所、事業所等の所在地（印令4①一）
　　　2　課税文書の作成の時における作成者の住所等（印令4①二）
　　　3　所持している場所（印令4②一）
　　　4　課税文書に最も先に記載されている者のみが作成したものとした場合の①の㋐または㋑に掲げる場所（印令4②二）

〔参考〕印紙税の手引（平成24年10月国税庁）

第2 課税範囲

1 課税文書に関する基本的事項

(1) 課税文書（印法3）

印紙税が課税される文書（以下「課税文書」といいます。）とは、印紙税法別表第1（以下「課税物件表」といいます。）に掲げられている20種類の文書により証されるべき事項（以下「課税事項」といいます。）を証明する目的で作成されたもののうち、次に説明する「非課税文書」に該当しない文書をいいます。

> （注）　課税物件表に掲げる文書の号別、種類などについては、「印紙税額一覧表」（382頁）を参照してください。

(2) 非課税文書（印法5）

非課税文書とは課税物件表に掲げられている文書のうち、次のいずれかに該当する文書をいいます。

① 課税物件表の非課税物件欄に規定する文書
② 国、地方公共団体または印紙税法別表第2に掲げる者が作成した文書
③ 印紙税法別表第3の上欄に掲げる文書で、同表の下欄に掲げる者が作成した文書
④ 特別の法律により非課税とされる文書（健康保険法195ほか）

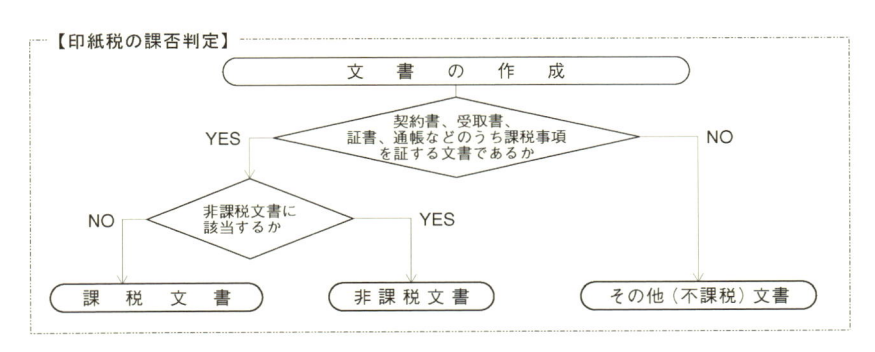

【印紙税の課否判定】

```
            文 書 の 作 成
                  │
                  ▼
        契約書、受取書、証書、通帳などのうち
        課税事項を証する文書であるか
         YES ◄──────────────► NO
          │                      │
          ▼                      ▼
    非課税文書に該当するか      その他（不課税）文書
     NO ◄──────► YES
      │           │
      ▼           ▼
    課税文書    非課税文書
```

(3) 課税文書に該当するかどうかの判断
① 文書に記載されている個々の内容について判断します。

> 例えば、契約書のような文書は、その形式、内容とも作成者が自由に作成することができますから（契約自由の原則）、その内容には様々なものがあります。
> 印紙税の課税文書に該当するか否かの判定（課否判定）は、その文書の全体的な評価によって決めるのではなく、その文書の内容として記載されている個々の事項の全てについて検討し、その個々の事項の中に一つでも課税物件表に掲げる課税事項となるものが含まれていれば、その文書は課税文書となります。

② 単に、文書の名称または呼称およびその形式的な記載文言によることなく、その記載文言の実質的な意義に基づいて判断します。

> 実質的な意義の判断は、その文書に記載または表示されている文言、符号などを基礎として、その文言、符号などを用いることについての関係法律の規定、当事者間の了解、基本契約または慣習などを加味し、総合的に行います。
> 例えば、売掛金の請求書に「了」、「済」などと表示してあり、その「了」、「済」の表示が売掛金を領収したということの当事者間の了解事項に基づくものであれば、その文書は売上代金の受取書（第17号の1文書）に該当します。

(4) 他の文書を引用している文書の判断
原則として、引用している部分はその文書に記載されているものとしてその文書の記載内容を判断することとなります。

> ただし、記載金額および契約期間については、その文書に記載されているもののみに基づいて判断することとなります（第1号文書、第2号

文書または第17号の1文書については、記載金額に係る特例があります。)。

(5) 仮契約書や仮領収書等
　仮契約書や仮領収書であっても、課税事項を証明するものは課税文書になります。

　この取扱いは、後日、正式な契約書や領収書が作成されるか否かにかかわりません。

2　課税文書の作成とみなされる場合

　印紙税の納税義務の成立の時は、課税文書の作成の時とされています。この課税文書の作成とは、課税文書となるべき用紙に、課税文書によって証されるべき事項を記載し、これをその文書の目的に従って行使することをいいますが、次の場合には、課税文書の作成があったものとみなされます。

(1) 手形の作成とみなされる場合
　約束手形や為替手形を、手形金額を記載しないままで振り出したり、引き受けたりした後に、手形金額が補充される場合には、その補充をした者が、その補充をした時に、手形を作成したものとみなされます。

(2) 通帳等の作成とみなされる場合
　通帳や判取帳(以下「通帳等」といいます。)を1年以上継続して使用する場合には、その通帳等を作成した日から1年を経過した日以後最初の付け込みをした時に、新たにそれらの通帳等が作成されたものとみなされます。
　したがって、通帳で例えると、数年間使用することとしている駐車場の使用料の受取通帳に毎月の使用料の受領事実を付け込む場合は、

最初の付け込みの時に400円の印紙を貼り付け、以後1年経過するごとに新たに400円ずつ印紙を貼り付ける必要があることになります。

(3) 追記等が課税文書の作成とみなされる場合

ある一の文書に、その後更に課税事項を追加して記載した場合または通帳等として使用するための付け込みをした場合には、その追記または付け込みをした者が、その追記または付け込みをした時に、その追記または付け込みをした事項を記載した課税文書を新たに作成したものとみなされます。

(4) 通帳等への付け込みであっても契約書等の作成とみなされる場合

通帳等に、不動産などの譲渡に関する契約書、地上権もしくは土地の賃借権の設定もしくは譲渡に関する契約書、消費貸借に関する契約書、運送に関する契約書、請負に関する契約書、または売上代金の受取書によって証されるべき事項の付け込みがなされた場合で、その事項に係る記載金額が次のような金額となるときは、その事項については、通帳等への付け込みではなく、その事項の属する第1号、第2号または第17号の1文書の新たな作成があったものとみなされます。

① 不動産などの譲渡に関する契約書、地上権もしくは土地の賃借権の設定もしくは譲渡に関する契約書、消費貸借に関する契約書、または運送に関する契約書により証されるべき事項について10万円を超える金額

② 請負に関する契約書により証されるべき事項について100万円を超える金額

③ 売上代金に係る金銭または有価証券の受取書により証されるべき事項について100万円を超える金額

(5) 国等と共同作成した課税文書について単独作成とみなされる場合

国、地方公共団体または印紙税法別表第2に掲げる者（以下「国等」といいます。）が作成した文書は、非課税文書に該当します。

　また、国等と国等以外の者とが共同して作成した文書については、次のようになります。
① 　国等または公証人が保存するものは、国等以外の者が作成したものとみなされ、課税対象になります。
② 　国等以外の者（公証人を除きます。）が保存するものは、国等が作成したものとみなされ、非課税となります。

〔参考〕印紙税の手引（平成24年10月国税庁）

第3　文書の所属の決定

　印紙税は、課税物件表の第1号～第20号文書に対して課税されます（通則1～3）。

　したがって、第何号文書に該当するかの判定（所属の決定）は、非常に重要です。

　具体的には、「印紙税法別表第1課税物件表の適用に関する通則」および「印紙税法基本通達」に規定されていますが、基本的な内容について、以下のとおり例示とあわせて説明します。

1　単一の事項のみが記載されている文書

　その記載されている事項が、第何号文書に該当するか判断します。

> 　例えば、一の文書に土地の売買契約とか金銭の受取事実など単一の事項のみが記載されているものについては、次のとおりその文書の所属する号が決まります。
> 　（例1）土地の売買契約書　⇒　第1号の1文書
> 　（例2）売上代金の受取書　⇒　第17号の1文書

2　2以上の事項が併記または混合記載されている文書

　それぞれの記載事項について所属を判定した上で、以下に例示する一定のルールに従って最終的な所属を決定します。

① 　第1号または第2号文書と第3号から第17号までの文書とに該当する文書（ただし、②または③に該当する文書は除かれます。）⇒第1号（または第2号）文書

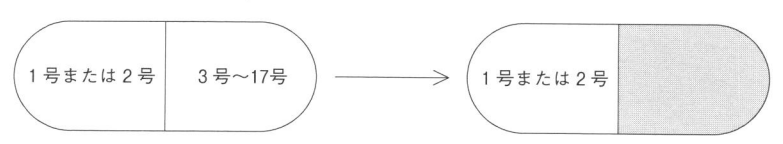

| 1号または2号 | 3号～17号 | → | 1号または2号 | |

第1章　印紙税の基礎知識　　13

(例1) 不動産および売掛債権の譲渡契約書（第1号の1文書と第15号文書）⇒第1号の1文書
(例2) 請負工事の内容とその代金の受領事実を記載した契約書（第2号文書と第17号の1文書）⇒第2号文書

② 第1号または第2号文書で契約金額の記載のないものと第7号文書とに該当する文書⇒第7号文書

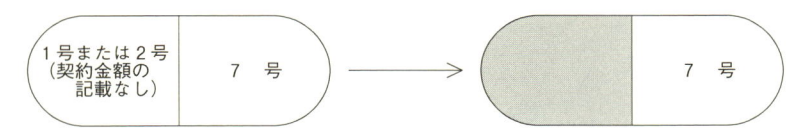

| 1号または2号
（契約金額の
記載なし） | 7 号 | → | | 7 号 |

(例) 継続する物品運送についての基本的な事項を定めた契約書で契約金額の記載のないもの（第1号の4文書と第7号文書）⇒第7号文書

③ 第1号または第2号文書と第17号の1文書とに該当する文書のうち、売上代金に係る受取金額（100万円を超えるものに限ります。）の記載があるものでその金額が第1号もしくは第2号文書についての契約金額（その契約金額が2以上ある場合には、その合計額）を超えるものまたは第1号もしくは第2号文書についての契約金額の記載のないもの⇒第17号の1文書

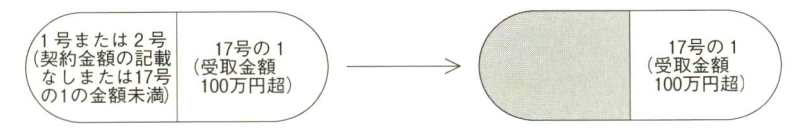

| 1号または2号
（契約金額の記載
なしまたは17号
の1の金額未満） | 17号の1
（受取金額
100万円超） | → | | 17号の1
（受取金額
100万円超） |

(例) 売掛金800万円のうち600万円を領収し、残額200万円を消費貸借の目的とする旨が記載されている消費貸借および金銭の受取書（第1号の3文書と第17号の1文書）⇒第17号の1文書

④ 第1号文書と第2号文書とに該当する文書（ただし、⑤に該当する文書は除かれます。）⇒第1号文書

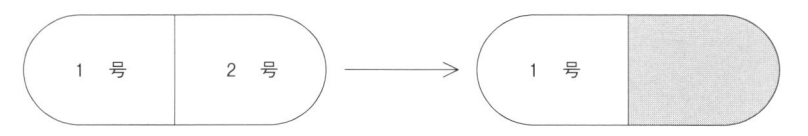

```
┌─────┬─────┐        ┌─────┬─────┐
│ 1 号│ 2 号│   ──▶  │ 1 号│▓▓▓▓▓│
└─────┴─────┘        └─────┴─────┘
```

（例） 機械製作およびその機械の運送契約書（第2号文書と第1号の4文書）⇒第1号の4文書

⑤ 第1号文書と第2号文書とに該当する文書で、その文書にそれぞれの契約金額が区分記載されており、第2号文書についての契約金額が第1号文書についての契約金額を超えるもの⇒第2号文書

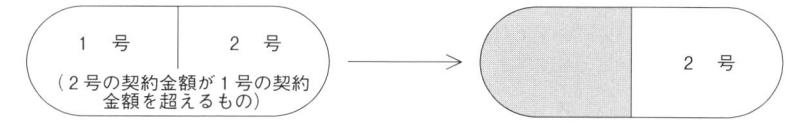

```
┌─────┬─────┐        ┌─────┬─────┐
│ 1 号│ 2 号│   ──▶  │▓▓▓▓▓│ 2 号│
│（2号の契約金額が1号の契約│        └─────┴─────┘
│ 金額を超えるもの）      │
└─────────────┘
```

（例） 機械製作費200万円およびその機械の運送料10万円とが区分記載されている請負および運送契約書⇒第2号文書

⑥ 第3号から第17号までの2以上の号に該当する文書（ただし、⑦に該当する文書は除かれます。）⇒最も号数の少ない号の文書

```
┌──────┬──────┐      ┌──────┬──────┐
│3号～17号│3号～17号│ ──▶ │最も号数の│▓▓▓▓▓▓│
└──────┴──────┘      │少ない号の│      │
                      │  文  書  │      │
                      └──────┴──────┘
```

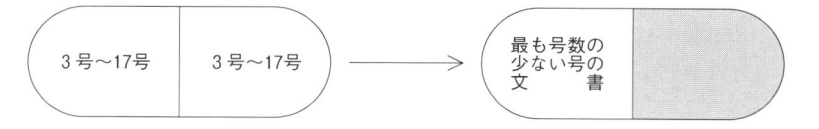

（例） 継続する債権譲渡についての基本的な事項を定めた契約書（第7号文書と第15号文書）⇒第7号文書

⑦　第3号から第16号までの文書と第17号の1文書とに該当する文書のうち、売上代金に係る受取金額（100万円を超えるものに限ります。）の記載があるもの⇒第17号の1文書

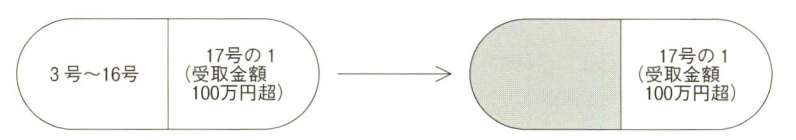

```
┌─────────┬──────────────┐        ┌──────────────┐
│ 3号～16号 │ 17号の1      │   →    │ 17号の1      │
│         │ (受取金額    │        │ (受取金額    │
│         │ 100万円超)   │        │ 100万円超)   │
└─────────┴──────────────┘        └──────────────┘
```

（例）　債権の譲渡契約書にその代金200万円の受取事実を記載したもの（第15号文書と第17号の1文書）⇒第17号の1文書

⑧　第1号から第17号までの文書と第18号から第20号までの文書（通帳等）とに該当する文書（ただし、⑨、⑩または⑪に該当する文書は除かれます。）⇒通帳等（第18号～第20号文書）

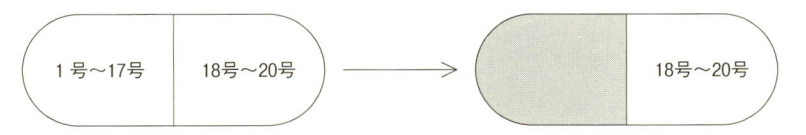

```
┌─────────┬──────────┐        ┌──────────┐
│ 1号～17号│ 18号～20号│   →    │ 18号～20号│
└─────────┴──────────┘        └──────────┘
```

（例）　生命保険証券兼保険料受取通帳（第10号文書と第18号文書）⇒第18号文書

⑨　第1号文書で契約金額が10万円を超えるものと第19号または第20号文書とに該当する文書（第19号または第20号の通帳等に、契約金額10万円を超える第1号の課税事項の付け込みをしたものも含まれます。）⇒第1号文書

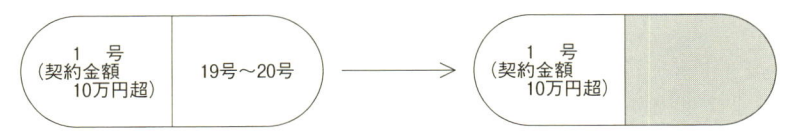

```
┌──────────────┬──────────┐        ┌──────────────┐
│ 1号          │ 19号～20号│   →    │ 1号          │
│ (契約金額    │          │        │ (契約金額    │
│ 10万円超)    │          │        │ 10万円超)    │
└──────────────┴──────────┘        └──────────────┘
```

（例）　契約金額が500万円の不動産売買契約書とその代金の受取通帳（第1号の1文書と第19号文書）⇒第1号の1文書

⑩　第2号文書で契約金額が100万円を超えるものと第19号または第20号文書とに該当する文書（第19号または第20号の通帳等に、契約金額100万円を超える第2号の課税事項の付け込みをしたものも含まれます。）⇒第2号文書

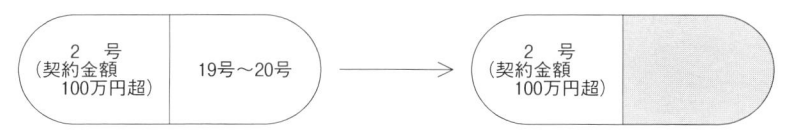

```
┌─────────────────────────┐         ┌─────────────────────────┐
│  2 号      │            │         │  2 号      │░░░░░░░░░░░│
│ (契約金額) │  19号～20号 │   ──→   │ (契約金額) │░░░░░░░░░░░│
│ 100万円超  │            │         │ 100万円超  │░░░░░░░░░░░│
└─────────────────────────┘         └─────────────────────────┘
```

（例）　契約金額が150万円の請負契約書とその代金の受取通帳（第2号文書と第19号文書）⇒第2号文書

⑪　第17号の1文書で売上代金の受取金額が100万円を超えるものと第19号または第20号文書とに該当する文書（第19号または第20号の通帳等に、100万円を超える売上代金の受領事実の付け込みをしたものも含まれます。）⇒第17号の1文書

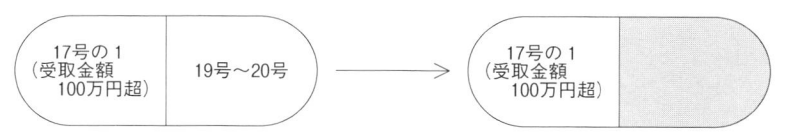

```
┌─────────────────────────┐         ┌─────────────────────────┐
│ 17号の1    │            │         │ 17号の1    │░░░░░░░░░░░│
│ (受取金額) │  19号～20号 │   ──→   │ (受取金額) │░░░░░░░░░░░│
│ 100万円超  │            │         │ 100万円超  │░░░░░░░░░░░│
└─────────────────────────┘         └─────────────────────────┘
```

（例）　下請前払金200万円の受領事実を記載した請負通帳（第17号の1文書と第19号文書）⇒第17号の1文書

⑫　第18号文書と第19号文書とに該当する文書⇒第19号文書

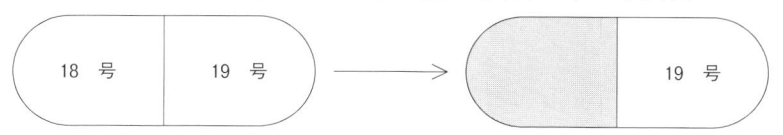

```
┌─────────────────────────┐         ┌─────────────────────────┐
│   18 号    │   19 号    │   ──→   │░░░░░░░░░░░│   19 号    │
└─────────────────────────┘         └─────────────────────────┘
```

（例）　預貯金通帳と金銭の受取通帳が1冊となった通帳（第18号文書と第19号文書）⇒第19号文書

〔参考〕印紙税の手引（平成24年10月国税庁）

though
第4 契約書

　不動産の譲渡に関する契約書などの「契約書」には、印紙税が課税されます。
　このような印紙税の課税の対象となる「契約書」はどのようなものか、以下で説明します。
（注）　課税物件表に掲げられている「契約書」のみが課税の対象となります。したがって、例えば委任契約書などは、課税物件表に掲げられていませんので印紙税は課税されません。

1　契約書とは

　文書の名称のいかんに関わらず、契約当事者間において契約（その予約を含みます。）の成立、更改、内容の変更や補充の事実を証明する目的で作成される文書をいいます（通則5）。

> 　契約書…契約証書、協定書、約定書、覚書その他名称のいかんを問わず、契約の当事者の間において、契約（その予約を含みます。）の成立、更改、内容の変更や補充の事実（以下、これらを「契約の成立等」といいます。）を証明する目的で作成される文書をいいます。
> 　したがって、解約合意書など、契約の消滅の事実のみを証明する目的で作成される文書は課税されません。
> 　また、念書、請書など契約の当事者の一方のみが作成する文書や契約の当事者の全部あるいは一部の署名を欠く文書で、当事者間の了解や商慣習に基づき契約の成立等を証明する目的で作成されるものも契約書に含まれます。

　契約書についての主な用語の意義については、次のとおりです。
① 　「契約」とは、2以上の当事者の意思表示の合致によって成立する法律行為をいい、一般的に一方の当事者の申込みに対し他方の当事者が承諾することにより成立します。

② 「契約の予約」とは、本契約を将来成立させることを約する契約をいいます。

　なお、予約契約書については、その成立させようとする本契約の内容に従って課税文書に該当するかどうかを判断します。

③ 「契約の更改」とは、契約によって、既にある債務を消滅させて新たな債務を成立させることをいいます。

　なお、更改契約書については、新たに成立する債務の内容に従って課税文書に該当するかどうかを判断します。

> （例）　請負代金支払債務を消滅させて、新たに土地を給付する債務を成立させる契約書⇒第1号の1文書（不動産の譲渡に関する契約書）

④ 「契約の内容の変更」とは、既にある契約（原契約）の同一性を失わせないで、その内容を変更することをいいます。

　また、「契約の内容の補充」とは、原契約の内容として欠けている事項を補充することをいいます。

　なお、変更契約書または補充契約書は、印紙税法基本通達別表第2に掲げる一定の重要事項を変更または補充するものだけが課税されます。

(注)　原契約書が2以上の号に該当する場合において、当該2以上の号の重要な事項を変更（補充）する変更（補充）契約書は、それぞれの号に該当することになり、前記第3の2（12頁参照）により所属を決定します。

> （例1）　報酬月額と契約期間の記載がある清掃請負契約書（第2号文書と第7号文書に該当し、所属は第2号文書となる。）の報酬月額を変更する契約期間の記載がない契約書⇒第7号文書
> （例2）　報酬月額と契約期間の記載がある清掃請負契約書（第2号文書と第7号文書に該当し、所属は第2号文書となる。）の報酬月額を変更する契約期間の記載がある契約書⇒第2号文書

2　契約書の写し、副本、謄本等

写し、副本または謄本等であっても、契約の成立等を証明するものは課税文書に該当します。

> 　一つの契約について同一の契約書が数通作成される場合であっても、それぞれの文書が課税文書となります。
> 　実際の取引においては、契約書に写し、副本、謄本などと表示される場合がありますが、このような場合でも、①契約当事者の署名があるもの、押印があるもの、②正本や原本などと相違ないことの契約当事者の証明があるもの、③写し、副本、謄本であることの契約当事者の証明のあるものは、契約の成立等を証明するために作成されたものと認められますから、契約書に該当します（いずれも文書の所持者のみが署名、押印、または証明しているものを除きます。）。
> 　なお、契約書を複写機でコピーしたもので、上記のような署名、押印または証明のないものは、契約書になりません。

3　契約当事者以外の者に提出する文書

契約当事者以外の者に提出することが明らかなものは、課税文書に該当しません。

> 　契約当事者以外の者（例えば、監督官庁、融資銀行など当該契約に直接関与しない者をいい、消費貸借契約における保証人、不動産売買契約における仲介人など、その契約に参加する者は含まれません。）に提出または交付する文書であって、その文書に提出先もしくは交付先が記載されているものまたは文書の記載文言からみて契約当事者以外の者に提出もしくは交付することが明らかなものについては、課税文書に該当しないものとして取り扱われます。

4　申込書等と表示された文書

① 　申込書等と称する文書は、一般的には課税文書には該当しません。

　　申込書、注文書、依頼書など（以下「申込書等」といいます。）は、一般的には契約の申込みの事実を証明する目的で作成されるものですから、契約書とはなりません。

② 　申込書と称する文書であっても、契約の成立を証する文書は課税文書となります。

　　具体的には、おおむね次の基準に該当するものは契約書となります。
　(ｱ)　契約当事者間の基本契約書、規約、約款などに基づく申込みであることが記載されているもので、その申込みにより自動的に契約が成立することとなっている場合の申込書等
　(ｲ)　相手方契約当事者の見積書などに基づく申込みであることが記載されている申込書等
　(注)　(ｱ)および(ｲ)に該当する文書でも、別に契約書を作成することが文書上明らかにされている場合には、契約書にはなりません。
　(ｳ)　契約当事者双方の署名または押印があるもの

〔参考〕印紙税の手引（平成24年10月国税庁）

第5　記載金額

　印紙税は、例えば、受取金額が3万円未満の受取書（領収書）は非課税とするなど、一定金額未満の零細な取引に係るものを非課税としています。

　また、請負契約書など文書の種類によっては、契約金額（記載金額）に応じて印紙税額が異なる場合があります。

　したがって、その文書に記載された契約金額（記載金額）をどのように算定するかは非常に重要なことです。ここでは、この記載金額について説明します。

1　記載金額とは

　その文書により証明する事項に係る金額として、その文書に記載された金額をいいます（通則4）。

> 　記載金額………契約金額、受取金額など、その文書により証されるべき事項に係る金額（以下「契約金額等」といいます。）としてその文書に記載されている金額をいいます。
> 　（注）　第1号、第2号および第17号の1文書については、その文書に金額そのものが記載されていないものでも、他の文書を引用しているなど記載金額のある文書となる場合があります。

2　一の文書に同一の号の記載金額が2以上ある場合

　一の文書に同一の号の課税事項の記載金額が2以上ある場合には、これらの金額の合計額がその文書の記載金額となります。

> 　（例）　1通の請負契約書にA工事200万円、B工事300万円と記載しているもの⇒記載金額500万円の第2号文書

3 一の文書に 2 以上の号の課税事項が記載されている場合

一の文書に 2 以上の号の課税事項が記載されている場合の記載金額の計算は、それぞれ次によります。

① 2 以上の号の記載金額がそれぞれ区分して記載されている場合は、その所属することとなる号の記載金額がその文書の記載金額となります。

> (例) 不動産と売掛債権の譲渡契約書に不動産700万円、売掛債権200万円と記載したもの (第 1 号の 1 と第15号の課税事項) ⇒記載金額700万円の第 1 号の 1 文書

② 2 以上の号の記載金額がそれぞれ区分して記載されていない場合は、その記載されている合計金額がその文書の記載金額となります。

> (例) 不動産と売掛債権の売買契約書に不動産と売掛債権合計900万円と記載したもの⇒記載金額900万円の第 1 号の 1 文書

4 予定金額などが記載されている場合

予定金額などが記載されている場合は、その記載された予定金額、概算金額、最高金額または最低金額が、その文書の記載金額となります。

> 1 記載された契約金額等が予定金額または概算金額である場合
>   ⇒その予定金額または概算金額
> (例) 予定金額250万円と記載したもの
>   ⇒記載金額250万円
>   概算金額250万円   〃   ⇒   〃   250万円
>   約   250万円   〃   ⇒   〃   250万円

第1章　印紙税の基礎知識　　23

　2　記載された契約金額等が最低金額または最高金額のいずれか一方で
　　ある場合
　　⇒その最低金額または最高金額
　（例）　最低金額250万円と記載したもの
　　　　　　　　　　　　　　　⇒記載金額250万円
　　　　　250万円以上　　　〃　⇒　〃　　250万円
　　　　　250万円以下　　　〃　⇒　〃　　250万円
　　　　　250万円超　　　　〃　⇒　〃　　250万1円
　　　　　250万円未満　　　〃　⇒　〃　　249万9,999円
　　　　　最高金額250万円　〃　⇒　〃　　250万円
　3　記載された契約金額等が最低金額と最高金額の両方である場合
　　⇒最低金額
　（例）　50万円から100万円までと記載したもの
　　　　　　　　　　　　　　　⇒記載金額50万円
　　　　　50万円を超え100万円以下と　〃
　　　　　　　　　　　　　　　⇒記載金額50万1円

5　契約金額の一部が記載されている場合

　契約金額の一部が記載されている場合は、その記載された一部の契約金額が、その文書の記載金額となります。

　（例）　請負契約書に、「A工事100万円。ただし、附帯工事については実
　　　　費による。」と記載したもの⇒記載金額100万円の第2号文書

6　外国通貨により表示されている場合

　記載金額が外国通貨により表示されている場合は、文書作成時の基準外国為替相場または裁定外国為替相場により本邦通貨に換算した金額が、その文書の記載金額となります。

(例) 契約金額は、1万米ドルと記載したもの⇒記載金額79万円
　(注) 平成24年10月に作成した文書の場合、平成24年10月中において適用される基準外国為替相場（1米ドル＝79円）により本邦通貨に換算します。

(注) 基準外国為替相場および裁定外国為替相場は、日本銀行のホームページで確認することができます。

7 単価、数量などにより計算できる場合

　その文書に記載された単価および数量、記号その他により記載金額を計算することができる場合は、その計算により算出した金額が、その文書の記載金額となります。

(例) 物品加工契約書にA商品・単価500円、数量1万個と記載したもの
⇒記載金額500万円（500円×1万個）の第2号文書

8 月単位等で契約金額を定めている契約書の記載金額

　月単位等で契約金額を定めている契約書で、契約期間の記載があるものは当該金額に当該契約期間の月数等を乗じて算出した金額を記載金額とし、契約期間の記載のないものは記載金額がないものとなります。

　なお、契約期間の更新の定めがあるものについては、更新前の期間のみを記載金額算出の基礎とし、更新後の期間は考慮しないものとして取り扱われます。

(例)　ビル清掃請負契約書において、「清掃料は月10万円、契約期間は1年とするが、当事者異議なきときは更に1年延長する。」と記載したもの⇒記載金額120万円（10万円×12月）の第2号文書

9　変更契約書の記載金額

　契約金額を変更する変更契約書の記載金額は、それぞれ次によります。
(1)　変更前の契約金額を記載した契約書が作成されていることが明らかな場合
　　ア　その変更契約書に変更金額（変更前の契約金額と変更後の変更金額の差額、すなわち契約金額の増減額）が記載されているとき（変更前の契約金額と変更後の契約金額の双方が記載されていることにより変更金額を明らかにできる場合を含みます。）
①　変更前の契約金額を増加させるものは、その増加額が記載金額となります。

(例)　土地売買契約変更契約書に、
1　平成〇年〇月〇日付土地売買契約書の売買金額1,000万円を100万円増額すると記載したもの
2　平成〇年〇月〇日付土地売買契約書の売買金額1,000万円を1,100万円に増額すると記載したもの
　⇒上記の1、2のいずれも記載金額100万円の第1号の1文書

②　変更前の契約金額を減少させるものは、記載金額のないものとなります。

> (例) 土地売買契約変更契約書に、平成○年○月○日付土地売買契約書の売買金額を100万円減額すると記載したものまたは売買金額1,000万円を900万円に変更すると記載したもの⇒記載金額のない第1号の1文書

　イ　変更後の契約金額のみが記載され、変更金額が明らかでないとき

変更後の契約金額が記載金額となります。

> (例) 土地売買契約変更契約書に、平成○年○月○日付土地売買契約書の売買金額を900万円に変更すると記載したもの⇒記載金額900万円の第1号の1文書

(2)　変更前の契約金額を記載した契約書が作成されていることが明らかでない場合

　ア　変更後の契約金額の記載があるとき

変更後の契約金額が記載されているもの（変更前の契約金額と変更金額の双方が記載されていることにより変更後の契約金額が計算できるものも含まれます。）は、その変更後の契約金額が、その文書の記載金額となります。

> (例) 土地売買契約変更契約書に、
> 1　当初の売買金額1,000万円を100万円増額（または減額）すると記載したもの
> 2　当初の売買金額を1,100万円（または900万円）に変更すると記載したもの
> ⇒上記の1、2のいずれも記載金額1,100万円（または900万円）の第1号の1文書

第1章　印紙税の基礎知識

　　イ　変更金額のみが記載されているとき
　変更金額だけが記載されているものは、その変更金額が、その文書の記載金額となります。

> （例）　土地売買契約変更契約書に、当初の売買金額を100万円増額（または減額）すると記載したもの⇒記載金額100万円の第1号の1文書（減額も同じ）

（注）　自動更新の定めのある契約書（例えば、第2号文書に該当する保守契約書や清掃請負契約書など）について、自動更新後の期間に係る単価（月額単価など）を変更（増額または減額）する契約書を作成する場合があります。この場合、当初の契約書の記載金額の算出においては更新後の期間は考慮しませんから（上記8参照）、自動更新後の期間に係る「変更前の契約金額を記載した契約書」はないことになります。したがって、上記(1)の取扱いの適用はなく、上記(2)の取扱いになります。

> （例）　当初の契約期間が平成24年4月1日から平成25年3月31日であり、月額保守料金が100万円であるエレベーター保守契約書（第2号文書に該当するもの）で、双方異議がない場合には更に1年延長することとされている契約について、後日、自動更新後の平成25年4月1日から平成26年3月31日の間の月額保守料を120万円とする契約書を作成した場合
> ⇒記載金額1,440万円（120万円×12月）の第2号文書

10　交換契約書の記載金額

　交換を内容とする契約書の記載金額は、それぞれ次によります。
　(1)　交換対象物の双方の価額が記載されている場合
　交換される不動産などの対象物双方の価額が記載されている場合は、いずれか高い方（等価交換のときはいずれか一方）の金額が、その文書の記載金額となります。

> （例）　甲の所有する土地（価額1,000万円）と乙の所有する土地（価額1,100万円）とを交換し、甲は乙に100万円を支払うと記載したもの
> 　　⇒記載金額1,100万円の第1号の1文書

(2) 交換差金のみが記載されている場合

　交換差金のみが記載されている場合は、その交換差金がその文書の記載金額となります。

> （例）　甲の所有する土地と乙の所有する土地とを交換し、甲は乙に100万円を支払うと記載したもの
> 　　⇒記載金額100万円の第1号の1文書

（注）　交換される不動産の価額および交換差金が記載されていない場合には、記載金額のない契約書（第1号の1文書）となります。

11　消費税および地方消費税の金額が区分記載されている場合の契約書、領収書

　消費税および地方消費税の金額（以下「消費税額等」といいます。）が区分記載されている場合または税込価格および税抜価格が記載されていることによりその取引に当たって課されるべき消費税額等が明らかとなる場合には、「建物売買契約書」などの第1号文書、「工事請負契約書」などの第2号文書、「領収書」などの第17号文書について、その消費税額等の金額は記載金額に含めないこととされています。

> （例）　請負契約書において、
> 1　「請負金額1,050万円　税抜価格1,000万円　消費税額等50万円」と記載したもの
> 2　「請負金額1,050万円　うち消費税額等50万円」と記載したもの
> 3　「請負金額1,000万円　消費税額等50万円　計1,050万円」と記載したもの

4　「請負金額1,050万円　税抜価格1,000万円」と記載したもの
⇒上記の1～4のいずれも記載金額1,000万円の第2号文書

（注）　なお、この取扱いは、手形（第3号文書）、債権譲渡または債務引受けに関する契約書（第15号文書）には適用されません。

12　消費税額等の金額のみが記載された金銭または有価証券の受取書

　消費税額等のみを受領した際に交付する金銭または有価証券の受取書については、記載金額のない第17号の2文書として取り扱われます。したがって、その受領した消費税額等の金額に関わらず、印紙税額は一律200円です。

　ただし、受領した消費税額等が3万円未満の場合は、非課税文書に該当します（平元・3・10間消3－2）。

13　記載金額の特例

(1)　第1号文書（不動産譲渡契約書、運送契約書等）または第2号文書（請負契約書等）で、その文書に、具体的な契約金額の記載がないものであっても、その文書に契約金額または単価、数量、記号その他の記載のある見積書、注文書その他これらに類する文書（課税文書に該当するものは除きます。）の名称、発行の日、記号、番号その他の記載があることにより、当事者間において契約金額を明らかにすることができるときは、その金額がその文書の記載金額となります。

（例）　工事注文請書に「請負金額は貴注文書第××号のとおり」と記載されていて、注文書に記載された請負金額が500万円となっているもの⇒記載金額500万円の第2号文書

(2) 第17号の1文書(売上代金に係る金銭又は有価証券の受取書)については、その税率の適用に関して、次のような特則があります。

① 金銭または有価証券の受取書の記載金額を、売上代金に係る金額とその他の金額とに区分することができるときは、売上代金に係る金額のみが記載金額となります。

> (例) 物品の販売代金500万円、貸付金の返済金(元本)300万円と記載したもの
> ⇒記載金額500万円の第17号の1文書

(注) 非課税文書である「記載された受取金額が3万円未満の受取書」であるかどうかの判断は、売上代金に係る金額とその他の金額との合計額により行います。

② 金銭または有価証券の受取書の記載金額を売上代金に係る金額とその他の金額とに区分することができないときは、その金額がその受取書の記載金額となります。

> (例) 物品の販売代金と貸付金の返済金(元本)、合計800万円と記載したもの
> ⇒記載金額800万円の第17号の1文書

③ 売上代金に係る金銭または有価証券の受取書に、受取金額の記載のある文書(有価証券、請求書、支払通知書など)を特定できる事項(例えば、約束手形の発行者の名称、発行の日、記号、番号、その他の事項の一以上の事項)の記載があり、当事者間においてその売上代金に係る金額を後日においても明らかにすることができる場合には、その明らかにすることができる金額がその受取書の記載金額となります。

(例) 平成○年○月○日の販売代金として平成○年○月○日付請求書の金額を受領した旨の記載があるもの（請求書の金額300万円）⇒記載金額300万円の第17号の1文書

14 「無償」または「0円」と記載された契約書等の取扱い

契約書等に「無償」または「0円」と記載されている場合は、その契約書等には、契約金額の記載がないものとされます。

〔参考〕印紙税の手引（平成24年10月国税庁）

第6　納付方法

1　収入印紙による納付（原則）

　課税文書の作成者は、原則として、課税文書に課されるべき印紙税相当額の収入印紙（以下、単に「印紙」といいます。）を貼り付ける方法により印紙税を納付します。この場合には、自己またはその代理人、使用人その他の従業者の印章または署名で、その課税文書と印紙の彩紋とにかけて、判明に印紙を消す必要があります。

2　税印押なつによる納付（特例）

　課税文書の作成者は、課税文書に課されるべき印紙税相当額をあらかじめ金銭で国に納付した上で、税印押なつ機を設置している税務署（全国で118署）の税務署長に対し、課税文書に印紙を貼り付けることに代えて、税印を押すことを請求することができます。

3　印紙税納付計器の使用による納付（特例）

　課税文書の作成者は、印紙税納付計器（国税庁長官の指定を受けている計器で納付印が付いているものをいいます。）をその設置しようとする場所の所在地の所轄税務署長の承認を受けて設置した場合には、印紙を貼り付けることに代えて、あらかじめ金銭で国に納付した金額を限度として、印紙税納付計器によりその課税文書に課されるべき印紙税額に相当する金額を表示した納付印を押すことができます。

4　書式表示による納付（特例）

　課税文書を作成しようとする場合において、その課税文書が毎月継続して作成されるなど、一定の条件に当てはまるものであるときは、課税文書を作成しようとする場所の所在地の所轄税務署長の承認を受け、印紙を貼り付けることに代えて、金銭でその課税文書に係る印紙税を納付することができます。

書式表示の承認を受けて課税文書を作成した場合には、課税文書の作成の時までにその課税文書に一定の表示をすることが必要であり、また、毎月その月中（特定の日に多量に作成されることとされている課税文書については、その特定の日）に作成した課税文書に係る課税標準数量および納付すべき税額などを記載した印紙税納税申告書を、その翌月末日までに承認を受けた税務署長に提出するとともに、その期限までに納税申告書に記載した納付すべき印紙税を納付しなければなりません。

【書式表示等の書式】

印紙税申告納付につき税務署承認済	印紙税申告納付につき税務署承認済
縦15ミリメートル以上 横17ミリメートル以上	縦17ミリメートル以上 横15ミリメートル以上

5　預貯金通帳等に係る一括納付（特例）

特定の預貯金通帳等については、その預貯金通帳等を作成しようとする場所の所在地の所轄税務署長の承認を受け、金銭でその預貯金通帳等に係る印紙税を一括して納付することができます。

この一括納付の特例の承認を受けるためには、承認を受けるための申請書をその年の2月16日から3月15日までの期間内に税務署長に提出する必要があります。これにより承認を受けた者は、毎年4月1日現在における預貯金通帳等に係る口座の数を基礎として計算した課税標準数量および納付すべき税額などを記載した印紙税納税申告書を、4月末までに、承認を受けた税務署長に提出するとともに、その期限までに納税申告書に記載した納付すべき印紙税を納付しなければなりません（表示の方法は、書式表示の場合と同じです。）。

〔参考〕印紙税の手引（平成24年10月国税庁）

第7　過誤納金の還付等（印法14）

　印紙税の納付の必要がない文書に誤って収入印紙を貼ったときや、課税文書に所定の印紙税額を超える収入印紙を貼ったり、税印押なつまたは印紙税納付計器の使用により納付した印紙税の還付や充当を受けようとする場合は、文書の種類、納付税額、過誤納税額などの所要事項を記載した「印紙税過誤納確認（充当）申請書」（3部複写）と過誤納となっている文書を、過誤納となっている文書を作成した日から5年以内にその印紙税の納税地の所轄税務署長に提出し、印紙税の過誤納の事実の確認手続を経て、還付（充当）を受けることになります。

　なお、収入印紙は、登録免許税の納税や国に対する各種の手数料等にも用いられますが、例えば、登録免許税を納付する際、所定の税額を超える収入印紙を貼ってしまったような場合などには、登録免許税法の規定により還付等を受けることになります。

【参考】収入印紙の交換制度（郵便局）
　金額の異なる収入印紙を誤って購入してしまったような場合には、「印紙をもつてする歳入金納付に関する法律」および「収入印紙及び自動車重量税印紙の売りさばきに関する省令」に基づき、郵便局において他の収入印紙に交換する制度が設けられています。
　郵便局の窓口において、交換する収入印紙と交換手数料（交換しようとする収入印紙1枚当たり5円の手数料）を提出して他の収入印紙と交換する手続が必要です。
（注1）　収入印紙を現金に交換することはできません。
（注2）　文書等に貼り付けた収入印紙の交換を郵便局に請求するため、その収入印紙の貼り付けが印紙税の納付のためにされたものではないことの確認を受けようとする場合には、「印紙税法第14条不

第1章　印紙税の基礎知識　　35

> 適用確認請求書」と確認を受けようとする文書を、最寄りの所轄税務署長に提出し、確認を受けることになります。
>   なお、白紙、封筒等に貼り付けたもので、客観的に見て課税文書でないことが明らかな場合には、この税務署長の確認を受けることなく、郵便局で交換することができます。詳しくは、最寄りの郵便局にお尋ねください。

〔参考〕印紙税の手引（平成24年10月国税庁）

第8 過怠税

　印紙による納付の方法によって印紙税を納付することとなる課税文書の作成者が、その納付すべき印紙税を課税文書の作成の時までに納付しなかった場合には、その納付しなかった印紙税の額とその2倍に相当する金額との合計額（すなわち不納付税額の3倍）に相当する過怠税を徴収されることとなります。また、貼り付けた印紙を所定の方法によって消さなかった場合には、消されていない印紙の額面金額と同額の過怠税を徴収されることとなっています（印法20）。

　ただし、課税文書の作成者が所轄税務署長に対し、作成した課税文書について印紙税を納付していない旨の申出書（印紙税不納付事実申出書）を提出した場合で、その申出が印紙税についての調査があったことによりその課税文書について前記の過怠税の決定があるべきことを予知してなされたものでないときは、その過怠税は、その納付しなかった印紙税の額とその10％に相当する金額との合計額（すなわち不納付税額の1.1倍）に軽減されます。

　なお、過怠税は、その全額が法人税の損金や所得税の必要経費には算入されません。

〔参考〕印紙税の手引（平成24年10月国税庁）

第9　印紙税法および租税特別措置法の一部改正

　「所得税法等の一部を改正する法律」（平成25年3月30日法律第5号）により、印紙税法および租税特別措置法の一部が以下のとおり改正されました。

1　「不動産譲渡契約書」および「建設工事請負契約書」の印紙税の軽減措置の延長および拡充等

> 「不動産譲渡契約書」および「建設工事請負契約書」の印紙税の軽減措置が、延長および拡充されました。

　「不動産譲渡契約書」および「建設工事請負契約書」については、平成25年4月1日から平成30年3月31日までに作成されるものについて、印紙税の軽減措置が適用されます。
　また、平成26年4月1日以降作成される契約書については、印紙税の軽減措置が拡充されることとなりました。
(注)　これまでは、平成9年4月1日から平成25年3月31日までに作成されるこれらの契約書について軽減措置の対象とされていました。

(1)　軽減措置の概要

　軽減措置の対象となる契約書は、「不動産譲渡契約書」および「建設工事請負契約書」のうち、以下のものです。

契約書作成年月日	契約書	記載された契約金額
平成25年4月1日〜平成26年3月31日	不動産譲渡契約書	1,000万円を超えるもの
	建設工事請負契約書	
平成26年4月1日〜平成30年3月31日	不動産譲渡契約書	10万円を超えるもの
	建設工事請負契約書	100万円を超えるもの

(注) 契約金額が上記の金額以下のものは、軽減措置の対象となりません。

不動産の譲渡契約および建設工事の請負契約の成立を証明するために作成するものであれば、その文書の名称は問わず、また、土地・建物の売買や建設請負の当初に作成される契約書のほか、売買金額の変更や請負内容の追加等の際に作成される変更契約書や補充契約書等についても軽減措置の対象となります。

(2) 平成25年4月1日から平成26年3月31日までの間に作成される契約書の税率

平成25年4月1日から平成26年3月31日までの間に作成される不動産譲渡契約書および建設工事請負契約書に係る印紙税の税率は、印紙税法別表第1第1号および第2号の規定に関わらず、下表の「契約金額」欄に掲げる金額の区分に応じ、「軽減後の税率」欄の金額となります。

契約金額	本則税率	軽減後の税率
1,000万円超　5,000万円以下	2万円	1万5,000円
5,000万円超　1億円以下	6万円	4万5,000円
1億円超　5億円以下	10万円	8万円
5億円超　10億円以下	20万円	18万円
10億円超　50億円以下	40万円	36万円
50億円超	60万円	54万円

第1章　印紙税の基礎知識

(3) 平成26年4月1日から平成30年3月31日までの間に作成される契約書の税率

平成26年4月1日から平成30年3月31日までの間に作成される不動産譲渡契約書および建設工事請負契約書に係る印紙税の税率は、印紙税法別表第1第1号および第2号の規定に関わらず、下表の「契約金額」欄に掲げる金額の区分に応じ、「軽減後の税率」欄の金額となります。

契約金額		本則税率	軽減後の税率
不動産譲渡契約書	建設工事請負契約書		
10万円超 50万円以下	100万円超 200万円以下	400円	200円
50万円超 100万円以下	200万円超 300万円以下	1,000円	500円
100万円超 500万円以下	300万円超 500万円以下	2,000円	1,000円
500万円超　1,000万円以下		1万円	5,000円
1,000万円超　5,000万円以下		2万円	1万円
5,000万円超　1億円以下		6万円	3万円
1億円超　5億円以下		10万円	6万円
5億円超　10億円以下		20万円	16万円
10億円超　50億円以下		40万円	32万円
50億円超		60万円	48万円

(4) 軽減措置の対象となる「不動産譲渡契約書」の範囲

軽減措置の対象となる「不動産譲渡契約書」とは、印紙税法別表第1第1号の物件名の欄1に掲げる「不動産の譲渡に関する契約書」をいいます。

なお、不動産の譲渡に関する契約と同号に掲げる他の契約が併記された契約書も軽減措置の対象となります。

(例) 建物の譲渡（契約金額4,000万円）と定期借地権の譲渡（契約金額2,000万円）に関する事項が記載された契約書

この契約書に記載された契約金額は6,000万円（建物の契約金額4,000万円＋定期借地権の契約金額2,000万円）ですから、印紙税額は4万5,000円（平成26年4月1日以降に作成した場合は3万円）となります。

---

(5) 軽減措置の対象となる「建設工事請負契約書」の範囲

軽減措置の対象となる「建設工事請負契約書」とは、印紙税法別表第1第2号に掲げる「請負に関する契約書」のうち、建設業法2条に規定する建設工事の請負に係る契約に基づき作成されるものをいいます。

なお、建設工事の請負に係る契約に基づき作成される契約書であれば、その契約書に建設工事以外の請負に係る事項が併記されていても軽減措置の対象となります。

(例) 建物建設工事の請負（契約金額5,000万円）と建物設計の請負（契約金額100万円）に関する事項が記載された契約書

この契約書に記載された契約金額は5,100万円（建物建設工事の契約金額5,000万円＋設計の請負金額100万円）ですから、印紙税額は4万5,000円（平成26年4月1日以降に作成した場合は3万円）となります。

(注)　建設工事とは、建設業法2条に規定する土木建築に関する工事の全般をいいます。

　したがって、建設工事に該当しない、建物の設計、建設機械等の保守、船舶の建造または家具・機械等の製作もしくは修理等のみを定める請負契約書は、軽減措置の対象とはなりません。

2　「領収証」等に係る印紙税の非課税範囲の拡大

> 「領収証」等に係る印紙税の非課税範囲が拡大されました。
> 　（平成26年4月1日以降作成されるものに適用されます。）

　現在、「金銭又は有価証券の受取書」については、記載された受取金額が3万円未満のものが非課税とされていますが、平成26年4月1日以降に作成されるものについては、受取金額が5万円未満のものについて非課税とされることとなりました。

○「金銭又は有価証券の受取書」とは

　「金銭又は有価証券の受取書」とは、金銭または有価証券の引渡しを受けた者が、その受領事実を証明するために作成し、その引渡者に交付する証拠証書をいいます。

　したがって、「領収証」、「領収書」、「受取書」や「レシート」はもちろんのこと、金銭または有価証券の受領事実を証明するために請求書や納品書などに「代済」、「相済」、「了」などと記入したもの、さらに、「お買上票」などと称するもので、その作成の目的が金銭または有価証券の受領事実を証するものであるときは、金銭または有価証券の受取書に該当します。

　(注1)　印紙税の納付の必要がない文書に誤って収入印紙を貼ったような場合には、所轄税務署長に過誤納となった文書の原本を提示し、過誤納の事実の確認を受けることにより印紙税の還付を受けることができます。

　　　　「領収証」等を取引の相手方に交付している場合でも、過誤納の事実の確認を受けるには、過誤納となった文書の原本を提示する必要がありますので、収入印紙を貼る際には誤りのないようご注意ください。
(注2)　消費税および地方消費税の金額（以下「消費税額等」といいます。）が区分記載されている場合または税込価格および税抜価格が記載されていることにより、その取引に当たって課されるべき消費税額等が明らかとなる場合には、その消費税額等の金額は「領収証」等に記載された受取金額に含めないこととされています。

〔参考〕「『不動産譲渡契約書』及び『建設工事請負契約書』の印紙税の
　　　　軽減措置の延長及び拡充等」（平成25年4月国税庁）

第 2 章

印紙税の課否判定

第1　商品売買関係

1　商品売買基本契約書

ケース	課否判定
売主と買主の間で継続的に発生する商品売買取引の基本的事項を定めた契約書を作成しました。	○

POINT

　この文書は、営業者(印紙税法別表第1第17号文書の非課税物件の欄に規定する営業を行う者をいいます。)である売主と買主との間で継続的に取引される商品および債務不履行の場合の損害賠償の方法について定める文書ですから〔**文書例参照**〕、第7号文書(継続的取引の基本となる契約書)に該当します(印令26一)。印紙税額は4,000円です。

〔文書例〕

商品売買基本契約書

　この契約の売主及び買主（以下両者を単に「当事者」という）は、売主の販売する商品（以下単に「物品」という）の売買に関し、基本的事項を定めるため、以下各条項のとおり契約した。
第1条（基本契約の適用）　この契約は、既に当事者で締結された全ての個々の売買契約及びこの契約の有効期間内に当事者間内で締結される全ての個々の売買契約に共通して適用される。ただし、個々の売買契約においてこの契約の条項と異なる条項を定めたときは、それに従

う。
第2条（売買の目的物）　この契約に基づき、売買の目的となる物品の範囲は不動産、船舶及び無形資産を除き、売主の営業部類に属する全ての売買品とする。
第3条（個々の売買契約と売買条件）
1　売主から買主へ売り渡される物品の品名、数量、単価、受渡条件、決済条件その他売買に必要な条件は個々の売買契約成立の都度、当事者間で別に締結される個別の売買契約書をもって定める。
〔中略〕
第8条（引取等不履行）　買主が個別の売買契約書に定める引渡期日に物品を引き取らないなど契約の履行を怠ったときは、第12条の規定を適用する。
〔中略〕
第10条（遅滞損害金）　買主が個々の売買契約又はこの契約に基づく債務の履行を怠ったときは、売主に対して遅滞期間中元金100円につき1日5銭の割合による遅滞損害金を支払うものとする。
〔中略〕
第12条（契約の解除）　第8条又は前条各号のいずれかに該当する事実が発生したときは、売主は催告を要せず直ちにこの契約及び全ての個々の売買契約その他買主に対する一切の契約を解除することができる。
〔中略〕
第14条（有効期間）
1　この契約の有効期間は契約締結の日から満3か年とする。
〔中略〕
　この契約の成立を証するため本書2通を作成し売主、買主はそれぞれその1通を保有する。
　　　　平成○年○月○日
　　　　　　　　　　売　主　○○県○○市○○町○丁目○番○号
　　　　　　　　○○販売株式会社　代表取締役○○○○　㊞
　　　　　　　　　　買　主　○○県○○市○○町○丁目○番○号
　　　　　　　　△△商事株式会社　代表取締役○○○○　㊞

2　加工トマト契約書

ケース	課否判定
トマトジュースの製造者と経済連・農業組合との三者間で、製造者が有償支給するトマトの種子で生産者（農家）にトマトを栽培させ、それにより生産したトマトの全量を買い入れることを内容とした契約書を作成しました。	✕ (不)

POINT

　この文書は、営業者間の売買に関する取引条件等を定めたものですが、取引が1取引ですから〔**文書例参照**〕第7号文書（継続的取引の基本となる契約書）には該当せず、他の課税文書にも該当しません。

（注）　印紙税法施行令26条1号に規定する「2以上の取引」とは、契約の目的となる取引が2回以上継続して行われることをいいます。

　例えば、物品の売買契約の目的物の総数量および総金額が確定している場合に、「納品は各月100個ずつ6か月間行う。」または「代金の支払は6か月に分割して支払う。」のように取り決めた場合は、個々の取引について単に納期または支払を分割するものにすぎませんから、個別契約ということになり、2以上の取引には該当しません。

　また、機械等の保守契約書または清掃請負契約書等のように、個々の取引という明確な取引単位を区分できないものがありますが、このようなものも継続的取引ですから基本契約書に含まれることとされ、実務的には料金等の計算の基礎となる期間1単位ごとまたは支払の都度ごとに「1の取引」として取り扱われます。

　ただし、種の提供を受け、トマト○○トンを生産し引き渡すという

場合には、請負（民法632）となり、第2号文書（請負に関する契約書）に該当します。

〔文書例〕

加工トマト契約書

　○○農業協同組合連合会（以下「経済連」という）と○○農業協同組合（以下「農協」という）と株式会社○○（以下「会社」という）の三者間に平成○年度産加工用原料トマトの栽培及びこれが売買に関し、下記のとおり契約を締結する。

第1条　経済連、農協は県及び会社の推奨する品種により、下記のとおり、加工用原料トマトの栽培を確約し、会社はこれより生産される全量を買い入れるものとする。

　　　　計画面積　○○　(a)
　　　　計画数量　○○　(t)

第2条　経済連、農協は契約面積を確保し、天候その他、不可抗力的要因により収穫量が計画数量に満たない場合を除くほか、計画数量の納入に努力するものとし、会社は豊凶による計画数量の増減を認めるものとする。

〔中略〕

　　　平成○年○月○日

　　　　　　　　　　　　　　　○○県○○市○○町○丁目○番○号
　　　　　　　　　　　　　　　○○農業協同組合連合会
　　　　　　　　　　　　　　　　　　理事長　　○○○○　㊞
　　　　　　　　　　　　　　　○○県○○市○○町○丁目○番○号
　　　　　　　　　　　　　　　○○農業協同組合
　　　　　　　　　　　　　　　　　　組合長　　○○○○　㊞
　　　　　　　　　　　　　　　○○県○○市○○町○丁目○番○号
　　　　　　　　　　　　　　　株式会社○○
　　　　　　　　　　　　　　　　　　代表取締役　○○○○　㊞

3 たけのこ缶詰売買契約書

ケース	課否判定
営業者の間において行うたけのこ缶詰の売買に関する契約書を作成しました。	○

POINT

　この文書は、営業者の間において継続して行われる2以上の売買取引についての目的物の種類および対価の支払方法を定めていますから〔文書例参照〕、第7号文書（継続的取引の基本となる契約書）に該当します。印紙税額は4,000円です。
　なお前掲「2　加工トマト契約書」（47頁参照）、後掲「第18　継続取引関係　200　ビール大麦売買契約書」（354頁参照）は、1取引の単なる売買取引で、この文書は、2以上（引渡しの方法「10月末日まで」・「12月20日まで」、場所「北海道」・「東北」・「九州」）の取引に適用される基本契約であるので、第7号文書となります。

〔文書例〕

たけのこ缶詰売買契約書

　甲と乙の間において平成〇年度たけのこ缶詰（以下「製品」と称す）の売買に関し次の通り契約を締結する。
　1．売買条件
　　(1)取引数量　　甲と乙の間においてその都度協議の上決定する。
　　(2)取引価格　　別紙価格表による。
　　(3)奨励対策の実施　　早期引取り会社について、次のとおり奨励金制度を実施する。

乙の契約数量の全量を10月末日までに引取りした場合、1缶当たり100円、12月20日までに引取りした場合、50円をそれぞれ決済終了後精算するものとする。
2．製品の受渡し条件
　(1)　乙の発注書により甲は直ちに発送し、乙は受渡終了後、直ちに受領書を甲に発行する。急を要する電話による発注については後日発注書を乙は甲に発行する。
　(2)　受渡場所は乙の指定する場所とする。ただし北海道、東北、九州地区は、運賃差金を乙が負担する。
　(3)　受渡しの数量ロットは100缶以上を基本とし、これ以下の数量の場合は運賃差金を乙が負担する。
3．製品の保管　　〔中略〕
4．代金精算
　(1)　平成○年○月末日期日の約束手形、又は現金とする。
　(2)　乙の都合により(1)の期日に支払不可能の場合は、甲は乙の事情を判断の上、甲、乙協議の上決定する。
5．事故処理
　(1)　乙は製品の受渡し時に検品を行い、不良品があれば直ちに電話にて甲に連絡するとともに、後日書類をもって報告を行う。
　(2)　甲は連絡後直ちにその責任の帰属を明らかにするとともに、しかるべき対応を行い、乙と協議の上解決するものとする。
6．その他
　(1)　上記契約内容の変更、又は上記以外の必要事項については甲、乙協議の上決定する。
　(2)　万一契約不履行のため損害を生じた場合は、その責任の帰属に従い損害賠償の責に任ずる。
　上記契約の証として本書2通を作成し甲、乙記名押印の上各1通を保有する。
　　平成○年○月○日
　　　　　　　　　　（甲）○○県○○市○○町○丁目○番○号
　　　　　　　　○○製造株式会社　代表取締役○○○○　㊞
　　　　　　　　　　（乙）○○県○○市○○町○丁目○番○号
　　　　　　　　○○販売株式会社　代表取締役○○○○　㊞

4　牛乳・乳製品等取引契約書

ケ　ー　ス	課否判定
農協と牛乳等の販売店（農協の出資者以外の者）との間で行う売買取引の諸条件を定める文書を作成しました。	○

POINT

この文書は、営業者の間において継続する2以上の売買取引についての目的物の種類、単価および対価の支払方法を定めるものですから〔**文書例参照**〕、第7号文書（継続的取引の基本となる契約書）に該当します。印紙税額は4,000円です。

〔文書例〕

取引契約書

第1条（総則）
　○○農業協同組合（甲）と○○（乙）の間で、下記条項により牛乳・乳製品等の取引契約をなす。

第2条（取引価格）
　牛乳・乳製品等の取引価格、店卸価格、小売価格は甲乙協議の上決定するものとし、下記のとおりとする。

品名	取引価格	店卸価格	小売価格
牛乳200cc　壜詰	○○円	○○円	○○円
牛乳200ccパック詰	○○円	○○円	○○円
牛乳500cc 〃　詰	○○円	○○円	○○円
牛乳1,000cc 〃　詰	○○円	○○円	○○円

〔中略〕
第5条（代金決済）
　取引代金は毎月25日締切による甲よりの請求書の金額を、締切日翌月X日までに乙は現金支払又は〇〇銀行〇〇支店口座番号（普通）〇〇〇〇〇〇〇へ振り込むものとする。
〔中略〕
第9条（契約の解除）
　本契約の条項に違反した場合、甲はこの契約を解除できるものとし、このために乙に損害が生じても甲はその責を負わないものとする。
付則　この契約の証として2通を作成し、甲乙記名押印の上各1通を所持するものとする。
　　　平成〇年〇月〇日
　　　　　　　甲　住所　〇〇県〇〇市〇〇町〇丁目〇番〇号
　　　　　　　　　　　　〇〇農業協同組合
　　　　　　　　　　　　　　組合長　〇〇〇〇　㊞
　　　　　　　乙　住所　〇〇県〇〇市〇〇町〇丁目〇番〇号
　　　　　　　　　　　　　　氏名　〇〇〇〇　㊞
　　　　　　　　　　　　　　販売開始　〇年〇月〇日

5 リース契約に関する業務協定書

ケース	課否判定
印刷会社が自社の商品をリース会社に販売するとともに、リース会社に代わって一般顧客とリース契約を結ぶことを約定した文書を作成しました。	○

POINT

この文書は、営業者間において継続して行う2以上の売買取引について目的物の種類を定めていますから〔文書例参照〕、第7号文書（継続的取引の基本となる契約書）に該当し、印紙税額は4,000円です。

〔文書例〕

リース契約に関する業務協定書

○○印刷株式会社（以下「甲」という）と○○リース株式会社（以下「乙」という）とは、甲が販売する商品を乙が賃貸（以下「リース」という）する業務について、次のとおり協定する。

第1条（目的）
　本協定は、甲が販売する商品を乙が購入し、一般顧客（以下「丙」という）へリースする取引の方法を定め、相互に協力して有益な情報を交換し、販売促進を図り、甲、乙双方の事業発展に資することを目的とする。

第2条（取扱対象物件）
　本協定にて取り扱う商品は、甲が製造し、販売する値札印字機及びそ

の関連機器(以下「物件」という)で、リース取扱いが可能で、かつ、乙が承認したものとする。

第3条(一般顧客へのリース)
　甲は乙から顧客情報を基に乙に代わってリース契約を締結した場合は乙に速やかに報告するものとする。

〔中略〕

第23条(損害賠償)
　甲が本協定に違反し、又は故意あるいは重大な過失により、乙が損害を被った場合、甲はその損害の賠償の責に任ずるものとする。

第24条(有効期間)
1　本協定の有効期間は、協定締結日より3年間とする。
　　但し、協定終了の3か月間までに甲、乙いずれからも本協定終了の意思表示がない場合、何らの手続も必要とせず、同一内容にて1年間を限りとして自動的に延長するものとし、以後も同様とする。
2　本協定終了後といえども、本協定に基づき乙が丙と締結したリース契約が終了するまで、本肯定は効力を有するものとする。

〔中略〕

　以上、本協定締結の証として本書2通を作成し、甲、乙双方が記名押印の上、甲及び乙はそれぞれ1通を所持するものとする。

　　平成○年○月○日

　　　　　　　　　(甲)○○県○○市○○町○丁目○番○号
　　　　　　　　○○印刷株式会社　代表取締役○○○○　㊞
　　　　　　　　　(乙)○○県○○市○○町○丁目○番○号
　　　　　　　　○○リース株式会社　代表取締役○○○○　㊞

6　購入品品質保証契約書

ケース	課否判定
営業者の間において、取引の目的物品にクレームが生じた場合に、その補償の範囲等を定めることを内容とした契約書を作成しました。	✕ (不)

POINT

　この文書は、第7号文書（継続的取引の基本となる契約書）には該当せず、また、他のいずれの課税文書にも該当しません。

　取引物品の品質を保証し、その物品に対する瑕疵担保責任の内容を定めるものは、印紙税法施行令26条1号（継続的取引の基本となる契約書の範囲）に規定する「債務不履行の場合の損害賠償の方法」を定めるものには該当しません。

〔文書例〕

購入品品質保証契約書

　○○販売株式会社を甲とし、○○製造株式会社を乙として、両当事者間において承認図及び商品仕様書により乙が製造した部品及び製品（以下「商品」という）について次のとおり契約する。

第1章　品質保証

第1条（品質保証）
　乙は承認図及び商品仕様書に明記された性能、機能、耐久性を満足する商品であることを保証する。

第2条（保証期間）
　商品保証期間○年とする。
　ただし、商品の保証期間は甲、乙協議の上決定し、乙が甲に商品を納入した年月を起点とする。
第3条（クレーム処理）
　保証期間内において甲自身、又は甲のユーザーからクレームが生じた時は、甲はこれを調査の上、乙にクレーム請求することができる。
〔中略〕

第4章　契約書の締結

第10条（契約書の締結）
　本契約書の締結をもって購買契約書の効力を発生するものとする。
第11条（有効期間）
　本契約の有効期間は契約締結日より満2か年とし、有効期間満了の3か月前までに甲、乙いずれよりも文書の没廃の意思表示なき場合は、更に1か年自動的に延長されるものとする。ただし、本契約有効期間外であっても第2条保証期間中の場合は自動的に有効期間が延長されるものとする。
第12条（効力発生期日）
　本契約書は平成○年○月○日をもって効力を発生するものとする。
　本契約締結の証として本書2通を作成し、甲乙記名押印の上それぞれその1通を保有する。

　　　平成○年○月○日
　　　　　　　　　　　（甲）○○県○○市○○町○丁目○番○号
　　　　　　　　　　　○○販売株式会社　代表取締役○○○○　㊞
　　　　　　　　　　　（乙）○○県○○市○○町○丁目○番○号
　　　　　　　　　　　○○製造株式会社　代表取締役○○○○　㊞

7　品質保証協定書

ケース	課否判定
営業者の間における取引の目的物品の品質保証および品質検査等の協定書を作成しました。	✕ (不)

POINT

　この文書は、取引の目的物品の品質を保証し、その品質保証についての管理、検査等の方法を定めるものであり課税事項がありませんので〔**文書例参照**〕、課税文書には該当しません。

〔文書例〕

品質保証協定書

　○○工業株式会社（以下「甲」という。）と○○製造株式会社（以下「乙」という。）とは、取引基本契約第6条に基づき乙が甲に対して納入する高度精密機器（以下「機器」という。）の品質について、適正品質の確保と信頼性の向上を期するため、甲乙相互に又は個別に実施すべき品質保証に関する事項につき、次のとおり協定を締結する。
（品質保証義務）
第1条　乙は、甲に納入する○○について、その全生産工程にわたり一貫した品質保証体制を確立して運営し、甲の要求する品質はもとより当該○○の有すべき品質の全てを満足し、かつ高い信頼性と安全性を確保することを保証しなければならない。
2　乙は、前項の保証に当たり、その購入又は外注資材の品質についても責任を負う。

（品質保証のための実施事項）
第2条　乙は、前条の保証を行うため、少なくとも次に示す内容を包含した品質保証要領を作成し、これに基づき、受注から納入後のアフターサービスに至る全ての工程にわたり一貫した品質管理を実施するとともに、常に科学的手法の採用に務め管理水準の向上を図らなければならない。〔中略〕

（乙の検査）
第3条　乙は、前条の仕様書に基づき、乙の実施する検査の要領を作成し、あらかじめ、甲の承認を得なければならない。
2　乙は前項の検査の要領に従って、必要な検査を実施し、合格した商品を納入するとともに、その検査結果を記録し、甲の求めに応じて甲に提出しなければならない。〔中略〕

（協定の有効期間）
第4条　この協定の有効期間は、平成〇年〇月〇日から契約書の有効期限までとする。
　この協定の締結を証するため、本書2通を作成し、甲乙記名押印のうえ、各1通を保有する。
　　　　平成〇年〇月〇日
　　　　　　　　　　　　（甲）〇〇県〇〇市〇〇町〇丁目〇番〇号
　　　　　　　　　　〇〇工業株式会社　代表取締役〇〇〇〇　㊞
　　　　　　　　　　　　（乙）〇〇県〇〇市〇〇町〇丁目〇番〇号
　　　　　　　　　　〇〇製造株式会社　代表取締役〇〇〇〇　㊞

8　商品拡売についてのお約束書

ケース	課否判定
問屋を通じて行っている売買取引に関して、小売店との間で当社製品の売上の拡大を図るべく、当社製品の仕入数量を新たに取り決め、それを達成した場合には割戻金を支払うことを約した文書を作成しました。	✕ (不)

POINT

　この文書は、その記載内容から判断しますと、商品売買に関し、その年間取引数量、割戻金の支払について約しているものといえますから、一見すると第7号文書（継続的取引の基本となる契約書）に該当するのではないかと思われます。たしかに年間取引数量については〔文書例参照〕、第7号文書の要件（印令26一）である取扱数量に該当しますが、この文書における契約当事者間には直接の売買取引はありませんから、第7号文書には該当せず、また他の課税文書にも該当しません。

〔文書例〕

拡売についてのお約束書

1　弊社は、貴店の○○拡売へのご尽力に感謝し、相互理解の精神に基づいて○○の拡売について下記のとおり、お約束させていただきます。
2　仕入数量及び割戻金
　貴店は、○○を年間下記のとおりご拡売いただきます。

弊社は仕入数量達成を条件に割戻金を下記のとおりお支払いいたします。
記
　　仕入数量　○○ケース（720ml　1打入）
　　割戻金1ケース当り　○○円
3　期　間
　　このお約束の期間は、平成○年○月○日から平成○年○月○日とさせていただきます。
4　このお約束書は原本1通を作成し、弊社にて保管させていただきます。
　　平成○年○月○日

　　　　　　　　　　　　　　　　○○株式会社
　　　　　　　　　　　　　　　　代表取締役　○○○○　㊞
　　　　　　　　　　　貴店ご承認印　貴店名
　　　　　　　　　　　　　　　　　　　　　　○○○○　㊞
　　　　　　　　　　　住所　○○県○○市○○町○丁目○番○号
　　　　　　　　　　　　　　ご指定問屋様名　1　○○○○
　　　　　　　　　　　　　　　　　　　　　　2
　　　　　　　　　　　　　　　　　　　　　　3

第2　不動産売買関係

9　不動産の売買契約書および売渡証書

ケース	課否判定
不動産の売買について、まず当事者双方が売買契約書を作成し、その後更に登記の際に不動産の売渡証書を作成しました。	○

POINT

　印紙税は、契約の成立等を証明する目的で作成される文書を課税対象とするのですから、一つの契約について、異なる種類の文書が作成された場合でも、その文書が契約の成立等を証明する目的で作成される限り、全て課税対象となります。

　不動産の売買契約書および売渡証書は、契約の成立等を証明する目的で作成される文書（契約書）ですから、第1号の1文書（不動産の譲渡に関する契約書）に該当しますが、不動産の売渡証書に記載される登録免許税の課税標準となる評価額は、不動産の譲渡契約の対価ではありませんから、記載金額とはなりません（印基通第1号の1文書の4）。しかし、その評価額に併せて不動産の譲渡価額も記載されている場合には、その譲渡価額が記載金額として取り扱われます。

10　分譲住宅地売買契約書

ケース	課否判定
売主と買主との間で、不動産を売り渡すことについて取り決めた文書を作成しました。 （注）　売買契約書には売買代金の記載はありませんが物件説明書の記載金額は2,000万円となっています。	○

POINT

　この文書は、記載金額2,000万円の第1号の1文書（不動産の譲渡に関する契約書）に該当しますから、平成9年4月1日から平成26年3月31日までの間に作成されるものは租税特別措置法91条の規定が適用されますので、印紙税額は1万5,000円です。

　なお、平成26年4月1日から平成30年3月31日までの間に作成されるものは、印紙税は1万円となります。本書39頁をご覧ください。

　この文書には売買代金の定めはありませんが、ここに引用されている物件説明書の記載によって、当事者間ではその金額を明らかにできますから、その物件説明書記載の売買代金（2,000万円）が、この契約書の記載金額となります（通則4ホ(2)）。

（注1）　平成25年4月1日から平成26年3月31日までに作成される契約書で記載金額が1,000万円を超える場合は、軽減税率（措法91）が適用になります。本書38頁をご覧ください。

（注2）　平成26年4月1日から平成30年3月31日までに作成される契約書で記載金額が10万円を超える場合は、軽減税率（措法91）が適用になります。本書39頁をご覧ください。

〔文書例〕

分譲住宅地売買契約書

売買物件	所在地	○○県○○市○○町○丁目○番○号		
	分譲地名等	○○分譲住宅地	地区番号	地目 宅地
	土地面積	公簿面積　○㎡（実測面積　○㎡）		
	建物	構造○○	延べ面積　○㎡	2階建
	売買代金	円 （平成○年○月○日付　物件説明書記載金額）		
	手付金	○○円　売買契約締結時支払い		
	残代金	○○円　平成○年○月○日までに支払う		
	引渡予定時期	残代金支払時。ただし、やむを得ない事情のあるときは多少遅れることがある。		

　売主○○、買主○○とは表記売買物件の売買に関し、本契約書の表記および裏面記載の諸条件を承認のうえ、この契約を締結し、その証としてこの契約書2通を作成し売主、買主記名押印の上各自その1通を保有する。
平成○年○月○日
　　　売　　　　主　○○県○○市○○町○丁目○番○号
　　　　　　　　　　　　　　　　　　　　　　　○○○○　㊞
　　　売主代理人　○○知事・国土交通大臣（○○）○○○○○○号
　　　　　　　　　○○県○○市○○町○丁目○番○号
　　　　　　　　　株式会社○○不動産
　　　　　　　　　代表取締役　　　　　　　　　○○○○　㊞
　　　　　　　　　宅地建物取引主任者　○○知事第○○○○○○号
　　　　　　　　　　　　　　　　　　　　　　　○○○○　㊞
　　　買　　　　主　○○県○○市○○町○丁目○番○号
　　　　　　　　　　　　　　　　　　　　　　　○○○○　㊞

11　土地付建物売買契約書

ケース	課否判定
土地付住宅1棟を3,500万円で購入するに際し、契約書を作成しました。	○

POINT

　土地と住宅は、いずれも不動産ですから、この契約書は第1号の1文書（不動産の譲渡に関するする契約書）に該当し、土地と住宅の合計金額3,500万円が記載金額となりますので、平成9年4月1日から平成26年3月31日までの間に作成されるものは、租税特別措置法91条の規定が適用され、印紙税額は1万5,000円です。

　なお、住宅の対価に係る消費税の金額が区分記載されている場合は、その金額は記載金額に含めないことと取り扱われます。

　不動産とその附属物を含む譲渡契約書の記載金額の取扱いは、附属物が従物に該当するかどうかによって次のようになります（印基通第1号の1文書の2）。

(1)　当該附属物が当該不動産に対して従物（民法87条に規定するものをいいます。）の関係にある場合は、区分されている金額の合計額は第1号の1文書の記載金額となります。

(2)　当該附属物が当該不動産に対して従物の関係にない場合は、当該不動産に係る金額のみを第1号の1文書の記載金額とし、当該附属物に係る金額は第1号の1文書の記載金額となりません。

(注1)　平成25年4月1日から平成26年3月31日までに作成され、記載金額1,000万円を超える場合、軽減税率（措法91）が適用されます。38頁をご覧ください。

(注2)　平成26年4月1日から平成30年3月31日までに作成される契約書で記載金額が10万円を超える場合は、軽減税率（措法91）が適用になります。本書39頁をご覧ください。

12　構築物売買契約書

ケース	課否判定
土地の上に存する構築物の売買の際、契約書を作成しました。	○

POINT

民法86条において土地の定着物は不動産とされています。

この文書は、記載金額140万円の第1号の1文書(不動産の譲渡に関する契約書)に該当します〔**文書例参照**〕。印紙税額は2,000円です。

印紙税法上の「不動産」には、法律の規定により不動産とみなされるもののほか、鉄道財団、軌道財団および自動車交通事業財団を含むものとされています(印法別表第1第1号文書の定義欄1)。

(注)　平成26年4月1日から平成30年3月31日までに作成される契約書で記載金額が10万円を超える場合は、軽減税率(措法91)が適用になります。本書39頁をご覧ください。

〔文書例〕

構築物売買契約書

　甲株式会社と乙株式会社との間で甲所有の添付別紙記載構築物の売買につき、次のとおり契約を締結した。
第1条　甲は乙に対し添付別紙記載の構築物を現況有姿のまま売り渡すことを約し、乙はこれを買い受けた。
第2条　売買価額は総額金1,400,000円也とし、個別の価額は別紙記載のとおりとする。

第3条　売買代金は約束手形をもって決済する。
　　　　　受取人　　甲
　　　　　振出人　　乙
　　　　　額　面　　¥1,400,000-
　　　　　支払期日　平成○年○月○日
　　　　　支払場所　○○銀行○○支店
第4条　甲から乙への引渡しは平成○年○月○日とする。
　以上のとおり契約が成立したので甲乙記名押印する。
　　平成○年○月○日
　　　　　　　　　　　　　　○○県○○市○○町○丁目○番○号
　　　　　　　　　　　　　　甲株式会社　代表取締役○○○○　㊞
　　　　　　　　　　　　　　○○県○○市○○町○丁目○番○号
　　　　　　　　　　　　　　乙株式会社　代表取締役○○○○　㊞

別　紙
1　所在地
　　種類構造　　　ブロック塀一式
　　価　額　　　　¥100,000-
2　所在地
　　種類構造　　　金属造広告塔
　　価　額　　　　¥1,000,000-
3　所在地
　　種類構造　　　アスファルト道路塗装
　　価　額　　　　¥300,000-　　　　　　　　　　　　　以　上

13　物件移転を伴う土地売買契約書

ケース	課否判定
土地の売買と土地の上にある物件の移転についての契約書を作成しました。	○

POINT

　この文書は、記載金額500万円の第1号の1文書（不動産の譲渡に関する契約書）となります〔**文書例参照**〕。印紙税額は2,000円です。

　頭書の金額530万円のうち、30万円は土地の上に存する物件の移転料および損失の補償金であって、土地の譲渡の対価ではありませんから、第1号の1文書の記載金額とはなりません（「20　物件移転契約書（土地収用の場合）」79頁参照）。

　なお、市は地方公共団体ですから、印紙税法4条5項の規定により市が所持する文書のみが課税対象となり、甲の所持する文書は、課税対象となりません。

（注）　平成26年4月1日から平成30年3月31日までに作成される契約書で記載金額が10万円を超える場合は、軽減税率（措法91）が適用になります。本書39頁をご覧ください。

〔文書例〕

　　　　　　　　　土地売買に関する契約書

　　一金　5,300,000円
　国土交通省が施行する河川改修工事のために必要な土地について、所有者（以下「甲」という。）と買主国土交通省○○地方整備局長　代理人○○○○市長（以下「乙」という。）との間で下記条項により土地売買に関する契約を締結する。

（契約の主旨）
第1条　甲は、甲の所有に係る別表第1に掲げる土地（以下「土地」という。）を乙に売り渡し、土地に借地権その他土地を使用収益する権利、又は抵当権その他の担保物権、及び所有権以外の権利があるときは、これらの権利を消滅させ、かつ、土地に物件（移転することにつき甲が権限を有しないものを除く。）が存するときは、当該物件を移転するものとする。
2　乙は、下記内訳による頭書の金額を甲に支払うものとする。
　　頭書の金額の内訳
　　　　土地代金　　　　　　金　5,000,000円
　　　　別表第2に掲げる物件の移転料及び同表に掲げるその他通常受ける損失の補償金　金　300,000円
〔中略〕
（契約外の事項）
第11条　この契約に疑義を生じたとき、又はこの契約に定めのない事項については、甲、乙協議して定めるものとする。
　　この契約締結の証として契約書2通を作成して、甲、乙記名押印のうえそれぞれ1通を保有する。
　　　　平成○年○月○日
　　　　　　　　　　　　　（甲）○○県○○市○○町○丁目○番○号
　　　　　　　　　　　　　　　　氏名　　　　　　　　○○○○　㊞
　　　　　　　　　　　　　（乙）国土交通省○○地方整備局長
　　　　　　　　　　　　　　　　代理人○○市長　　　○○○○　㊞
別表第1　土地の表示
　　　　　　○○県　○○市　○○町地内

大字	字	地番	地目	地積（公簿／実測）	摘要
○○	○○	○	○	○○㎡	

別表第2　物件その他通常受ける損失補償の表示
　　　　　　○○県　○○市　○○町地内

大字	字	地番	地目	種類	数量	摘要
○○	○○	○	○	○○	○○	

14　代物弁済契約証書

ケ　ー　ス	課否判定
金銭消費貸借契約の債務者が債権者に対し、金銭の弁済に代えて土地で代物弁済することを内容とした契約書を作成しました。	○

POINT

　この文書は、金銭による弁済に代えて不動産を給付する契約書ですから〔文書例参照〕、第1号の1文書（不動産の譲渡に関する契約書）に該当し、契約証書第3条の規定により消滅する債権の金額（1,000万円）に応じて印紙税を納付することになります（印基通23(1)ハ）。印紙税額は1万円です。

　なお、平成9年4月1日から平成26年3月31日までに作成される契約書で、消滅する債権の金額が1,000万円を超える場合、軽減税率（措法91）の規定が適用されます。また、平成26年4月1日から平成30年3月31日までに作成される契約書で、消滅する債権の金額が10万円を超える場合、軽減措置（措法91）の規定が適用されます。

〔文書例〕

代物弁済契約証書

　債権者○○農業協同組合（以下「甲」という。）と債務者○○○○（以下「乙」という。）との間に次の代物弁済契約を締結する。

第1条　甲と乙との間に締結した平成〇年〇月〇日付金銭消費貸借契約証書に基づいて、甲が乙に対して有する現在債権額金1,000万円也の弁済に充てるため、乙はその所有に係る別紙目録の物件の所有権を甲に移転する。

第2条　乙は前条の物件に付着している一切の第三者の権利の登記を抹消し、完全なる所有権を甲に移転するものとし、平成〇年〇月〇日までに甲に対しその所有権移転登記をするものとする。

第3条　甲は、前条の登記完了および引渡しのときにおいて第1条の債権のうち金1,000万円が消滅することを承認する。

第4条　第1条の物件に関する租税公課のうち、その賦課期日が登記日以前に属するものは、乙の責任とする。

第5条　所有権移転登記前に第1条の物件の現状に変更を生じたときは、その事由の如何にかかわらず、甲はこの契約を解除することができる。

　この契約を証するため証書正副各1通を作成し、正本を甲、副本を乙が保有する。

　　　平成〇年〇月〇日

　　　　　　　　　　　　甲　〇〇県〇〇市〇〇町〇丁目〇番〇号
　　　　　　　　　　　　　　〇〇農業協同組合
　　　　　　　　　　　　　　　組合長理事　〇〇〇〇　㊞
　　　　　　　　　　　　乙　〇〇県〇〇市〇〇町〇丁目〇番〇号
　　　　　　　　　　　　　　　　　　　　　〇〇〇〇　㊞

別紙
　土地の表示　　〇〇県〇〇市
　面積　　　　　〇〇平方メートル
　摘要
〔以下略〕

15　解体（建物）した部材の売買契約書

ケース	課否判定
老朽建物を解体した部材を購入するとした契約書を作成しました。	✕ (不)

POINT

　この文書は、印紙税の課税対象外である物品の譲渡に関する契約書となりますから、課税文書に該当しません。

　建物を解体した後の部材は、もはや建物ではなく単なる物品です。しかし、老朽建物といえども建物の形をしていれば不動産なのですが、解体後の部材を利用することを目的として売買するものについては、その実質は単なる部材の売買とも考えられます。

　その売買価額が当該不動産の解体により生ずる部材価額相当額またはそれ以下の価額である等その不動産の構成部材の売買を内容とすることが明らかなものについては、不動産の譲渡に関する契約書ではなく、課税対象外の物品の譲渡に関する契約書として取り扱われます。

16　土地の再売買予約契約書

ケース	課否判定
いったん売り渡した土地の再売買の予約についての契約書を作成しました。	○

POINT

　印紙税法の契約書とは、契約証書、協定書、約定書その他名称のいかんを問わず、契約（その予約を含みます。）の成立若しくは更改又は契約の内容の変更若しくは補充の事実（以下「契約の成立等」といいます。）を証すべき文書をいいます（通則5）。

　この文書は、土地（分譲地）の再売買契約（予約）であり、記載金額のない第1号の1文書（不動産の譲渡に関する契約書）に該当し、印紙税額は200円です。

　契約金額については、「（・・・・の日までに）支払った売買代金の額と同額」（**文書例第3条**）と記載されているのみですから、記載金額はないことになります。

〔文書例〕

　　　　　　　　　　再売買予約契約書

　○○○○（以下「甲」という。）と○○○○（以下「乙」という。）との間に、○○用地の再売買予約に関して、次のとおり契約を締結する。
　第1条　甲及び乙は、平成○年○月○日に甲乙間で締結した○○用地の売買に関する契約（以下「売買契約」という。）により甲から乙に売り渡した末尾記載物件（以下「分譲地」という。）の再売買について予約する。

第2条　甲は、前条の再売買予約に基づき、速やかに所有権移転請求権保全仮登記（以下「仮登記」という。）を行うものとする。

第3条　再売買代金は、次条第1項により甲が再売買完結の意思表示をした日までに乙が売買契約に基づき甲に支払った売買代金の額と同額とし、甲は分譲地を第三者に売却した後、これを乙に支払うものとする。

第4条　甲は、乙が平成○年○月○日までの間に次に該当したときは、再売買完結の意思表示をすることができる。

　　分譲地について競売の申立てがあったとき。

2　前項により甲が再売買完結の意思表示をしたときは、甲乙間に再売買契約が成立し、分譲地の所有権は甲に移転する。

第5条　乙は、甲が前条第1項により再売買完結の意思表示をしたときは、次の各号により、分譲地を甲に引き渡すものとする。

⑴　分譲地に施設物があるときは、甲の指定する期限までに、これを撤去する。

〔中略〕

　この契約を証するため、本書2通を作成しそれぞれ記名押印のうえ、各自1通を保有する。

　　　平成○年○月○日

　　　　　　　　　　　　甲　○○県○○市○○町○丁目○番○号
　　　　　　　　　　　　　　○○○○　㊞
　　　　　　　　　　　　乙　○○県○○市○○町○丁目○番○号
　　　　　　　　　　　　　　○○○○　㊞

記

（分　譲　地　の　表　示）

〔以下略〕

17　農地停止条件付売買契約書

ケース	課否判定
都道府県知事（農林水産大臣）の許可を停止条件とする農地の売買についての契約書を作成しました。	○

POINT

　この文書は、土地（農地）の売買契約（停止条件付）であり、記載金額2,000万円の第1号の1文書（不動産の譲渡に関する契約書）ですから〔文書例参照〕、平成9年4月1日から平成26年3月31日までの間に作成されるものは租税特別措置法91条の規定が適用されますので、印紙税額は1万5,000円です。

　手付金額は記載金額に含まれません。

　なお、納税義務者は売主および買主ですが、立会人の所持する文書も課税対象となります。

(注)　平成26年4月1日から平成30年3月31日までの間に作成されるものは軽減税率（措法91）が適用されますので印紙税額は1万円です。

〔文書例〕

農地停止条件付売買契約書

　売主甲と買主乙との間に農地の停止条件付売買に関し次のとおり契約する。
第1条（売買の目的物及び価格）　甲は甲所有の後記記載の物件を農地法第5条に基づく都道府県知事（農林水産大臣）の許可を停止条件として価格平方メートル当たり金20,000円也合計金20,000,000円也にて

乙に売り渡し乙はこれを買い受けるものとする。ただし登記簿上の面積で取引するものとする。
第2条（手付金）　本契約締結と同時に乙は甲に対し手付金として金2,000,000円也を支払い、甲はこれを受領して、本件農地につき、停止条件付売買契約に基づく所有権移転仮登記を乙に対して設定した。この手付金は後に定める残代金授受のときにこれを売買代金の一部に充当するものとする。
第3条（売主の引渡義務）　甲は乙又は乙の指定する者に対し平成○年○月○日までに本件農地につき耕作権を放棄して完全に明け渡し平成○年○月○日までに農地法第5条の都道府県知事（農林水産大臣）の許可を得て、かつ所有権の移転本登記申請の手続を完了しなければならない。
〔中略〕
第10条（所有権の移転）　本件農地の所有権移転の時期は、第3条の許可があり、かつ第5条の売買代金の支払が完了された時とする。
　　　（売買物件の表示）
　　　　○○都（道府県）○○区（郡）○○町（村）○丁目○番地
　　　　　1．田（畑）　1,000平方メートル
以上後日の証として本契約書3通を作成し各自署名押印の上、各1通を所持する。
　　　平成○年○月○日
　　　　　　　　売主（甲）○○県○○市○○町○丁目○番○号
　　　　　　　　　　　　　○○○○　㊞
　　　　　　　　買主（乙）○○県○○市○○町○丁目○番○号
　　　　　　　　　　　　　○○○○　㊞
　　　　　　　　立　会　人　○○県○○市○○町○丁目○番○号
　　　　　　　　　　　　　○○○○　㊞

18　不動産売買契約変更契約書

ケース	課否判定
土地の売買契約締結後、当該土地を実測したところ、売買の対象となった面積が120平方メートル多いことが判明したので、先の売買代金を600万円だけ増額するとした契約書を作成しました。	○

POINT

　この文書は、記載金額600万円の第1号の1文書（不動産の譲渡に関する契約書）に該当しますから、印紙税額は1万円です。

　契約内容の変更の事実を証する文書も印紙税法の契約書に含まれます。この文書は、不動産の譲渡に関する契約の重要な事項である契約金額、取扱数量を変更するものですから、第1号の1文書となります。なお、契約金額を変更する契約書で、変更金額のみが記載されているものはその変更金額が記載金額となります（印基通30①）。

(注)　平成26年4月1日から平成30年3月31日までに作成される契約書で記載金額が10万円を超える場合は、軽減税率（措法91）が適用になります。本書39頁をご覧ください。

〔文書例〕

　　　　　　　　不動産売買契約変更契約書

　甲と乙の間において、平成○年○月○日締結した不動産売買契約について実測の結果に基づき、下記のとおり一部変更する。

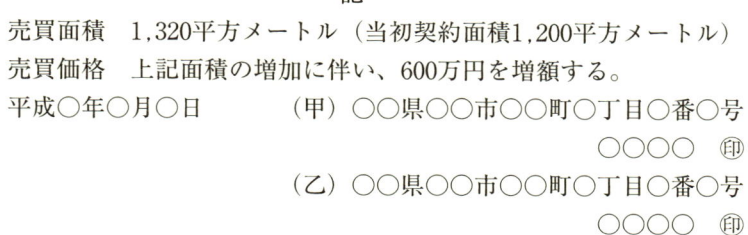

記
売買面積　1,320平方メートル（当初契約面積1,200平方メートル）
売買価格　上記面積の増加に伴い、600万円を増額する。
平成○年○月○日　　　（甲）○○県○○市○○町○丁目○番○号
　　　　　　　　　　　　　　　○○○○　㊞
　　　　　　　　　　　（乙）○○県○○市○○町○丁目○番○号
　　　　　　　　　　　　　　　○○○○　㊞

19　損失補償契約書

ケース	課否判定
河川改修工事により生ずる損失を補償することについて定めた契約書を作成しました。	✕ (不)

POINT

この文書は、土地の譲渡を内容とするものではありませんから、第1号の1文書（不動産の譲渡に関する契約書）には該当しません。また、他の課税文書にも該当しません。

〔文書例〕

補償契約書

　一金　500,000円　　　　　残　地
　国土交通省が施行する河川改修工事のため隣接地について生ずる損失を受けた者を甲とし、国土交通省○○地方整備局長　代理人○○市長を乙として、下記条項により補償契約を締結する。
記
（契約の主旨）
第1条　乙は、別表第1に掲げる土地について生ずる損失の補償として、当初の金額を甲に支払うものとする。
〔中略〕
　平成○年○月○日
　　　　　　　　　　（甲）　○○県○○市○○町○丁目○番○号
　　　　　　　　　　　　　　　　　　　　　　○○○○　㊞
　　　　　　　　　　（乙）　国土交通省○○地方整備局長
　　　　　　　　　　　　　　代理人○○市長　　○○○○　㊞

20　物件移転契約書（土地収用の場合）

ケース	課否判定
土地の上に存在する物件（建物等）の移転と移転に伴う損失を補償することについての契約書を作成しました。	× (不)

POINT

　この文書は、土地収用法その他の法律による公共事業の施行に伴い、損失を受けるものと起業者との間において、損失補償の方法、補償金額等について定めた文書であり、建物等の譲渡を内容とするものではありませんから、第1号の1文書（不動産の譲渡に関する契約書）には該当しません。

（注）　損失補償は、金銭をもってするのが原則（土地収用法70）ですが、損失補償の方法として代替地を提供することを定めた補償契約書は、第1号の1文書に該当します（印基通23(1)ロ）。なお、土地売買契約書につき67頁参照。

〔文書例〕

物件移転契約書

　一金　2,000,000円
　国土交通省が施行する河川改修工事のために必要な土地にある物件の移転について、物件所有者○○○○を甲とし、国土交通省○○地方整備局長　代理人○○市長を乙として、下記条項により物件移転契約を締結する。

記

（契約の主旨）
第1条　甲は、別表第1に掲げる土地（以下「土地」という。）にある物件で甲の所有に係るもの全てを移転するものとする。
2　乙は、別表第2に掲げる物件の移転その他通常受ける損失の補償として頭書の金額を支払うものとする。
（履行時期等）
第2条　甲は、平成○年○月○日までに前条第1項に規定する物件を移転するものとする。
〔中略〕
　この契約の証として契約書2通を作成して甲、乙署名（乙については記名によることができる。）押印のうえそれぞれ1通を保有する。
　　　平成○年○月○日
　　　　　　　　　　（甲）○○県○○市○○町○丁目○番○号
　　　　　　　　　　　　　　　　　　　　　　　○○○○　㊞
　　　　　　　　　　（乙）国土交通省○○地方整備局長
　　　　　　　　　　　　　代理人○○市長　　　○○○○　㊞

別表第1　土地の表示
　　　　　　○○県○○市○○町地内

大字	字	地番	地目	地積（公簿／実測）	摘要
○○	○○	○	○○	○○㎡	

別表第2　物件その他通常受ける損失補償の表示
　　　　　　○○県○○市○○町地内

大字	字	地番	地目	種類	数量	摘要
○○	○○	○	○○	○○	○○	

21　マンション購入申込書

ケース	課否判定
マンションを購入するに際し、予約の申込書を作成しました。	✕ (不)

POINT

　この文書は単にマンションの申込みにすぎず契約（予約を含みます。）の成立を証するものではありませんから、課税文書に該当しません。

〔文書例〕

「○○○○」購入申込書

○○不動産株式会社御中

　　　　　　　　　　　　　　　　　　　　　　　　平成○年○月○日

申込証拠金を添えて下記のとおり購入の申込みをいたします。

お申込者	フリガナ	○○○○		明大昭○年 ○月○日生
	ご氏名 ご住所	○○県○○市○○町 ○丁目○番○号		TEL○○○ (○○○) ○○○○
	ご職業	○○		
お支払い方法	売買価格	○○千円		
	手付金	申込金　　○○千円（お申込み時） 手付金　　○○千円（売買契約締結時）		

本申込みと同時に申込証拠金として金100,000円をお預けします。ただし申込証拠金には利息を付せず本契約締結時に手付金の一部に充当されるものとします。

第3 不動産等賃貸借関係

22 土地の賃貸借契約書

ケース	課否判定
土地の賃貸借契約書を作成しました。	○

POINT

　この文書は、記載金額のない第1号の2文書（土地の賃借権の設定に関する契約書）に該当しますから、印紙税額は200円です。

　なお、納税義務者は賃貸人と賃借人ですが、連帯保証人が所持する文書も課税対象となりますので、連帯保証人が所持する場合には、連帯保証人も該当します。

　「土地の賃借権」とは、民法601条に規定する賃貸借契約に基づき賃借人が土地（地下または空間を含みます。）を使用収益できる権利をいい、借地借家法2条（定義）に規定する借地権に限らず、土地の一時使用権も含みます。

　また、第1号の2文書の記載金額は、権利金その他名称のいかんを問わず、契約に際して相手方当事者に交付し、後日返還されることが予定されていない金額、例えば権利金や礼金、更新料等の一時金で後日返還されない金額ですから、賃貸料〔文書例参照〕や後日返還されることが予定されている保証金、敷金等は記載金額には該当しません（印基通23(2)）。

〔文書例〕

土地賃貸借契約書

　賃貸人○○○○（以下「甲」という）と賃借人○○○○（以下「乙」という）は、次のとおり土地賃貸借契約を締結する。
第1条　甲はその所有する下記表示の土地を普通建物所有の目的をもって乙に賃貸し、乙はこれを賃借して賃料を支払うことを約した。
　　　物件所在地
　　　　○○県○○市○○町○丁目○番○号
　　　　　宅地　　○○・○○平方メートル
第2条　賃貸借の期間は平成○年○月○日から平成○年○月○日までの○年間とする。
第3条　賃料は1か月1平方メートルについて金○○円の割合とし、乙は毎月末日までに翌月分を甲の住所に持参して支払うものとする。ただし、その賃料が経済事情の変動、公租公課の増額、近隣の賃料との比較等により不相当となったときは、甲は、契約期間中であっても賃料の増額の請求をすることができる。
〔中略〕
第8条　乙は本契約終了後、本件土地明渡済みに至るまで賃料の2倍に相当する額の損害金を甲に支払う。
第9条　連帯保証人は、賃料の支払等本契約に基づく乙の一切の債務について保証し、乙と連帯して履行の責を負う。
第10条　この契約に関する紛争については、甲の居住地の裁判所を第一審の管轄裁判所とすることに各当事者は合意する。
（特約事項）
第11条　上記のとおり契約が成立したので、本契約書3通を作成し、各自署名押印の上、各1通を所持する。
　　　平成○年○月○日
　　　　　　　　甲（賃貸人）○○県○○市○○町○丁目○番○号
　　　　　　　　　　　　　　○○○○　㊞
　　　　　　　　乙（賃借人）○○県○○市○○町○丁目○番○号
　　　　　　　　　　　　　　○○○○　㊞
　　　　　　　　（連帯保証人）○○県○○市○○町○丁目○番○号
　　　　　　　　　　　　　　○○○○　㊞

23 定期借地権設定契約書（戸建住宅・賃借権）

ケース	課否判定
定期借地権の設定に関する契約書を作成しました。	○

POINT

　この文書は、借地借家法22条に規定する定期借地権の設定に関する契約書ですから、記載金額のない第1号の2文書（土地の賃借権の設定に関する契約書）に該当し、印紙税額は200円です。

　第1号の2文書でいう「土地の賃借権」とは、民法601条に規定する賃貸借契約に基づき賃貸人が土地（地下または空間を含みます。）を使用収益できる権利をいい、借地借家法2条に規定する借地権に限らないこととされています（印基通第1号の2文書の2）。

　また、第1号の2文書の記載金額は、賃貸料を除き、権利金その他名称のいかんを問わず、契約に際して相手方当事者に交付し、後日返還されることが予定されていない金額をいうこととされています（印基通23(2)）。したがって、賃料および敷金の額〔**文書例参照**〕は記載金額には該当しません。

〔文書例〕

定期借地権設定契約書
（戸建住宅・賃借権）

　賃貸人甲と賃借人乙は、甲が所有する物件表示記載の土地（以下「本

件土地」という。）について、借地借家法（以下「法」という。）第22条に定める定期借地権の設定契約を以下の条項に従って締結した（以下、本契約によって設定される借地権を「本件借地権」という。）。
（契約の目的）
第１条　甲は、本件土地上に建築する物件目録記載の建物（以下「本件建物」という。）の所有を目的として乙に本件土地を賃貸し、乙はこれを賃借する。
〔中略〕
（存続期間）
第３条　本件借地権の存続期間は、平成〇年（西暦〇年）〇月〇日から平成〇年（西暦〇年）〇月〇日までの〇年間とする。
賃料〔省略〕　敷金〔省略〕
〔中略〕
（登記）
第11条　甲及び乙は、本契約を締結した後、遅滞なく本件土地について定期借地権設定登記をする。
２　本契約が終了した場合には、乙は、第５条の規定による甲の敷金の返還と引き換えに、定期借地権設定登記を抹消する。

　　　　　平成〇年〇月〇日
　　　　　　　　　　　甲（貸主）〇〇県〇〇市〇〇町〇丁目〇番〇号
　　　　　　　　　　　　　　　　〇〇〇〇　　㊞
　　　　　　　　　　　乙（借主）〇〇県〇〇市〇〇町〇丁目〇番〇号
　　　　　　　　　　　　　　　　〇〇〇〇　　㊞

物　件　目　録

土地の表示	建物の表示
〇〇県〇〇市〇〇町〇丁目〇番 宅地〇〇㎡	〇〇県〇〇市〇〇町〇丁目〇番地上 　　　木造瓦葺二階建居宅一棟 　　　面積　一階〇〇㎡　二階〇〇㎡ 　　　なお、詳細は付図のとおり

24 土地賃貸借契約の更新契約書

ケース	課否判定
土地の賃貸借契約を更新することについての契約書を作成しました。	○

POINT

この文書は、記載金額127万7,640円の第1号の2文書（土地の賃借権の設定に関する契約書）になりますから〔**文書例参照**〕、印紙税額は2,000円です。

この文書のうち、土地の賃貸借契約の更新についての事項は第1号の2文書に、更新料の受領についての事項は第17号文書（金銭の受取書）に該当しますが、通則3のイの規定により第1号の2文書となります。

〔文書例〕

土地賃貸借契約書

　貸主甲と借主乙の間に賃貸借土地の賃貸借契約の更新について次の条項による契約を締結する。
第1条　甲は賃貸借土地を建物（木造）所有の目的で乙に引き続いて賃貸し、乙は賃借することを承諾する。
第2条　この賃料は月額金45円也（1平方メートル当たり）とし、乙は甲に対し毎年1月度にその1か年分賃料を持参し支払うものとする。
第3条　本契約による賃貸借期間の更新は前契約に引き続き、自平成○年○月○日至平成○年○月○日の20か年間とする。

〔中略〕
　上記契約を証するため、この証書2通を作成し各自署名押印の上それぞれ1通を保有する。
　　平成○年○月○日
　　　　　　　貸主（甲）○○県○○市○○町○丁目○番○号
　　　　　　　　　　　　○○○○　㊞
　　　　　　　借主（乙）○○県○○市○○町○丁目○番○号
　　　　　　　　　　　　○○○○　㊞
　　　　　　　　　　記
1．賃貸借の物件
　　○○県○○市○○町○番
　　1．宅地202.80平方メートル
　　　ただし、私道分24.04平方メートルを含む
2．賃貸期間及び更新料
　㈠　更新期間　自平成○年○月○日　至平成○年○月○日
　㈢　更新料
　　　貸主は金1,277,640円也
　　　（ただし1平方メートル当たり金6,300円地積202.80平方メートルの更新料）を借主より平成○年○月○日に受領した。
　　　　　　　　　　　　　　　　　　　　　　　　以　上

25 賃貸借料変更の覚書

ケース	課否判定
土地の賃貸借料を変更する覚書を作成しました。	○

POINT

この文書は、土地賃貸借契約における重要な事項である賃貸借料を変更する契約書ですから、第1号の2文書（土地の賃借権の設定に関する契約書）に該当します（印基通12）。

賃貸借料は、土地の賃借権の設定の対価ではありませんから、記載金額には該当しません（印基通23(2)）。よって、記載金額のない契約書となりますから印紙税額は200円です。

〔文書例〕

覚　書

　海運株式会社甲と株式会社乙は、平成○年○月○日付土地賃貸借契約書に基づく賃貸借料に関する平成○年○月○日付覚書の一部を下記のとおり改定する。
1　用地賃貸借料
　　（物件番号B－1）　月額　　56,000円
　　（物件番号C－1）　月額　　344,000円
2　第1項の賃貸借料は平成○年○月○日より1年間とし、以降については各年、甲・乙協議し取り決める。

本覚書の証として本書2通を作成し、甲乙記名押印のうえ、各1通を保有する。
　　平成〇年〇月〇日
　　　　　　　　　　　　　　　〇〇県〇〇市〇〇町〇丁目〇番〇号
　　　　　　　　　　　　　　　海運株式会社甲
　　　　　　　　　　　　　　　　定航部長　　〇〇〇〇　㊞
　　　　　　　　　　　　　　　〇〇県〇〇市〇〇町〇丁目〇番〇号
　　　　　　　　　　　　　　　株式会社乙
　　　　　　　　　　　　　　　　常務取締役　〇〇〇〇　㊞

26　墓地永代賃貸借契約書

ケース	課否判定
墓地を永代使用することについての契約書を作成しました。	○

POINT

　この文書は、記載金額200万円の第1号の2文書（土地の賃借権の設定に関する契約書）に該当します〔文書例参照〕。印紙税額は2,000円です。
　土地を、賃貸借することについての契約書は、第1号の2文書となり、墓地の永代賃貸借もこれに当たります。
　なお、永代賃借料は、土地の賃借権の設定に伴って相手方当事者に交付され、後日返還されることが予定されていない金額ですから、第1号の2文書の記載金額となります。

〔文書例〕

墓地永代賃貸借契約書

　今般賃貸人宗教法人○○寺院代表甲と賃借人乙は、下記表示墓地の永代賃貸借につき次のとおり契約を締結する。
第1条　甲はその所有に係る下記表示の墓地を乙に永代賃貸し、それを墓地に使用することを約し、乙はこれを永代賃借し、永代賃借料を支払うことを約した。
　　　　永代賃借物件の表示　　○○○○
　　　　公園墓地　区画番号　No.○○

第2条　この永代賃借物件に対する永代賃借料は金2,000,000円也と定め、平成○年○月○日までに甲に納入するものとする。

　　この契約の証として乙は手付金として金○○円也を甲に支払い、甲はこれを受領した。

第3条　前条の永代賃借料の合計額から、前条の手付金を差し引いた残額を平成○年○月○日までに乙から甲に支払うものとする。

　　上記期日までに前条の金額を支払わないときは、前条の手付金は甲において没収し、この契約を解除するも、乙は異議なきものとする。永代賃借料全額納入と同時に永代借地権利証を乙に交付する。

第4条　本契約の期間は永代とする。

第5条　甲はこの永代賃貸借物件に対する租税、公課、管理並びに墓地外周等、保存上必要な大小修繕を負担するものとし、乙は墓地使用のために要する管理費用を年間金○○円也を甲に支払うものとする。

第6条　乙は上記管理料の支払を年1回と定め、甲の指定する金融機関に振込み納入するものとし、管理料の改定は総務省統計局の発表する消費者物価指数を参考として2か年毎に取り決めるものとする。

第7条　乙は永代借地権利の譲渡をする場合は甲の譲渡承認を得なければならないものとし、その際永代借地権利証の名義変更を行うものとする。

〔中略〕

　　以上この契約の証として本書2通を作成し双方各1通を所有するものとする。

　　　平成○年○月○日
　　　　　　賃貸人（甲）○○県○○市○○町○丁目○番○号
　　　　　　　　　　　　宗教法人○○寺院　　　○○○○　㊞
　　　　　　賃借人（乙）○○県○○市○○町○丁目○番○号
　　　　　　　　　　　　　　　　　　　　　　○○○○　㊞

27　駐車場用地賃貸借契約書

ケース	課否判定
駐車場に使用するための土地について、賃貸借することを定めた契約書を作成しました。	○

POINT

　この文書は、駐車場用地としての土地の賃貸借を定めていますので、第1号の2文書（土地の賃借権の設定に関する契約書）に該当します。なお、賃料や後日返還されることが予定されている保証金、敷金等〔文書例参照〕は契約金額に該当しませんので、記載金額のない第1号の2文書となり、印紙税額は200円です。

　駐車場を利用する契約には、次の4とおりの方法があり、それぞれ印紙税額が異なります。

① 駐車場として土地を賃貸借する契約書…土地の賃貸借契約書ですから第1号の2文書（土地の賃借権の設定に関する契約書）に該当します。

② 車庫を貸す契約書…車庫という施設の賃貸借契約書ですから課税文書に該当しません。

③ 駐車場に駐車させることの契約書…特に土地の使用収益をさせることの土地の特定がありませんから、施設の賃貸契約書となり、課税文書に該当しません。

④ 車の寄託契約書…車の保管契約ですから、物品の寄託契約として課税文書には該当しません。なお、場所を特定するなどするものは、その実質的な契約の内容について印紙税が課されるかどうか判断されます。

〔文書例〕

駐車場用地賃貸借契約書

　賃貸人甲と賃借人乙とは、末尾記載の土地につき、以下の条項により賃貸借契約を締結する。

第１条　甲所有の末尾記載〔省略〕の土地（以下「本件駐車場用地」という）を乙は露天駐車場として賃借する。

第２条(1)　賃料は月額158,130円とし、毎月初日限り当月分を甲の指定する金融機関の口座へ振り込むものとする。但し、１カ月未満の場合は日割計算とする。

(2)　前項の賃料は、本件駐車場用地の公租公課の増減、物価の上昇ならびに近隣との比較において不相当となったときは、改定することができる。ただし３年間は前項の額とする。

第３条(1)　乙は甲に敷金として賃料の３カ月分を契約時に支払う。敷金は無利息とし本契約期間満了、または後記第８条により契約を解除する場合、第２項による充当がある場合は充当分を差し引いて、甲は乙に直ちに返還する。

(2)　乙において賃料の延滞その他債務があるときは、甲は催告なしに敷金をこれに充当し、この場合乙は遅滞なくこれを補塡しなければならない。

第４条　賃貸借期間は、平成〇年〇月〇日より３年間とする。
　但し、いずれからも何等申立てなき場合は、更に１年間継続することとし、以後もこれに準ずる。

〔中略〕

　以上、契約の証として本書２通を作成し、甲・乙記名押印の上各１通を保有する。

　　　平成〇年〇月〇日　　　　甲．〇〇県〇〇市〇〇町〇丁目〇番〇号
　　　　　　　　　　　　　　　　　　　賃貸人　〇〇〇〇　㊞
　　　　　　　　　　　　　　　乙．〇〇県〇〇市〇〇町〇丁目〇番〇号
　　　　　　　　　　　　　　　　　　　賃借人　〇〇〇〇　㊞

28　土地の使用承諾書

ケース	課否判定
土地を家屋建築用敷地として無償で使用することについての承諾書を作成しました。	✕ (不)

POINT

この文書は、使用貸借に関する契約書となり、課税文書に該当しません。

なお、賃貸借の場合は、第1号の2文書（土地の賃借権の設定に関する契約書）に該当します。

〔文書例〕

承　諾　書

1．土地の表示　　〇〇県〇〇市〇〇町〇丁目〇番〇号
2．地　積　　宅　地　　〇〇平方メートル
3．使用権者　　〇〇〇〇
　私所有の上記土地を貴殿において家屋建築敷地として無償で使用することを承諾する。
　　平成〇年〇月〇日
　　土地所有者又は管理人
　　住　所　　〇〇県〇〇市〇〇町〇丁目〇番〇号
　　氏　名　　〇〇〇〇　㊞

29　地線埋設承諾書

ケース	課否判定
土地に電線を埋設することの承諾書を作成しました。	○

POINT

　この文書は、土地（地中を含みます。）を賃貸借することについての契約、いわゆる土地の賃借権の設定についての契約ですから、記載金額のない第1号の2文書（土地の賃借権の設定に関する契約書）に該当しますから、印紙税額は200円です。
　なお、権利金その他後日返還されることが予定されていない金額は賃借権の設定の対価になり、その金額は記載金額となりますが、埋設地使用料〔**文書例参照**〕は、記載金額には該当しません。

〔文書例〕

地線埋設承諾書

○○電力株式会社　御中　　　　　　　　　　　平成○年○月○日
　　　　　　　　　　　住所　○○県○○市○○町○丁目○番○号
　　　　　　　　　　　氏名　　　　　　　　　○○○○　㊞

　今般貴社の電線路の設置に関して私の所有地に地線を埋設することを下記条項により承諾します。
1．裏面記載の私の所有地に地線を埋設すること。

2．地線埋設および将来の維持管理または収去のため、裏面記載の私の所有地（使用地）に立ち入ること。
3．埋設期間は平成〇年〇月〇日より貴社の電線路存置期間中とすること。
4．埋設地使用料は埋設期間中のものを裏面記載のとおり一括前払いとすること。
〔以下略〕

30　建物賃貸借契約書

ケース	課否判定
建物を賃貸借することについての契約書を作成しました。	✕ (不)

POINT

この文書は、建物の賃貸借契約であり、土地の賃貸借契約ではありませんから課税文書に該当しません。

また、連帯保証人についての事項は、主たる債務の契約書に併記された保証契約ですから、第13号文書（債務の保証に関する契約書）には該当しません。

〔文書例〕

建物賃貸借契約書

第1条　賃貸人○○○○は、その所有する下記表示の建物を賃借人○○○○に賃貸し、賃借人○○○○はこれを賃借し、賃料を支払うことを約した。
　　建物の表示
　　　所在地　　○○県○○市○○町○丁目○番○号
　　　木造瓦葺2建居宅（店舗、倉庫、事務所）
　　　床面積　1階○○平方メートル　2階○○平方メートル
第2条　賃貸人は賃貸物に関する租税その他の公課を負担する。
第3条　賃料は1か月金○○円也とし毎月○日までに賃貸人の住所に持参して支払うこととする。

〔中略〕
　以上の契約を証するため本契約書を3通作成し、各当事者並びに連帯保証人署名押印して各1通を保有する。
　　平成○年○月○日
　　　　　　賃貸人　　　○○県○○市○○町○丁目○番○号
　　　　　　　　　　　　　　　　　　○○○○　　㊞
　　　　　　賃借人　　　○○県○○市○○町○丁目○番○号
　　　　　　　　　　　　　　　　　　○○○○　　㊞
　　　　　　連帯保証人　○○県○○市○○町○丁目○番○号
　　　　　　　　　　　　　　　　　　○○○○　　㊞

31 定期建物賃貸借契約書

ケース	課否判定
定期建物賃貸借についての契約書を作成しました。	✕ (不)

POINT

この文書は、建物の賃貸借契約であり、土地の賃貸借契約ではありませんから課税文書に該当しません。

定期建物賃貸借契約は、期間の定めがある建物の賃貸借のうち契約の更新がないこととする旨を定めたもの（借地借家法38）ですが、定期建物賃貸借契約書も一般の建物賃貸借契約書と同様に、他に課税事項の記載のない限り課税文書に該当しません。

〔文書例〕

定期建物賃貸借契約書

　賃貸人○○○○を甲、賃借人○○○○を乙として、次のとおり定期建物賃貸借契約を締結する。
（契約の締結）
第1条　甲及び乙は、末尾記載の建物（以下「本件建物」という。）について、以下の条項により借地借家法（以下「法」という。）第38条に規定する定期建物賃貸借契約（以下「本契約」という。）を締結した。
（賃貸借期間）
第2条　賃貸借の期間は、平成○年○月○日から平成○年○月○日までとする。

2　本契約は、前項に定める期間の満了により終了し、更新がない。
3　甲は第1項に規定する期間の満了の1年前から6月前までの間（以下「通知期間」という。）に乙に対し、期間の満了により賃貸借が終了する旨を書面をもって通知するものとする。
（賃料）
第3条　賃料は1か月金〇〇円とし、乙は毎月〇日までに当月分を甲の〇〇銀行〇〇支店の普通口座〇〇〇〇に振り込んで支払うものとする。ただし、期間が1月に満たないときは日割り計算した賃料を振り込んで支払う。
（敷金）
第4条　乙は、敷金として本日甲に金〇〇円を支払う。
（敷金の返還）
〔中略〕
第14条　甲は、賃貸借契約が終了し乙から建物の明渡しを受けたときはその明渡し完了日に敷金を乙に返還し、延滞賃料又は第11条の損害賠償金額があるときはこれらを差し引いてその残額を返還する。
〔中略〕
　以上のとおり契約が成立したので、本契約書2通を作成し、各自記名押印のうえ、各1通を保有する。
　　　　平成〇年〇月〇日
　　　　　　　　甲（賃貸人）〇〇県〇〇市〇〇町〇丁目〇番〇号
　　　　　　　　　　　　　　〇〇〇〇　㊞
　　　　　　　　乙（賃借人）〇〇県〇〇市〇〇町〇丁目〇番〇号
　　　　　　　　　　　　　　〇〇〇〇　㊞

建物の表示
　所在　〇〇県〇〇市〇〇町〇丁目〇番〇号
　家屋番号　〇〇番
　種類及び構造　木造瓦葺2階建居宅
　床面積　〇〇平方メートル

32 貸室賃貸借契約書

ケース	課否判定
貸室を賃貸借することについての契約書を作成しました。	✗ (不)

POINT

この文書は、建物の賃貸借契約であり、土地の賃貸借契約ではありませんから課税文書に該当しません。

〔文書例〕

賃貸借契約書

　貸主甲と借主乙とは、甲の所有による第1条記載の物件の賃貸借に関し、次のとおり契約を締結する。
第1条（貸室の表示）
　　甲は乙に対し次の表示物件（以下「目的物件」という。）を賃貸し、乙はこれを賃借する。
　　貸室の表示
　　1．所　　在　　○○県○○市○○町○丁目○番○号
　　2．構　　造　　鉄骨鉄筋コンクリート造
　　3．場所及び面積　添付図面表示のとおり　〔中略〕
第3条（賃貸借期間）
　　賃貸借期間は、平成○年○月○日より平成○年○月○日までの20か年とする。ただし、期間満了の際は双方協議の上これを延長することができる。

第4条（賃　料）
　　賃料は月額金〇〇円也とする。
第5条（協議事項）
　　本契約に関して又は本契約に定めのない事項に関して疑義が生じたときは、甲乙誠意もって協議し定めるものとする。
　　本契約を締結した証拠として本証書2通を作成し、甲乙各1通を保有する。
　　平成〇年〇月〇日
　　　　　　　　貸主（甲）〇〇県〇〇市〇〇町〇丁目〇番〇号
　　　　　　　　　　　　　〇〇〇〇　㊞
　　　　　　　　借主（乙）〇〇県〇〇市〇〇町〇丁目〇番〇号
　　　　　　　　　　　　　〇〇〇〇　㊞

33 裸用船契約書

ケース	課否判定
当社は、用船者と裸用船契約書を作成しました。	✕ (不)

POINT

この文書は、賃貸借に関する契約書で、課税文書に該当しません。

用船契約は、船長その他の乗務員付きで船舶または航空機を借り受けるのに対し、裸用船契約は乗務員の付かない船舶または航空機そのものの賃貸借を内容とする契約です。そのため、裸用船契約書は用船契約という名称を用いていますが、その実質は賃貸借に関する契約書となりますから、第1号の4文書（運送に関する契約書）には該当しません（印基通第1号の4文書の6）。

〔文書例〕

裸用船契約書

船主○○○○（以下「船主」という）と用船者○○○○（以下「用船者」という）との間に下記の条項に基づき裸用船契約を締結する。
第1条　本契約主要の事項は後掲のとおりである。
〔中略〕
第3条（受渡時の船底検査）　〔中略〕
第4条（1カ月未満の用船料計算方法）　1カ月に満たない期間の用船

料はその使用した月の日数により日割計算とし、1日（24時間）未満の端数は時間割をもって計算する。
第5条（航行及び貨物に関する制限）
〔中略〕
第13条（委付）　海難その他の事由により本船を委付するときは当事者協議の上でこれを決定する。
〔中略〕
第18条（仲裁）
〔中略〕
　　　上記契約を証するため本書2通を作り各自記名調印の上互に1通を保有する。
　　　　平成〇年〇月〇日　　　　において作成する
　　　　　　　　　　　船　　主　〇〇県〇〇市〇〇町〇丁目〇番〇号
　　　　　　　　　　　　　　　　　　〇〇〇〇　　㊞
　　　　　　　　　　　用船者　　〇〇県〇〇市〇〇町〇丁目〇番〇号
　　　　　　　　　　　　　　　　　　〇〇〇〇　　㊞
　　　　　　　　　　　仲介人　　〇〇県〇〇市〇〇町〇丁目〇番〇号
　　　　　　　　　　　　　　　　　　〇〇〇〇　　㊞
①　船舶表示
　　　船　　名　　　　　〇〇〇〇
　　　船舶番号　　　　　〇〇〇〇〇〇　　製造年月　〇年〇月
　　　総トン数　　　　　〇〇トン　　　　純トン数　〇〇トン
〔中略〕
⑧　用船料　　1暦月間金〇〇円也（重量壱トンに付金〇〇円也の割）
　　　　　　　毎　〇カ月分宛〇〇〇〇において前払のこと。
〔以下略〕

34 車両の賃貸借契約書

ケース	課否判定
信託した車両の賃貸借契約書を作成しました。	× (不)

POINT
　この文書は、単なる車両の賃貸借契約であり課税文書に該当しません。

〔文書例〕

　　　　　　　　　　　車両賃貸借契約書

（信託車両の賃貸借）
第1条　株式会社（以下「甲」という）は平成○年○月○日、○○株式会社との間に締結した信託契約の目的に従い、信託財産たる末尾記載の信託車両（以下単に「車両」という）を○○株式会社（以下「乙」という）に賃貸し、乙はこれを借り受けた。
（賃貸借契約期間）
第2条　この賃貸借契約期間は平成○年○月○日から平成○年○月○日までとする。
〔中略〕
　この契約書2通を作成し、甲及び乙は各1通を保有する。
　　　平成○年○月○日
　　　　　　　　　賃貸人（甲）○○県○○市○○町○丁目○番○号
　　　　　　　　　　　　　　　　　　　　　　　　○○○○　㊞
　　　　　　　　　賃借人（乙）○○県○○市○○町○丁目○番○号
　　　　　　　　　　　　　　　　　　　　　　　　○○○○　㊞

35　電子計算機を賃借することの約定書

ケース	課否判定
電子計算機の製造会社と使用会社との間において、製造会社がリース会社に売り渡す電子計算機を使用会社がリース会社から賃借することを約する約定書を作成しました。	✕ (不)

POINT

この文書は、物品（電子機器）の賃貸借に関する契約ですから、課税文書に該当しません。

〔文書例〕

　　　　　　　　　約　定　書

　○○株式会社（以下「甲」という）は、○○製造株式会社（以下「乙」という）に対し、乙が○○リース株式会社（以下「丙」という）に売り渡す別紙明細表記載の電子計算機（以下単に「計算機」という）を下記条件によって丙から賃借することを約定します。
　　　　　　　　　　　記
1．品名及び数量：計算機一式
　　　　　　（明細は、別紙明細表のとおりとします。）
2．賃貸料（保守費を含みます。）：計算機の賃貸料月額　　○○円
　　　　　　（明細は、別紙明細表のとおりとします。）
3．荷造り、運送、据付工事及び現地調整費　　無償
4．使用時間：1か月200時間

5．賃貸借期間：計算機の引渡完了後、1年を経過した後は、甲は、いつでも文書で解約の申出ができます。この場合、計算機の賃貸借及び保守に関する契約は、解約申入れののち3か月を経過した時に終了することとします。
6．納入期限：平成〇年〇月〇日
7．据付場所：
　　据付場所は、計算機の納入期限まで甲において受入準備を完了しておいていただきます。
　なお、この約定は、丙が計算機の購入を承諾することを条件とします。
　以上約定の証として本書3通を作成し、甲、乙、丙記名押印の上、各1通を保有します。
　　　平成〇年〇月〇日
　　　　　　　　　　　　甲　〇〇県〇〇市〇〇町〇丁目〇番〇号
　　　　　　　　　　　〇〇株式会社　代表取締役〇〇〇〇　㊞
　　　　　　　　　　　　乙　〇〇県〇〇市〇〇町〇丁目〇番〇号
　　　　　　　　　　　〇〇製造株式会社　代表取締役〇〇〇〇　㊞
　　　　　　　　　　　　丙　〇〇県〇〇市〇〇町〇丁目〇番〇号
　　　　　　　　　　　〇〇リース株式会社　代表取締役〇〇〇〇　㊞

別紙明細
　　〔以下略〕

第4　永小作権、地役権、鉱業権、無体財産権、営業権関係

36　永小作権設定契約書

ケース	課否判定
永小作権を設定することについての契約書を作成しました。	✕ (不)

POINT

　この文書は、土地の賃借権の設定に関する契約書ではありませんから課税文書に該当しません。

　なお、永小作権とは、小作料を支払って耕作または牧畜の目的で他人の土地を使用する権利（物権）です（民法270）。永小作権は賃借権（賃借小作権）ではなく物権ですから、特約のない限り、地主の承諾なしに譲渡または転貸することができます。

〔文書例〕

永小作権設定契約書

　土地所有者○○○○を甲とし、永小作人○○○○を乙として両当事者間において、永小作権設定のため次の契約を締結する。
第1条　甲はその所有する次の土地について、乙に対して耕作を目的とする永小作権を設定する。
　　　　○○県○○市○○町○番地、　田○○平方メートル

第2条　この永小作権の存続期間は、この契約の日より満〇年とする。
第3条　乙は、小作料として、1平方メートルにつき1年金〇〇円を毎年〇月〇日に支払う。
〔中略〕
　この契約の成立を証するため、この証書2通を作成し、各自1通を所持するものとする。
　　　平成〇年〇月〇日
　　　　　　　　　　（甲）〇〇県〇〇市〇〇町〇丁目〇番〇号
　　　　　　　　　　　　　〇〇〇〇　㊞
　　　　　　　　　　（乙）〇〇県〇〇市〇〇町〇丁目〇番〇号
　　　　　　　　　　　　　〇〇〇〇　㊞

37 地役権設定契約書

ケース	課否判定
地役権を設定することについての契約書を作成しました。	✕ (不)

POINT

この文書は、土地の賃借権の設定に関する契約書ではありませんから課税文書に該当しません。

なお、地役権とは、A地（要役地）の利用価値を増すためにB地（承役地）を一定の方法で利用する権利（物権）です（民法280）。

例えば、A地のためにB地から水を引いたり、B地を通行したり、B地に一定の建築をさせなかったりする権利がその例です。

〔文書例〕

地役権設定契約書

○○○○を甲とし、○○○○を乙として両当事者間において次のような契約を締結した。

第1条　乙は、その所有にかかる下記(1)の土地を承役地として、甲所有の下記(2)の土地を要役地とする地役権設定に同意する。

第2条　地役権設定の目的は、甲及び要役地承継者の通行のためとする。
　地役権設定の範囲は、別添図面のとおり承役地の南側長さ○メートル、幅○メートル、○平方メートルに相当する部分とする。

第3条　地役権の存続期間は、この契約成立の日から満○年とする。

第4条　甲は、乙に対し、年○○円の報酬を支払う。その支払時期は、毎年○月○日とする。

第5条　乙はその費用をもって、承役部分につき、通行に必要な修繕を毎年1回行うものとする。

　この契約の成立を証するため、本書2通を作成し、各自署名押印の上、それぞれ1通を所持するものとする。

　　　平成○年○月○日
　　　　　　甲（地役権者）　　　○○県○○市○○町○丁目○番○号
　　　　　　　　　　　　　　　　　　　　○○○○　　㊞
　　　　　　乙（地役権設定者）　○○県○○市○○町○丁目○番○号
　　　　　　　　　　　　　　　　　　　　○○○○　　㊞
1．不動産の表示
〔以下略〕

38　租鉱権設定契約書

ケース	課否判定
租鉱権を設定することについての契約書を作成しました。	✕（不）

POINT

　この文書は、土地の賃借権の設定に関する契約書ではありませんから課税文書に該当しません。
　なお、租鉱権とは、他人の鉱区または鉱床において鉱業権の目的となっている鉱物を掘採取得する権利のことをいい（鉱業法6）、採掘権者との契約に基づき、経済産業局長の許可を受け、登録することによって成立します。

〔文書例〕

　　　　　　　　　　租鉱権設定契約書

　○○県○○市○○地内、同県採掘権第○号鉱区面積○アールのうち別紙図面に示す区域○アールを、租鉱権設定の鉱区として申請するに当たり、ここに鉱業権者○○○○（以下「甲」という。）と租鉱権申請人○○○○（以下「乙」という。）との間に次のとおり契約を締結する。
第1条　乙は、甲の本鉱区内に租鉱権設定の申請をもってここに法定鉱
　　　物の○○を採取する事業を目的とするものである。
第2条　乙は前項に示す採掘の事業を営むについては、鉱業法並びに保
　　　安規則に定める全ての規定を遵守し、租鉱権独自の権能と責任において
　　　てその事業を遂行しなければならない。

第3条　乙が営む本件の事業実施期間は租鉱権般定の許可登録の日付から向こう3か年とする。乙は、当該申請の租鉱権が許可されたときはその施業案に基づく一切の設備、並びに運営資金は第2条に定めた権利と責任において使用するとともに、本事業に伴う公租公課を負担しなければならない。

第4条　甲乙間において締結する租鉱権設定契約の租鉱料金、並びにその支払方法は次のとおりとする。
(1) 当該租鉱権の設定申請が認可され、乙が所管の経済産業局に登録を行うと同時に、初期1か年分として全〇〇円を甲に前納する。
(2) 翌年度以降の支払に関しては、本件登録完了の日付を期日と定め、乙は甲に対し毎年全〇〇円を前納する。

第5条　甲が平成〇年〇月〇日付をもって締結した、土地所有者との契約条項中、売鉱1トンに付金〇〇円也の割合をもって土地所有者に寄附金として納入するとの約定を、乙は同じく、甲を通じて履行しなければならない。

〔中略〕

　上記契約を証するため、本書3通を作成し署名押印の上、所管の経済産業局にその1通を提出し、甲乙各自が1通を保有する。

　　　平成〇年〇月〇日
　　　　　鉱　業　権　者（甲）　〇〇県〇〇市〇〇町〇丁目〇番〇号
　　　　　　　　　　　　　　　　　〇〇〇〇　　㊞
　　　　　租鉱権申請人（乙）　〇〇県〇〇市〇〇町〇丁目〇番〇号
　　　　　　　　　　　　　　　　　〇〇〇〇　　㊞

39　砂利採取契約書

ケース	課否判定
砂利を採取することについての契約書を作成しました。	✕（不）

POINT

この文書は、土地の賃借権の設定に関する契約書ではありませんから課税文書に該当しません。

なお、砂利の採掘権は、採石権に該当します。採石権とは、他人の土地において岩石および砂利を採取することを目的とする権利です（採石法4）。

〔文書例〕

契　約　書

　賃貸人○○○○を甲とし、賃借人○○○○を乙として、甲乙両者間において、末尾記載の土地につき次の条項により砂利採掘権に関する賃貸借契約を締結した。
第1条　甲はその所有する後記土地○平方メートルに対し、乙が砂利を採掘することに同意する。
第2条　契約の期間は、農地転用の許可を得て着工の年より満○年とする。
第3条　砂利採掘賃貸料は○平方メートル当たり金○○万円也とする。
〔中略〕

この契約を確認するため証書2通を作成し、署名押印の上各1通を所持する。
　　平成○年○月○日
　　　　　　　　　　　　（甲）○○県○○市○○町○丁目○番○号
　　　　　　　　　　　　　　　　○○○○　㊞
　　　　　　　　　　　　（乙）○○県○○市○○町○丁目○番○号
　　　　　　　　　　　　　　　　○○○○　㊞
（土　地　の　表　示）
〔以下略〕

40　鉱業権譲渡契約書

ケース	課否判定
鉱業権を譲渡することについての契約書を作成しました。	○

POINT

　この文書は、記載金額のない第1号の1文書（鉱業権の譲渡に関する契約書）に該当しますから〔文書例参照〕、印紙税額は200円です。
　なお、印紙税法の課税物件である鉱業権の譲渡に関する契約の鉱業権とは、鉱業法5条に規定する鉱業権をいい、同法59条の規定により登録されたものに限られます（印基通第1号の1文書の9）。
　一般に、無体財産権という用語は、物権および債権を除いたところの財産権として用いられていますが、印紙税法では、特許権、実用新案権、商標権、意匠権、回路配置利用権、育成者権、商号および著作権の8種類のものに限って、無体財産権としています（印法別表第1第1号文書の定義欄）。鉱業権は、無体財産権と異なり、その譲渡に関する契約書が、第1号の1文書として掲名されています。

〔文書例〕

鉱業権譲渡契約書

　売主甲と、買主乙とは、次のとおり契約を締結した。
　第1条　甲は、下記の鉱区において、登録を受けた鉱物及びこれと同種の鉱床中に存する他の鉱物を掘採し、取得する鉱業権を、乙に譲渡する。

(1) 鉱区所在地　〇〇県〇〇市〇〇町〇丁目〇番〇号
(2) 登録番号　　〇〇〇〇
(3) 面積　　　　〇アール

第2条　乙は、前条に掲げる鉱業権を買い受けることとし、その代金として金〇〇円を甲に支払う。

第3条　甲は、鉱業権を売り渡した後においても、乙にこの鉱区に関する鉱害の賠償債務が生じた場合は、この鉱区における甲乙の事業全期間を、本契約の締結日前後に分けて按分した日数により、当該債務の一部を乙のために負担する。ただし、鉱害による債務の発生が、専ら契約締結日以後における乙の対策不備によるものである場合は、この限りでない。

以上契約を証して後日のため本書2通を作成し、甲乙が1通ずつ所持する。

　　平成〇年〇月〇日

　　　　　　　　　（甲）〇〇県〇〇市〇〇町〇丁目〇番〇号
　　　　　　　　　　　　〇〇株式会社　代表取締役〇〇〇〇　㊞
　　　　　　　　　（乙）〇〇県〇〇市〇〇町〇丁目〇番〇号
　　　　　　　　　　　　〇〇株式会社　代表取締役〇〇〇〇　㊞

41　特許等の出願権の譲渡契約書

ケース	課否判定
特許および実用新案の登録を受ける権利（出願権）の譲渡についての契約書を作成しました。	✕ (不)

POINT

　この文書は、特許を受ける以前の段階で、特許を受ける権利（特許出願権）を譲渡するものですから、特許権そのものを譲渡することとはなりませんので、印紙税の課税文書には該当しないことになります（印基通第1号の1文書の11）。

　特許権とは、特許を受けた発明を業として独占的に利用し得る権利をいい（特許法2・66）、この権利は特許原簿に登録されることにより発生するものとされています。

　なお、印紙税法上、登録された特許権を他人に譲渡することとすれば、この契約書は第1号の1文書（特許権（無体財産権）の譲渡に関する契約書）に該当することになります。

〔文書例〕

譲渡契約書

1．平成○年特許願第○○○○号
　　発明の名称　　　○○
1．平成○年実用新案登録願第○○○○号
　　実用新案の名称　　○○

首題の件に関し、特許及び実用新案登録出願人○○○○（以下「甲」という。）と○○○○（以下「乙」という。）との間に下記のように譲渡契約を締結する。

記

1．甲は前掲両出願の特許及び実用新案登録を受ける権利を乙に譲渡する。
2．① 乙は上記譲渡の対価として支払う金額中、本契約の成立と同時に前渡金として現金を金20万円也と約束手形を金10万円也の合計金30万円也を甲に支払うものとする。
　② この前渡金の性質は、乙がこれから製作販売する本件物品1台につき金○○円也の割合で支払う金額を、甲の希望により事前手交するものである。
3．前項の支払うべき金額は、乙が現実に販売を開始した月より毎月の販売台数を集計して算出し、その合計金額中の1/2は前渡金をもって充当する。
4．乙は甲より譲渡を受けた前掲両出願の全部又は一部が拒絶されたため本件物品の製造販売に支障を来したときは、販売台数1個の単価金○円について爾後減免を請求できるものとする。

〔中略〕

　以上の契約を締結したことを立証するため、本書を2通を作成し甲乙並びに立会人連署の上甲乙その1通を所持するものとする。

　　平成○年○月○日
　　　　　　　（甲）　　○○県○○市○○町○丁目○番○号
　　　　　　　　　　　　　　　　　　○○○○　㊞
　　　　　　　（乙）　　○○県○○市○○町○丁目○番○号
　　　　　　　　　　　　　　　　　　○○○○　㊞
　　　　　　　（立会人）○○県○○市○○町○丁目○番○号
　　　　　　　　　　　　　　　　　　○○○○　㊞

42 特許権の専用実施権設定契約書

ケース	課否判定
特許権の専用実施権を設定することに関する契約書を作成しました。	× (不)

POINT

この文書は、専用実施権を設定する契約書であり、無体財産権（特許権）を譲渡する契約書ではありませんから、課税文書に該当しません。

ただ、「特許権として登録された場合には譲渡する」ことを内容とする契約書は、特許権そのものの譲渡を約する（予約または条件付契約）ものですから、第1号の1文書（無体財産権の譲渡に関する契約書）に該当します。

〔文書例〕

```
                専用実施権設定契約書
 1．特許番号　第○○○○号
 2．発明の名称　○○
   上記特許権につき下記の専用実施権を設定することを契約します。
                     記
 1．範　囲　○○○○
 2．対価の額又はその支払の方法若しくは時期の定め
  (1) 対価の額　金○○円
  (2) 支払方法　指定する銀行口座へ振込む方法による
  (3) 時　期　　平成○年○月○日から平成○年○月○日まで
    平成○年○月○日
         専用実施権者　　　　　○○県○○市○○町○丁目○番○号
                            氏　名　○○○○　㊞
         特　許　権　者　　　　○○県○○市○○町○丁目○番○号
                            氏　名　○○○○　㊞
```

43　特許権の通常実施権許諾契約書

ケース	課否判定
特許権が設定登録されたときは、通常実施権ならびにノウハウの実施を許諾することを定める契約書を作成しました。	✕ (不)

POINT
　この文書は、通常の実施権とノウハウの実施権の許諾を証する契約書であり、無体財産権（特許権）を譲渡する契約書ではありませんから、課税文書に該当しません。

〔文書例〕

実施許諾契約書

　株式会社甲と株式会社乙とは、甲の出願に係る特願平「染色方法」（以下「本件発明」という）並びにこれに関連する甲所有のノウハウ（以下単に「ノウハウ」という）を実施するに当たり、次のとおり契約を締結する。
第1条（実施許諾）
　　甲は乙に対し乙が本契約の規定を遵守することを条件に本件発明及びノウハウを実施することを許諾する。
2　前項の実施権は非独占的実施権であって、本件発明につき特許権の設定登録がなされたときは、乙は乙の費用で通常実施権の設定登録をすることができる。
第2条（実施範囲）
　　乙は甲から指定された、○○（以下「本件製品」という）の染色加工にのみ本件発明及びノウハウを実施することができる。

〔中略〕
第4条（実施料）
　乙が他者において本件発明及びノウハウの全部又は一部を実施して、本件製品に染色加工したときは、乙は乙が他者に支払う本件製品に関する染色加工の加工賃の5％を実施料として甲に支払う。
2　市況の変化、その他の事情により前項の実施料により難い場合は、甲乙協議の上実施料の額を変更することができる。
3　本条第1項の実施料は毎年4月1日から9月30日まで及び10月1日から3月31日までの各期間毎に集計し、当該期間終了の日から30日以内に乙が甲に支払うものとする。
〔中略〕
第13条（有効期間）
　この契約は、この契約締結の日から平成○年○月○日までとする。ただし、期間満了までに甲乙いずれからも別段の意思表示のないときは同一条件でさらに1年間延長するものとし、以後同様とする。
〔中略〕
第14条（存　続）
　この契約が解除され、又は期間満了により失効した場合においても、第7条、第8条及び第9条の規定はなお有効に存続するものとする。
〔中略〕
第16条（協　議）
　この契約に定めのない事項又はこの契約に関する疑義が生じたときは、甲乙別途協議の上円満解決をはかるものとする。
　この契約締結の証として本書2通を作成し、甲乙各1通を保有する。
　平成○年○月○日
　　　　　　　　　甲　○○県○○市○○町○丁目○番○号
　　　　　　　　　　　株式会社甲　代表取締役○○○○　㊞
　　　　　　　　　乙　○○県○○市○○町○丁目○番○号
　　　　　　　　　　　株式会社乙　代表取締役○○○○　㊞

44　実用新案権の譲渡契約書

ケース	課否判定
実用新案権を譲渡することに関する契約書を作成しました。	○

POINT

　この文書は、第1号の1文書（実用新案権（無体財産権）の譲渡に関する契約書）に該当します。記載金額が150万円〔**文書例参照**〕ですから印紙税額は2,000円です。

　なお、実用新案権とは、実用新案を独占的排他的に支配する権利で設定の登録によって発生します。すなわち、実用新案法14条の規定により登録された実用新案権をいいます（印基通第1号の1文書の12）。

〔文書例〕

　　　　　　　　　　　契　約　書

　甲と乙とは甲の所有する実用新案登録第〇〇〇〇号「〇〇」（以下「本実用新案権」という）の譲渡に関し下記のとおり契約する。
　　　　　　　　　　　　記
第1条　甲は本実用新案権を乙に譲渡する。
第2条　乙は本実用新案権の移転登録完了後譲渡代金として金1,500,000
　　円也を甲に支払う。
　本契約書2通を作成し甲、乙各1通を保有する。
　　平成〇年〇月〇日
　　　　　　　　　　（甲）〇〇県〇〇市〇〇町〇丁目〇番〇号
　　　　　　　　　　　　　〇〇〇〇　　㊞
　　　　　　　　　　（乙）〇〇県〇〇市〇〇町〇丁目〇番〇号
　　　　　　　　　　　　　〇〇〇〇　　㊞

45　商標使用契約書

ケース	課否判定
登録商標の使用許諾について商標権者と会社との間で取り交わす契約書を作成しました。	× (不)

POINT

この文書は、登録商標の使用権を許諾する契約書であり、無体財産権（商標権）を譲渡する契約書ではありませんから課税文書に該当しません。

〔文書例〕

商標使用契約書

　甲と乙は、甲の所有する商標登録第○○号登録商標（以下「本件商標」という）について、乙に使用許諾する件につき、以下のとおり契約する。
第1条　甲は第2条に規定する内容において乙に対し本件商標につき通常使用権を許諾する。
第2条　前条に規定する通常使用権の範囲は次のとおりとする。
　(1)　本件商標の使用態様　　○○○○
　(2)　使用商品　　　　　　　○○○○
　(3)　地　域　日本全国
　(4)　期　間　本件商標権が存続する限り（全更新後を含む）
第3条(1)　前条に規定する通常使用権の範囲のうち本件商標の使用態様に変更が生じたときは変更にかかるものについては、乙が使用する前に甲に提示しなければならない。

(2) 本件商標権更新の際にはその都度確認のための覚書を取り交わすことにする。
第4条(1) 本件商標の使用料として乙は600万円を甲に支払わなければならない。
(2) 前項の使用料の支払は現金100万円を本契約締結と同時に支払い、本契約締結の翌年から毎年5月31日を支払期日とする額面100万円の約束手形5枚を本契約締結と同時に交付することによって行う。甲は乙に対して前項の使用料600万円の他今後一切使用料を請求しない。
(3) 甲が受領した使用料はいかなる事情が生じても返還することを要しない。
第5条 乙が本件商標を使用するに際し、その商品の品質を低下させたり、本件商標にすでに化体されている業務上の信用を失墜させるような行為をしてはならない。
第6条(1) 甲は乙が第2条に規定する範囲で特許庁に対して通常使用権の設定登録手続をなすことに同意し、そのための必要な書類は本契約締結と同時に乙に交付する。
(2) 前項の手続をするに要する費用は乙の負担とする。
第7条 甲は本件商標の存続期間の更新を行うものとする。
第8条 甲は乙に無断で本件商標を第三者に譲渡しない。
第9条 甲及び乙が本契約書に定めるそれぞれの義務に反した場合には、本契約は直ちにその効力を失う。
第10条 本契約は信義誠実に履行するものとし、本契約に定めのない事項は必要に応じその都度甲乙協議して定めるものとする。
　　本契約の成立を証するため正本2通を作成し甲乙各1通を保管する。
　　　平成○年○月○日
　　　　　　　　　　　　(甲) ○○県○○市○○町○丁目○番○号
　　　　　　　　　　　　　　　○○○○　㊞
　　　　　　　　　　　　(乙) ○○県○○市○○町○丁目○番○号
　　　　　　　　　　　　　　　○○○○　㊞

46　回路配置利用権の通常利用権設定契約書

ケース	課否判定
回路配置利用権の通常利用権設定契約書を作成しました。	✕（不）

POINT

この文書は、課税文書に該当しません。

回路配置利用権は、第1号の1文書（無体財産権の譲渡に関する契約書）でいう無体財産権に該当しますが、この文書は、回路配置利用権の通常利用権の設定に関する契約書であり、回路配置利用権の譲渡に関するものではなく、その他の課税事項の記載もありません。

なお、回路配置利用権とは、半導体集積回路の回路配置に関する法律3条の規定により登録された回路配置利用権をいいます（印基通第1号の1文書の15）。

〔文書例〕

回路配置利用権の通常利用権設定契約書

　甲と、乙との間で、次のとおり契約を締結する。
第1条　甲はその所有する次の回路配置利用権について、乙に対し通常利用権を設定する。
　　①登録番号　設定登録第○○○○号　②半導体集積回路の名称○○
第2条　通常利用権の範囲は次のとおりとする。
　(1)　地　域　　日本全国

(2) 期　　間　　〇年〇月〇日よりこの利用権の有効期限まで
(3) 内　　容　　製造及び販売
〔中略〕
　　平成〇年〇月〇日
　　　　　　　　　　　（甲）〇〇県〇〇市〇〇町〇丁目〇番〇号
　　　　　　　　　　　　　　　　　　〇〇〇〇　㊞
　　　　　　　　　　　（乙）〇〇県〇〇市〇〇町〇丁目〇番〇号
　　　　　　　　　　　　　　　　　　〇〇〇〇　㊞

47　育成者権の譲渡契約書

ケース	課否判定
育成者権の譲渡契約書を作成しました。	○

POINT

　この文書は、種苗法に基づき登録された育成者権の譲渡に関する契約書ですから〔文書例参照〕、第1号の1文書（育成者権（無体財産権）の譲渡に関する契約書）に該当します。記載金額は契約金額600万円となり、印紙税額は1万円です。

　なお、第1号の1文書でいう「無体財産権」は、育成者権のほか、特許権、実用新案権、商標権、意匠権、回路配置利用権、商号および著作権をいい（印法別表第1第1号の定義欄2）、育成者権とは、種苗法19条の規定により登録された育成者権をいいます（印基通第1号の1文書の16）。

〔文書例〕

譲渡契約書

　種子株式会社甲と農業協同組合乙とは、甲が育成者権を有する登録品種の譲渡に関し、次のとおり契約する。
　（品種登録の表示）
第1条　甲は、その所有に係る次の登録品種の育成者権を乙に譲渡する。
　一　品種登録　第○○○○号
　二　品種の名称及び植物体の特性　○○

（対価と支払方法）
第2条　乙は甲に対し、前条の譲渡の対価として金600万円を次のとおり分割して持参又は送金して支払うものとする。
　一　平成○年○月○日限り金○○円
　二　平成○年○月○日限り金○○円
〔中略〕
（登録料の納付）
第5条　本件登録品種に関して毎年納付すべき登録料は、第3条の登録品種移転登録手続をした年は甲の負担とし、翌年から乙が支払うものとする。
〔中略〕
（協　議）
第7条　本契約に定めのない事項又は本契約の規定において生じた疑義については、甲乙協議のうえ解決するものとする。
　以上本契約の証として本書2通を作成し、甲乙それぞれ1通を所持するものとする。
　　　平成○年○月○日

　　　　　　　　　　　　　○○県○○市○○町○丁目○番○号
　　　　　　　　　　　　　種子株式会社甲
　　　　　　　　　　　　　　代表取締役　　○○○○　㊞
　　　　　　　　　　　　　○○県○○市○○町○丁目○番○号
　　　　　　　　　　　　　農業協同組合乙
　　　　　　　　　　　　　　代表者理事　　○○○○　㊞

48　商号譲渡契約書

ケース	課否判定
商号を譲渡するに際し契約書を作成しました。	○

POINT

　この文書は、第1号の1文書（商号（無体財産権）の譲渡に関する契約書）に該当し、記載金額は200万円で〔文書例参照〕、印紙税額は2,000円です。

　なお、商号とは、氏名その他の名称および会社の名称のことをいいます（印基通第1号の1文書の17、商法11、会社法6）。

〔文書例〕

　　　　　　　　　　　商号譲渡契約書

　譲渡人を甲とし、譲受人を乙として、甲乙間において次のとおり商号譲渡に関する契約を締結した。
第1条　甲は、○○で経営する営業のために使用している○○と称する登記済みの商号を第2条以下の定めるところにより、代金金200万円をもって乙に譲渡することを約し、乙はこれを承諾した。
第2条　甲は、本契約成立と同時に、その営業の廃業手続をしなければならない。
第3条　乙は、平成○年○月○日までに第1条の商号につき譲渡の登記をしなければならない。
　　　平成○年○月○日
　　　　　　　　譲渡人（甲）○○県○○市○○町○丁目○番○号
　　　　　　　　　　　　　　　○○○○　㊞
　　　　　　　　譲受人（乙）○○県○○市○○町○丁目○番○号
　　　　　　　　　　　　　　　○○○○　㊞

49　著作物利用許諾契約書

ケース	課否判定
著作権者が、その他のものに対してその著作物の利用を許諾することを約した文書を作成しました。	× (不)

POINT
　この文書は、著作権の使用を許諾する契約書であり、無体財産権（著作権）を譲渡する契約書ではありませんから課税文書に該当しません。

〔文書例〕

契　約　書

　株式会社甲と株式会社乙は、甲が有する著作物「○○」の商品化権（以下単に「本商品化権」という。）の使用許諾について次のとおり契約を締結する。
第1条
　甲は乙に対して、下記範囲内で本商品化権の使用を許諾する。
記
(1)　許諾商品　　○○
(2)　許諾地域　　日本国内
第2条
　乙は、本商品化権の使用に際して、次の各項の履行を遵守する。
　①　キャラクターを商品に表示する場合、そのデザイン及びレイアウトについて事前に甲の承認を得ること（なお、キャラクターの表現に当たっては、その表情、姿態、服装及び色彩についてこれを歪めて描写してはならない。）。

② キャラクターを商品に表示する場合、キャラクターを表現した同一面上に「ⓒ○○○○」の文字を明確に表示すること。
③ 商品の広告宣伝を行うときは、事前に広告原稿等を甲に提示してその承認を得ること。
④ キャラクター表示商品の販売拡布に先立って商品見本各5部以上を甲に提出しその許諾を得ること。

〔中略〕

第6条
　乙は、本契約に基づいて甲から許諾された権利をその全部たると一部たるとを問わず、第三者に譲渡若しくは転貸又は担保の用に供してはならない。

〔中略〕

第12条
　本契約の有効期間は、平成○年○月○日までとする。

〔中略〕

第14条
　本契約に定めなき事項については、甲乙誠意をもって協議解決する。
　以上、本契約締結の証として本書2通を作成して甲乙記名押印の上各1通宛所持する。

　　平成○年○月○日

　　　　　　　　　　　　　（甲）○○県○○市○○町○丁目○番○号
　　　　　　　　　　　　　　　株式会社甲　代表取締役○○○○　㊞
　　　　　　　　　　　　　（乙）○○県○○市○○町○丁目○番○号
　　　　　　　　　　　　　　　株式会社乙　代表取締役○○○○　㊞

50　排出量取引に関する売買契約書

ケース	課否判定
京都メカニズムに基づく認証排出削減量（CER）を国内企業間で取引するに当たり売買予定数量等を定めるCER売買契約書を作成しました。	○

POINT

　この文書は、売買の目的物の種類、取扱数量、単価および対価の支払方法を定めていますから〔文書例参照〕、契約当事者の双方が株式会社であり、印紙税法上の営業者に該当しますので、第7号文書（継続的取引の基本となる契約書）に該当します。印紙税額は4,000円です。

　なお、売買の目的とされている京都メカニズムクレジット等は、無形の財産価値があることから、会計上は無形固定資産に近い性格を有していると考えられますが、印紙税法上の無体財産権（特許権、実用新案権、商標権、意匠権、回路配置利用権、育成者権、商号または著作権）に該当しないので、その個別の売買契約書は第1号の1文書（無体財産権の譲渡に関する契約書）には該当しません。

〔文書例〕

CER売買契約書

　○○株式会社（以下「甲」と称す。）と○○株式会社（以下「乙」と称す。）は、乙が○○の○○CDMプロジェクトから購入する温室効果ガス排出権（CER）の甲乙間の売買に関し、ここに契約（以下「本契約」と称す。）を締結する。

第1条（定義）
　本契約において使用される用語の定義は、次のとおりとする。
　・「京都議定書」とは、気候変動に関する国際連合枠組条約の第3回締約国会議（COP3）で採択された京都議定書をいう。
　・「CDM」とは、〔中略〕
　・「CER」とは、〔中略〕
第2条（CERの売買）
　1　乙はCERを、CER発生年度ごとの数量（以下「CER発生年度の移転数量」と称す。）及び価格（以下「購入価格」と称す。）により甲へ売り渡し、甲はこれを買い受けるものとする。
〔中略〕
第4条（対価の支払）
　1　乙は、甲からの通知を受領後速やかに、CER発生年度の移転数量に購入価格を乗じた金額及び当該金額に対する消費税相当額の合計額（以下「対価」と称す。）について、甲へ請求書を送付する。
　2　甲は、前項の請求書を受領後、速やかに請求内容を確認し、請求内容について異議なき場合は、請求書を受領した日から起算して○日以内に対価を支払うものとする。
第5条（有効期間）
　1　本契約の有効期間は、平成○年○月○日より、1年間とする。
　2　本契約の有効期間は両当事者の書面による合意によって更新されることを妨げない。
〔中略〕
　以上、契約締結の証として本書を2通作成し、甲・乙記名押印のうえ、各々その1通を保有する。
　　　　平成○年○月○日
　　　　　　　　　　　　　　　甲：○○県○○市○○町○丁目○番○号
　　　　　　　　　　　　　　　○○株式会社　代表取締役○○○○　　㊞
　　　　　　　　　　　　　　　乙：○○県○○市○○町○丁目○番○号
　　　　　　　　　　　　　　　○○株式会社　代表取締役○○○○　　㊞

第5 請負関係

51 大型機械の売買契約証書

ケース	課否判定
大型機械の売買に関して機械を据え付けして引き渡すことを条件とする文書を作成しました。	○

POINT

　この文書は、引き渡される機械装置を一定の場所へ取り付けることによって所有権が移転することを内容としていると認められますから〔文書例参照〕、第2号文書（請負に関する契約書）に該当することとなります。
　したがって、記載金額2,000万円の第2号文書となりますから、印紙税額は2万円です。
　大型機械等の売買などでは、据付工事や組立てを伴う場合または注文に基づき自己の材料を用いて物品を製作して引き渡す場合（いわゆる製作物供給契約）などがあります。このような契約書が、第2号文書に該当するかの判断は、契約当事者の意思が仕事の完成に重きを置いているか、物の所有権移転に重きを置いているかによって異なってきます（印基通第2号文書の2参照）。

〔文書例〕

売買契約証書

売主は、買主に対して次のとおり機械を売り渡すものとする。
［1］売買物件及び売買条件

(1) 売買物件、数量、代金

名称　型式　製造所名　その他	数量	売買代金額
○○機械装置 （据付・試運転調整費込）	1式	20,000,000円

(2) 納期、受渡場所、利息、その他売買条件

搬入期限	平成○年○月○日
引渡場所	○○工場　据付引渡し
検査場所	○○県○○市○○町○丁目○番○号
延払利息	利率：年○.○％（日歩○銭） 利息起算日：平成○年○月○日
その他	○○

　　平成○年○月○日
　　　　　　売　　　主　住所　○○県○○市○○町○丁目○番○号
　　　　　　　　　　　　会社名　○○株式会社
　　　　　　　　　　　　代表者名　　　　　　　　○○○○　㊞
　　　　　　買　　　主　住所　○○県○○市○○町○丁目○番○号
　　　　　　　　　　　　会社名　○○株式会社
　　　　　　　　　　　　代表者名　　　　　　　　○○○○　㊞
　　　　　　連帯保証人　住所　○○県○○市○○町○丁目○番○号
　　　　　　　　　　　　氏名　　　　　　　　　　○○○○　㊞

52　食肉加工請負契約書

ケース	課否判定
農業協同組合の食肉加工に関する業務を継続して委託することについての契約書を作成しました。	○

POINT

　この文書は、対価を得て食肉加工等をすることを内容としていますから、第2号文書（請負に関する契約書）に該当します。また、営業者間において2以上の請負取引を継続して行うために作成される契約書で、その取引に共通して適用される取引条件のうち、請負の内容（目的物の種類）および請負代金の支払方法等を定めるものですから、印紙税法施行令26条1号の規定により、第7号文書（継続的取引の基本となる契約書）にも該当します。

　そして、この契約書には食肉加工等についての契約金額の記載がありませんから〔文書例参照〕、通則3のイただし書の規定により第7号文書として印紙税を納付することになります。印紙税額は4,000円です。

(注)　農業協同組合と加工業者との間には、出資関係がありませんから、営業者間の取引に該当します。

〔文書例〕

食肉加工請負契約書

　○○農業協同組合（甲）と○○食肉加工株式会社（乙）とは、甲の食肉加工に関する業務を乙に委託することについて、次のとおり契約を締

結する。
（目的）
第1条　甲は、乙に対し計画的に食肉加工作業（以下「作業」という）を委託するものとし、乙は作業の円滑化並びに適正化を図るため甲の方針に誠意をもって協力するものとする。
（委託する作業内容）
第2条　甲が、乙に委託する作業は次のとおりとする。
　(1)　加工作業
　(2)　生産された骨脂の計量及び冷蔵庫への入庫
　(3)　加工施設の清掃及び衛生保持管理
　(4)　ダンボール容器の組立て
　(5)　副産物の秤量入庫
（代金決済条件）
第3条　乙は請求書を、毎月○日締切、当月○日までに甲に提出するものとする。甲は、乙の請求を確認のうえ当月末日までに振込送金をもって支払うものとする。
〔以下略〕
　　　平成○年○月○日
　　　　　　　　　　　　（甲）○○県○○市○○町○丁目○番○号
　　　　　　　　　　　○○農業協同組合　　組合長○○○○　　㊞
　　　　　　　　　　　　（乙）○○県○○市○○町○丁目○番○号
　　　　　　　　　　　○○食肉加工株式会社　代表取締役○○○○　㊞

53　加工（規格）製作契約書

ケース	課否判定
色見本帳の加工に関し、製作部数および加工単価等について約する文書を作成しました。	○

POINT

　この文書は、注文者の設計または指示した規格等に従い、一定物品を製作することを内容とする請負契約ですから〔**文書例参照**〕、第2号文書（請負に関する契約書）に該当します。

　また、記載金額は、製作部数に1部当たりの製作価額を乗じて得た金額、（500円×10万部）＋（700円×2万部）＝6,400万円となります（通則4ホ(1)）。

　したがって、記載金額6,400万円の第2号文書ですから、印紙税額は6万円です。

〔文書例〕

請負契約書

　甲は、株式会社乙との間に、○○工業会発行平成○年度版普及版用標準色見本帳の加工に関し、下記のとおり請負契約を締結する。
　甲及び乙は、相互にこの契約の約条に則り信義に基づき誠実にこの契約を履行することを約する。
（数　量）
第1条　製作部数は普及版100,000部、特別版20,000部とする。

（価　額）
第2条　1部当たり普及版は500円、特別版は700円とする。
（納　期）
第3条　普及版及び特別版共に、平成○年○月○日までに指定の場所に納入完了することとし、納入開始から納入完了までの期間を10日以内とする。
（納入場所）
第4条　甲の指定する場所とする。
（損害賠償）
第5条　乙の不完全履行（カードの貼違い、欠落、破損等）により発生した損害については、乙は直ちにその損害を賠償するものとする。
（規定外条項）
第6条　この契約に定めのない事項及びこの契約条項の解釈に疑義が生じたるときは、甲乙協議の上、解決するものとする。
　以上の契約を確認するため、本契約書2通を作成し、甲乙各記名押印の上、各1通を保持する。
　　　平成○年○月○日
　　　　　　　　　　　　　甲　○○県○○市○○町○丁目○番○号
　　　　　　　　　　　　　　　○○○○　　㊞
　　　　　　　　　　　　　乙　○○県○○市○○町○丁目○番○号
　　　　　　　　　　　　　　　株式会社乙　代表取締役○○○○　㊞

54　建築申込書

ケース	課否判定
住宅の建築申込者が建築会社に対し、建築会社の「建築申込規定」を承諾の上、住宅の建築申込書を作成しました。	× (不)

POINT

　この文書は、課税文書に該当しません。
　建築会社の「建築申込規定」を承諾の上、申し込む文書であることが明らかですから契約書の性格を有するものです。しかし、その規定の3において〔文書例参照〕、別途請負契約書を作成することが明らかにされていることから契約書としては取り扱われません。

〔文書例〕

建築申込書

○○株式会社　御中
　貴社の建築申込規定を承諾の上、申込着手金を添えて下記のとおり申し込みます。
　　　　　　　　　　　　　　　　　　　　　平成○年○月○日

（ご住所）○○県○○市○○町○丁目○番○号	ご職業　○○	年齢　○○歳
（申込者　芳名） 　　　　○○○○　　　㊞	TEL○○○－○○○－○○○○	
	ご家族	○　名

建築場所	○○県○○市○○町○丁目○番○号					
敷地面積	○○㎡	敷地区分	ⓢ所有地／借地	工事予算額	○○万円	
^	^	^	^	申込着手金	○○万円	
地目	○○	建築面積	○○ ○○㎡	建築資金	自己資金（着手金含む）	○○ ○○万円
用途	ⓢ住宅／店舗、その他			^	融資先 ○○	○○万円
工事要旨	○○			^	○○	○○万円
構造	○○			月払契約額	○○コース ／ 契約額	○○万円
付帯設備	電気、門塀、その他車庫、物置			^	○○回払込 ／ 払込済金額	○○万円
着工希望日	平成○年○月○日			「建築申込手続のご案内」を確かに受け取りました 　　　　　　　○○○○　㊞		
完成希望日	平成○年○月○日			^		

建築申込規定

1．申込方法

　建築の設計、施工を○○株式会社に依頼される方は建築申込時に工事予約額の５％に相当する金額を添えてお申し込みください。なお、申込着手金は請負契約締結時に請負代金の一部に充当処理させていただきます。

2．工事予算額　〔中略〕

3．請負契約の締結

　○○株式会社は５％の申込着手金受理後設計に着手し、設計図、仕様書、見積書をご提示して、申込者と協議の上請負代金を確定し、請負契約を締結いたします。〔以下略〕

55 注文書（見積書に基づく注文書）

ケース	課否判定
建設業者からの見積書の内容を承諾の上、注文書を作成しました。	○

POINT

この文書は、見積書に基づく申込みであることが記載内容から明らかですので〔**文書例**参照〕、印紙税法上の契約書となります。工事という仕事を行いそれに対して報酬を支払う契約ですから、第2号文書（請負に関する契約書）に該当し、注文金額（契約金額）に応じた印紙税が課されます。

(注) 平成25年4月1日から平成26年3月31日までに作成される契約書で、記載金額が1,000万円を超える場合、軽減税率(措法91)の規定が適用されます。また、平成26年4月1日から平成30年3月31日までに作成される契約書で、記載金額が100万円を超える場合、軽減措置(措法91)の規定が適用されます。

〔文書例〕

```
                   注 文 書
                                       平成○年○月○日
 株式会社　○○建設　御中
                                 株式会社　○○
                                 代表取締役　　○○○○
    下記のとおり注文いたします。
                        記
  工 事 名　○○                 工事内容　○○
  工事場所　○○県○○市○○町○丁目○番○号    金　額　○○万円
  備　考　見積書№0001のとおり            〔以下略〕
```

56　工事の注文書および請書

ケース	課否判定
発注者が工事業者に交付する注文書と、これに対する工事業者の応諾文書（請書）を作成しました。	注文書 ×（不） 請　書 ○

POINT

　この文書のうち「注文書」は、単なる契約の申込文書ですから契約書には該当せず、課税文書にはなりません。

　次に「請書」は、工事請負の注文に対する応諾文書ですから、第2号文書（請負に関する契約書）に該当します。

　なお、記載金額については、「請書」には契約金額は記載されていませんが、契約金額が記載されている注文書の名称および番号が引用されていますから〔文書例参照〕、引用された注文書に記載されている金額（2,500万円）が記載金額となります（通則4ホ(2)）。

　したがって、この「請書」は、記載金額2,500万円の第2号文書となり、印紙税額は2万円です。

　なお、この「請書」が建設業法2条1項に規定する建設工事の請負に係る契約に基づき作成されるものに該当し、平成25年4月1日から平成26年3月31日までの間に作成されるものは、軽減税率が適用されますので、その印紙税額は1万5,000円となります（措法91）。

(注)　平成26年4月1日から平成30年3月31日までの間に作成される建設工事請負契約書で、記載金額100万円を超える場合、軽減税率が適用されます（措法91）。本書39頁をご覧ください。

〔文書例〕

```
注文番号 | 0012

          注 文 書（正）
                              平成○年○月○日
                              株式会社○○
     ○○建設株式会社　殿
　下記のとおり注文いたします。お引受けについては注文条項承諾の上
請書を提出してください。
                  記
１．工事名　○○　　２．工事場所　○○県○○市○○町○丁目○番○号
３．工　期　　　自平成○年○月○日　至平成○年○月○日
４．金　額　　　　　　　¥25,000,000-
５．支払条件　○○　　６．特記事項　○○　　７．内訳　○○
８．注文条項　裏面記載のとおり〔省略〕
```

```
          請　　　　　書
                              平成○年○月○日
     株式会社○○　殿
              受注者　○○県○○市○丁目○番○号
                    ○○建設株式会社　㊞
　貴注文書（注文番号0012）による工事を注文条項承諾の上お請けしま
す。
```

1. 工事名　○○	印紙添付欄
2. 工事場所　○○県○○市○○町○丁目○番○号	
3. 工期　自 平成○年○月○日 至 平成○年○月○日	

支店長	副次長	担当部長	担当係
㊞	㊞	㊞	㊞

57　監査契約書

ケース	課否判定
当社は公認会計士との間で監査報酬500万円とする「監査契約書」を作成しました。	○

POINT

　監査契約書は、終局の目的を監査報告書の作成、提出という仕事の完成に置き、これに対して報酬を支払うという内容を有していますから、第2号文書（請負に関する契約書）に該当することになります。印紙税額は2,000円です。

　また、会社法において、公認会計士は株式会社の会計監査人として株主総会の選任を受ける場合があり、これの就任を承諾することについての「会計監査人就任承諾書」を作成することがあります。

　株式会社の会計監査人に就任することを承諾する場合に作成する「会計監査人就任承諾書」等は、監査報告書の作成までも約するものではない限り、委任に関する契約書に該当しますので課税文書になりません（印基通2号文書の14）。

58　エレベーター保守契約書

ケース	課否判定
エレベーターの保守について、毎月一定の料金で継続して保守を行うこととする契約書を作成しました。	○

POINT

　この文書は、第7号文書（継続的取引の基本となる契約書）に該当し、印紙税額は4,000円です。

　一般に「エレベーターの保守契約」は、エレベーターを常に安全に運転できるような状態に保つことおよびそれに対して一定の料金を支払うべきことを内容とするものですから、請負契約に該当します。この場合、個々の場合における保守契約を定めるものは第2号文書（請負に関する契約書）になりますが、この文書の場合のように、継続的に生ずる保守について共通的に適用される仕事の内容、料金および料金の支払方法等の基本的なことを定めるものは、第7号文書にも該当し、通則3イの規定により、契約金額が記載されている場合は第2号文書になり、契約金額が記載されていない場合は第7号文書となります。

　したがって、この場合、問題は契約金額が記載されているかどうかですが、月額×契約期間の月数により、契約金額が計算できるときは、その計算できる金額が記載された契約金額となります。この文書の場合には、契約期間の定めがなく〔**文書例参照**〕、契約金額が計算できませんから、第7号文書として取り扱われることとなります。

〔文書例〕

保守契約書

　甲と乙とは次の条項に基づいて、保守契約を締結する。
第1条　契約の対象となる昇降機
　　　所 在 場 所　　○○ビル（13階建）
　　　種類及び台数　　○○ＥＶ　4台
第2条　乙は、技術員又は監督技術者を派遣し、前条の昇降機を適宜調整し安全かつ良好な運転状態に保つよう保守を実施する。
第3条　（昇降機各部の点検、給油、調整）
〔中略〕
第8条　本契約に基づく昇降機に対する保守料金は月額○○万円とする。
2　翌月末日までに提携銀行に振込の方法で支払うものとする。
　振込先銀行　○○銀行○○支店　口座番号（普通）
　乙会社　エレベータ㈱
第9条　本契約は平成○年○月○日より効力を生じ、契約当事者の一方が他方にあらかじめ90日前に書面で解約の通知を行うまで継続する。
第10条　本契約締結後、諸材料の価格、労務費その他に変動を生じ契約料金に増減を要する場合は、甲・乙協議のうえ、第8条の保守料金を変更し得るものとする。
〔中略〕
第13条　本契約に併せて甲は第7条の定期検査受検法定諸事項を金○○円をもって乙に依頼する。
2　甲は、前項の費用に当てるため第8条の保守料金に合わせて検査月に金○万円を乙に支払うものとする。
　本契約締結の証として本書2通を作成し、甲・乙各々署名押印のうえ各1通を保有する。
　　　平成○年○月○日
　　　　　　　　　　　　甲　○○県○○市○○町○丁目○番○号
　　　　　　　　　　　　　　　　　　　　　　○○○○　　㊞
　　　　　　　　　　　　乙　○○県○○市○○町○丁目○番○号
　　　○○エレベータ株式会社　代表取締役○○○○　　㊞

59　暖房設備保守契約書

ケース	課否判定
暖房設備を安全な状態に保つため点検整備を行うための契約書を作成しました。	○

POINT

　この文書は、記載金額15万円の第2号文書（請負に関する契約書）となり〔文書例参照〕、印紙税額は200円です。

　対価を得て暖房設備の点検整備を行うことについての契約は請負契約ですから、第2号文書に該当します。

　また、この契約書は1暖房期間を対象とする1取引についてのものですから、契約期間が3か月を超えるものであっても第7号文書（継続的取引の基本となる契約書）には該当しません。

〔文書例〕

暖房設備保守契約書

　株式会社甲と株式会社乙は、次のとおり契約を締結する。
第1条　甲は甲の暖房設備を常に完全有効な状態におくため機械設備の点検整備（以下「保守」という）を乙に行わせる。
第2条　保守料は総額15万円とする。
　ただし耐久材の消滅による機器、材料の補修及び甲が妥当と認めたものに対する費用は甲の負担とする。
2　保守回数は1採暖房期間中3回とし、試運転調整1回、中間調整1

月中に1回、終了調整は3月下旬に1回とする。ただし乙は甲から故障修理の呼出依頼のあった時は随時保守作業を行うものとする。
3　保守作業は次のとおりである。
　(1)　試運転調整においては円滑にまた安全に全自動運転できるように必要な試験、調整を保守点検基準によって電気、自動制御、燃焼送風、加湿の各系統に対して行うものである。
　(2)　中間調整においては一定の運転時間経過後に必要な調整、点検を各運転系統に対して行うものである。
　(3)　終了調整においては採暖終了後に次採暖期に備えて必要な分解整備、調整、清掃等を行うものである。
第3条　保守対象の機械設備は別紙〔省略〕のとおりである。
第4条　契約期間は平成○年○月○日から平成○年○月○日までとする。
第5条　乙が保守を行ったときは、その都度甲に通知し、甲は乙の通知により保守の検査を行うものとする。
第6条　乙は前条の検査合格後、支払請求書を甲に提出し、甲は受理した日から30日以内に対価を支払うものとする。
第7条　甲又は乙がこの契約の解除を申し出て相手方がこれを5日以内に拒否しないときは、この契約を無償で解除することができる。
　　上記契約の証として本契約書2通を作成し各1通を保有するものとする。
　　　平成○年○月○日
　　　　　　　　　　　（甲）○○県○○市○○町○丁目○番○号
　　　　　　　　　　　　　　株式会社甲　代表取締役○○○○　　㊞
　　　　　　　　　　　（乙）○○県○○市○○町○丁目○番○号
　　　　　　　　　　　　　　株式会社乙　代表取締役○○○○　　㊞

60　広告請負契約書

ケース	課否判定
当初、広告請負契約書（甲文書）を、その後その変更契約書（乙文書）を作成しました。	○

POINT

　この文書は、双方とも広告、宣伝を請け負うことを内容とする文書ですから第2号文書（請負に関する契約書）に該当します。
　その印紙税額については、甲文書の場合、記載金額を計算することができますので〔文書例参照〕、記載金額は（200万円×10地区）＝2,000万円となり、印紙税額は2万円となります。
　また、乙文書の場合は、甲文書を引用することの記載があっても〔文書例参照〕、甲文書が課税文書であることから、甲文書に記載されている単価を引用することができないので（通則4ホ(2)）、記載金額を計算することができず、記載金額がない第2号文書となり印紙税額は200円となります。

〔文書例〕

```
（甲文書）　　　　　　　広告請負契約書
　　　　1地区当たり　　　200万円
　　　　広告地区数　　　　10地区
```

```
（乙文書）　　　　　　　広告請負契約書
　　　　1地区当たり単価は甲文書と同じ
　　　　広告地区数　　　　15地区
```

61　清掃契約書

ケース	課否判定
共同店舗ビル管理会社が建物の清掃作業を1年間清掃会社に委託し、これに対して月額2,000万円を支払うことを内容とする契約書を作成しました。	○

POINT

　この文書は、対価を得て建物の清掃を行うことを内容としていますから第2号文書（請負に関する契約書）に該当します。記載金額は、報酬月額（2,000万円）×契約期間（12か月）＝2億4,000万円となりますから〔**文書例参照**〕、印紙税額は10万円です。

　また、営業者の間において請負に関する2以上の取引を行うために作成される契約書で、その2以上の取引に共通して適用される取引条件のうち、単価、対価の支払方法等を定めたものですから、第7号文書（継続的取引の基本となる契約書）にも該当します。

　このように第2号文書（請負に関する契約書）と第7号文書（継続的取引の基本となる契約書）とに該当する契約は、次により印紙税を納付することとなります（通則3イ）。

① 　契約金額の記載がある場合（月額報酬と契約期間が記載されていて契約金額を計算できる場合を含みます。）には、請負に関する契約書となります。

② 　契約金額の記載のない場合には、継続的取引の基本となる契約書となります。

（注）　ただし、契約期間の記載があるもので、その期間が3か月以内であり、かつ、更新に関する定めのないものは請負に関する契約書として課税されます。

〔文書例〕

清掃契約書

　株式会社甲ステーションビルと株式会社乙は、甲が管理する〇〇ビルの清掃に関する業務を乙に委託することを約して、次のとおり契約を締結する。
（清掃の範囲）
第1条　清掃の範囲は、甲の管理する建物（店舗の内部、各種機械室、各種水槽は除く。）とする。ただし、殺虫殺そは全館にわたるものとする。
（清掃の区分及び要領）
第2条　清掃の区分及び要領は、別添の仕様書〔省略〕による。
（清掃費）
第3条　甲は乙に清掃費として月額2,000万円を支払うものとする。当月分代価は、翌月10日までに乙が請求書を甲に提出し、甲は月末に乙に支払う。
〔中略〕
（契約期間）
第13条　本契約の契約期間は、平成〇年〇月〇日から平成〇年〇月〇日までの1か年とする。期間満了2か月前に甲乙間に何等の意思表示がない場合は、さらに1年間契約を延長するものとする。
〔中略〕
　上記の契約を証するため、本書2通を作成し、甲乙各1通を保有する。
　　平成〇年〇月〇日
　　　　　　　　　　（甲）〇〇県〇〇市〇〇町〇丁目〇番〇号
　　　　　　　　株式会社甲ステーションビル　代表取締役〇〇〇〇　㊞
　　　　　　　　　　（乙）〇〇県〇〇市〇〇町〇丁目〇番〇号
　　　　　　　　　　　株式会社乙　代表取締役〇〇〇〇　㊞

62　作業請負契約書

ケース	課否判定
製油所における内航船舶入出荷作業を委託するに際し契約書を作成しました。	○

POINT

　この文書は、営業者の間において継続する請負について、目的物の種類（請負の内容）単価、対価の支払方法を定めるものですから、第2号文書（請負に関する契約書）と第7号文書（継続的取引の基本となる契約書）に該当します。記載金額（月間最低取扱数量に対する請負料金の月額（160万円）に適用期間である1年（12か月）を乗じて得た金額）はありますから〔文書例参照〕、第2号文書となります（通則3イ）。したがって、記載金額1,920万円の第2号文書で、印紙税額は2万円です。

〔文書例〕

作業請負契約書

　株式会社甲と株式会社乙は、製油所における作業に関して、次のとおり作業請負契約を締結する。
第1条（作業の請負）
　　甲は、内航船舶入出荷作業（以下、単に「作業」という。）を乙へ委託し、乙はこれを請け負う。
第2条（請負料金）
　　前条の作業に係る請負料金は次の加算額とする。

月間入出荷取扱数量	請負料金（月額）
200,000kℓ以下　　　　　の取扱量に対し	1,600,000円
200,000kℓを超え250,000kℓ以下　〃	1kℓに付○○円
250,000kℓを超え300,000kℓ以下　〃	1kℓに付○○円
300,000kℓを超え350,000kℓ以下　〃	1kℓに付○○円
350,000kℓを超える取扱量に対し	1kℓに付○○円

 2　前項の月間入出荷取扱数量とは、毎月1日より同月末日までの入荷及び出荷数量の合計量をいう。

第3条（支払方法）

 乙は、当月分の請負料金に係る請求書を翌月10日までに甲へ提出し、甲は内容を確認のうえその月の末日までにこれを現金をもって乙へ支払うものとする。

第4条（有効期間）

 この契約の有効期間は、平成○年○月○日より満1か年間とする。

 以上のとおりこの契約を締結した証として原本2通を作成し、甲及び乙各々記名押印のうえ各1通を保有する。

  平成○年○月○日

        ○○県○○市○○町○丁目○番○号
        株式会社甲　代表取締役○○○○　㊞
        ○○県○○市○○町○丁目○番○号
        株式会社乙　代表取締役○○○○　㊞

63　クリーニング承り票

ケース	課否判定
クリーニングの依頼があった際、依頼者に交付する「承り票」を作成しました。	× (非)

POINT

対価を得てクリーニングを行う契約は請負契約ですから、「承り票」は第2号文書（請負に関する契約書）に該当するほか、代金領収済み欄への記載がある場合は第17号文書（金銭の受取書）にも該当します。

したがって、第2号文書となるのですが（通則3イ）、記載金額が1,500円で1万円未満ですから〔文書例参照〕非課税となります。

これに対して、対象物の受取書として受領年月日、品名、数量を記載するだけのものは、物品の受取書となりますから、課税文書とはなりません。

〔文書例〕

```
                    クリーニング承り票
                                              No. ○○
 ご住所  ○○県○○市○○町○丁目○番○号  ご芳名  ○○○○ 様
 ┌─────┬─────┬─────┬─────┐┌─────┐
 │ 品  名 │ 数  量 │ 加工料 │ 備  考 ││ ローヤル │
 ├─────┼─────┼─────┼─────┤├─────┤
 │  ○○  │  ○○  │  ○○  │        ││ (ドライ) │
 ├─────┼─────┼─────┼─────┤├─────┤
 │  ○○  │  ○○  │  ○○  │        ││ランドリー│
 ├─────┼─────┼─────┼─────┤├─────┤
 │ 合  計 │  ○○  │ ¥1,500 │        ││   革    │
 └─────┴─────┴─────┴─────┘└─────┘
```

	代金領収済	お渡済
	済㊞	

上記のとおり承りました　（出来上予定日　平成○年○月○日）

　　　　平成○年○月○日

クリーニング承り所　　　　　　　　　㊞

お預け品お受け取りの際は必ず本書をご持参ください。

64　介護サービス契約書

ケース	課否判定
介護サービス事業者と利用者との間で締結する介護サービスの内容等を定める契約書を作成しました。	✕ (不)

POINT

　介護サービス契約は、一般的には準委任契約に該当しますから、課税文書に該当しません。

　介護保険制度において、介護サービス事業者と利用者（要介護認定を受けた者またはその保護者等）との間で、利用者の受けることができる介護サービスの具体的な内容を定める契約書を作成する場合があります。具体的には、訪問、施設通所または施設入所による、①居宅介護支援、②入浴・食事等の介護、③日常の世話、④療養上の世話・診療の補助、⑤リハビリテーション・機能訓練、⑥福祉用具貸与等ならびにこれらの個々のサービス利用料等を記載します。

65　有料老人ホーム入居契約書

ケース	課否判定
有料老人ホームに入居する際に契約書を作成しました。	× (不)

POINT

　一般的に、この文書は、委任に関する契約内容であり、課税文書に該当しません。
　事業者は入居者に施設を終身にわたり利用する権利を与え各種サービスを提供し、入居者はその費用を支払うことを内容とする契約書です。

〔文書例〕

○○ホーム入居契約書
　入居者○○○○と事業者○○○○は、両者の間において以下の条項に基づく契約を締結し、その証しとして、本書2通を作成し記名押印の上、各自1通保有します。
1　契約開始　平成○年○月○日　　　入居予定日　平成○年○月○日
〔中略〕
5　入居者の居室　　　○階　第○号室　　居室面積○○㎡
6　入居一時金　　　　総額○○万円　支払方法　分割（2回）
　　　（詳細　添付重要事項説明書のとおり〔省略〕）
7　入居後に支払う費用
　　月払利用料　管理費○○円　　食　　費○○円
　　　　　　　　光熱費○○円　　家賃相当額○○円
　　　（詳細　添付重要事項説明書のとおり〔省略〕）
　　　　　　　　　　　　　　　　　　　平成○年○月○日
　　　　　　　　　　　　　　　　入　居　者　○○○○　㊞
　　　　　　　　　　　　　　　　事　業　者　○○○○　㊞

第6 運送関係

66 運送基本契約書

ケース	課否判定
営業者間において継続して物品の運送を行うことについて、運送する物品の種類等の基本的事項を定めた契約書を作成しました。	○

POINT

　この文書は、物品の運送に関して作成される契約書ですから、第1号の4文書（運送に関する契約書）に該当するほか、営業者間において継続する2以上の運送取引について目的物の種類等を定めるものですから、第7号文書（継続的取引の基本となる契約書）にも該当します。

　第1号の4文書と第7号文書とに該当する文書は、記載金額のあるもの（記載金額を算出できる場合を含みます。）は第1号の4文書と、記載金額のないものは第7号文書となります（通則3イただし書、印令26）。

《運送基本契約書の取扱い》

	ケース	課否判定	
①	記載金額（例：20万円）のあるもの（記載金額を算出できる場合を含みます。）	○	（第1号の4文書） （例：印紙税額400円）
②	記載金額のないもの	○	（第7号文書） （印紙税額4,000円）
③	記載金額がなく、契約期間が3か月以内（更新の定めなし）のもの	○	（第1号の4文書） （印紙税額200円）

67　貨物の運送契約書

ケース	課否判定
営業者間において商品を運送するために貨物自動車を借り上げ、その貨物自動車で商品を運送するための基本的事項を定めた契約書を作成しました。	○

POINT

　貨物の運送に関する事項については、第1号の4文書（運送に関する契約書）に該当するほか、営業者間において継続的な運送についての単価を定めているものですから第7号文書（継続的取引の基本となる契約書）にも該当します。この文書は、記載金額（運送料月額12万円×契約期間12か月＝144万円）を計算できますから〔**文書例参照**〕、第1号の4文書になります（通則3イ）。印紙税額は2,000円です。

　なお、貨物自動車の借上げは動産の賃貸借契約であり印紙税法の課税文書になりません。

〔文書例〕

運送契約書

　甲と乙と丙との間に甲の商品（以下「貨物」という。）運送について次のとおり契約を締結する。
第1条　甲から委託された貨物を丙の所有の貨物自動車を使用して、乙は自己所属運転手をして運送業務を行う。

第2条　乙は貨物運送用として丙の貨物自動車を1台借切り、運送料は甲が乙に対して月額120,000円支払う。乙は丙に対して車両使用料月額78,000円を支払う。

〔中略〕

　　　平成○年○月○日

　　　　　　　　　　　甲　○○県○○市○○町○丁目○番○号
　　　　　　　　　　　　○○株式会社　代表取締役○○○○　㊞
　　　　　　　　　　　乙　○○県○○市○○町○丁目○番○号
　　　　　　　　　　　　○○株式会社　代表取締役○○○○　㊞
　　　　　　　　　　　丙　○○県○○市○○町○丁目○番○号
　　　　　　　　　　　　○○株式会社　代表取締役○○○○　㊞

68 運送業務契約書

ケース	課否判定
営業者間において新聞等の刊行物の運送を委託するための基本的事項を定めた契約書を作成しました。	○

POINT

この文書は、第1号の4文書（運送に関する契約書）になります。印紙税額は20万円です（通則3イ）。

刊行物の運送に関する事項については、第1号の4文書（運送に関する契約書）に該当するほか、営業者間において継続的な運送についての目的物の種類を定めているものですから第7号文書（継続的取引の基本となる契約書）にも該当します。

〔文書例〕

運送業務契約書

第1条　甲は平成○年○月、自己の発行にかかわる新聞紙及び刊行物の運送方を乙に委嘱し乙はこれを受託した。
第2条　甲は乙に対して下記の運賃を支払う。
　1．トラック運送コース費（月額）　　金66,146,000円也
　2．特急運賃等は別途計算にて支払う。〔中略〕
第3条　契約書の存続期間は契約日より向う1ヵ年とする。
〔中略〕
　　　　　　　　　　　　甲　○○県○○市○○町○丁目○番○号
　　　　　　　　　　　　　　○○株式会社　代表取締役○○○○　㊞
　　　　　　　　　　　　乙　○○県○○市○○町○丁目○番○号
　　　　　　　　　　　　　　○○株式会社　代表取締役○○○○　㊞

69　納品代行業務請負契約書

ケース	課否判定
運送業者と百貨店へ納品している業者との間において基本的事項を定めた納品代行業務請負契約書を作成しました。なお、別途、契約金額、取扱数量、単価を定めた協定書があります。	○

POINT

　営業者間において、継続する運送についての対価の支払方法等を定めるものについては、第1号の4文書（運送に関する契約書）と第7号文書（継続的取引の基本となる契約書）に該当します。

　この文書は第7号文書（継続的取引の基本となる契約書）になりますので、印紙税額は4,000円となります。

　なお、協定書は契約金額の記載があり第1号の4文書（運送に関する契約書）の課税文書に該当しますので、記載金額については、引用されません（通則4ホ(二)、印基通4）。

〔文書例〕

納品代行業務請負契約書

　甲と乙は納品代行業務に関して次のとおり請負契約を締結する。
第1条　乙は甲の商品を甲の指示に従い運送並びに納品する業務を請け負う。甲が乙に支払う請負金額は、別途協定書〔省略〕に基づくとする。

第2条　乙は毎月20日締め請求書を提出し、甲は乙に翌5日に支払う。
第3条　本契約書の有効期間は契約締結日から1年とし、異議申し出がない場合は自動更新する。
〔中略〕
　　　平成○年○月○日
　　　　　　　　　　　　　　甲　○○県○○市○○町○丁目○番○号
　　　　　　　　　　　　　　○○株式会社　代表取締役○○○○　㊞
　　　　　　　　　　　　　　乙　○○県○○市○○町○丁目○番○号
　　　　　　　　　　　　　　○○株式会社　代表取締役○○○○　㊞

70 定期用船契約書

ケース	課否判定
定期用船の契約書を作成しました。	○

POINT

　この文書は、定期用船契約は運送契約となり、第1号の4文書（運送に関する契約書）に該当しますが、定期用船契約書のうち、契約期間が3か月を超え、かつ用船の目的物の種類、数量、単価、対価の支払方法等を定めるものは第7号文書（継続的取引の基本となる契約書）にも該当します（印基通第1号の4文書の5、通則3イただし書）。

　この文書は、契約書から記載金額（1,000万円×12か月）＝1億2,000万円を計算できますから〔**文書例参照**〕、第1号の4文書となります。印紙税額は10万円です。

〔文書例〕

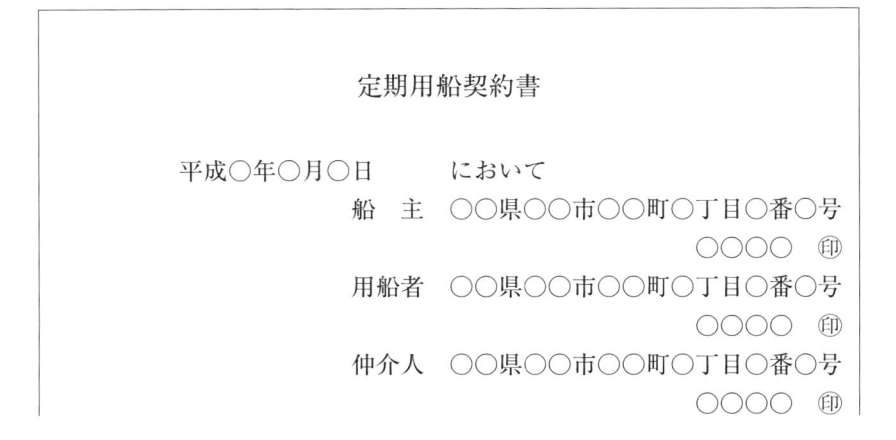

```
                    定期用船契約書

        平成○年○月○日    において
                船　主　○○県○○市○○町○丁目○番○号
                        ○○○○　㊞
                用船者　○○県○○市○○町○丁目○番○号
                        ○○○○　㊞
                仲介人　○○県○○市○○町○丁目○番○号
                        ○○○○　㊞
```

第2章 第6 運送関係

　船主と用船者との間において次のとおり用船契約を締結する。
第1条　用船期間は用船開始の時より向う1年間、但し延長と短縮は用船者の任意とする。
第2条　用船料は1暦月間10,000,000円とする。
第3条　用船料支払は毎3ヵ月分を前払いとする。〔以下略〕
「船長使用約款等」〔以下略〕

71 ヘリコプター賃貸借契約書

ケース	課否判定
操縦士付きのヘリコプター運航について、賃貸借契約書を作成しました。	○

POINT

この文書は、航空会社が自己の責任においてヘリコプターを運行することを内容とするもの（航空機の用船契約）ですから〔**文書例参照**〕、第１号の４文書（運送に関する契約書）に該当します。記載金額は100万円で、印紙税額は1,000円です。

〔文書例〕

ヘリコプター賃貸借契約書

平成○年○月○日
御氏名　○○○○　㊞
御連絡先　○○○−○○○−○○○○

　裏面契約条件承知の上、下記のとおりヘリコプター賃貸借契約致します。〔裏面省略〕

　　御希望飛行経路　　　○○○○
　　御使用目的　　　　　ヘリコプターによる空中撮影
　　御契約期間　　　　　自　平成○年１月１日午前１時
　　　　　　　　　　　　至　平成○年１月１日午前２時
　　御契約金額　　　　　1,000,000円
　　　　　　　　　　　　○○航空株式会社

第7 委任関係

72 業務委託契約書

ケース	課否判定
商品輸出の際に必要な関税手続の一部（書類の作成）を継続的に委託する契約書を作成しました。	✕ (不)

POINT

　この文書は、書類の作成業務を委託することの契約書、すなわち委任に関する契約書ですから、課税文書に該当しません。
　委任とは、当事者の一方（委託者）が相手方（受託者）に財産の売買、賃貸借などの法律行為を委託し、相手方（受託者）がこれを承諾することによって成立する契約をいい（民法643）、法律行為以外の事務を処理する準委任を含みます（民法656）。

〔文書例〕

業務委託契約書

〔中略〕

第1条　甲は取扱商品に関し、輸出貨物に関する通関書類作成及び銀行買取用書類の作成、付帯する一切の業務を乙に委託し、乙はこれを受託した。
第2条　甲は乙に対しこの契約による委託業務処理の対価として報酬を支払うものとし、その金額、支払方法その他細目については別途定める。
第3条　この契約は契約締結の日から1年間有効とする。〔中略〕

```
　　平成○年○月○日
　　　　　　　　　　　（甲）○○県○○市○○町○丁目○番○号
　　　　　　　　　　　　　○○株式会社　代表取締役○○○○　㊞
　　　　　　　　　　　（乙）○○県○○市○○町○丁目○番○号
　　　　　　　　　　　　　○○株式会社　代表取締役○○○○　㊞
```

　また、委託される業務が、①売買に関する業務、②金融機関の業務、③保険募集の業務、④株式の発行または名義書換の事務で、委託される業務または事務の範囲または対価の方法を定めるものは、第7号文書（継続的取引の基本となる契約書）に該当することになります（印令26二）。

《業務委託契約書の取扱い》

委託する業務の内容	記載金額	課否判定
運送または請負	契約書に記載金額のないもの	○　1回限りの取引 　　（第1号の4文書または第2号文書） 　　（印紙税額200円）
		○　2以上の取引に共通して適用されるもの 　　（第7号文書）（印紙税額4,000円）
	契約書に記載金額のあるもの	○　（第1号の4文書または第2号文書） 　　（印紙税　契約金額に応じて課税）
委任	売買の委託または売買に関する業務の委託	×　1回限りの取引 　　（不課税文書）
		○　2以上の取引に共通して適用されるものまたは継続的なもの 　　（第7号文書）（印紙税額4,000円）
	上記以外の委任	×　（不課税文書）

第 2 章　第 7　委任関係

73　産業廃棄物処理委託契約書

ケース	課否判定
産業廃棄物の排出業者と収集運搬業者および処分業者にその運搬、処分等を委託することについて定めた契約書を作成しました。	○

POINT

　この文書は、第7号文書（継続的取引の基本となる契約書）に該当します。印紙税額は、4,000円です。
　収集、運搬に関する事項は第1号の4文書（運送に関する契約書）に該当し、処分することに関する事項は第2号文書（請負に関する契約書）に該当します。また営業者間において継続する2以上の運送および請負取引に共通して適用される取引条件のうち、目的物の種類、単価を定めるものですから第7号文書にも該当します。
　したがって、所属の決定に当たっては、第1号の4文書および第2号文書としての契約金額の記載がありませんので〔文書例参照〕、通則3イただし書の規定により、第7号文書に所属が決定されます。

〔文書例〕

産業廃棄物処理委託契約書

　排出業者○○株式会社（以下「甲」という）と収集運搬業者及び処分業者○○株式会社（以下「乙」という）は甲の事業所から排出される産業廃棄物の収集運搬及び処分に関して次のとおり契約を締結する。

第1条（委託の内容）
　乙の事業範囲は以下のとおりであり、乙はこの事業範囲を証するものとして、許可証の写しを甲に提出する。
1　乙の事業範囲
○　収集・運搬に関する事業範囲
　　（産廃）　許可都道府県・政令市　　○○県
　　　　　　　許可有効期限　　　　　　平成○年○月○日
　　　　　　　事業範囲　　　　　　　　収集運搬業
　　　　　　　許可条件　　　　　　　　排出事業者指示
　　　　　　　許可番号　　　　　　　　○○○○○○
○　処分に関する事業範囲
　〔中略〕
2　委託する産業廃棄物の種類及び単価
　甲が乙に収集・運搬及び処分を委託する産業廃棄物の種類及び委託単価は次のとおりとする。
　　種　類　食品汚泥　　単　価　10,500円／t
第2条（支払方法）
　甲の委託する産業廃棄物の収集・運搬業務及び処分業務に関する委託手数料については、第1条第2項にて定める単価に基づいて算出する。
〔中略〕
第5条（契約期間）
　この契約は調印の日から3か年間有効とする。
　この契約を証するため正本2通を作成し、甲乙記名押印のうえ各自1通保有する。
　　　　　　　　　　　　　　　　　　　平成○年○月○日
　　　　　　　　　　　　　　○○県○○市○○町○丁目○番○号
　　　　　　　　　　　　　甲　○○株式会社
　　　　　　　　　　　　　　　　代表取締役　　○○○○　㊞
　　　　　　　　　　　　　　○○県○○市○○町○丁目○番○号
　　　　　　　　　　　　　乙　○○株式会社
　　　　　　　　　　　　　　　　代表取締役　　○○○○　㊞

74　社内売店委託契約書

ケース	課否判定
従業員に対する社内売店の経営を継続して委託する契約書を作成しました。	○

POINT

　この文書は、日用品等の売店の経営という売買に関する業務を継続して委託することを、委託する業務の範囲として定めるものですから〔文書例参照〕、第7号文書(継続的取引の基本となる契約書)に該当します(印令26二)。印紙税額は4,000円です。
　「売買に関する業務の委託」とは、売買に関する業務の一部または全部を委託することをいいます(印基通第7号文書の7)。

〔文書例〕

　　　　　　　　　　　社内売店委託契約書
第1条　甲は甲の従業員に対する社内売店を乙に委託し、乙はこれを請け負うものとする。
第2条　この契約にいう社内売店とは食堂の一部で、甲の従業員に対してのみ行う物品販売及び甲が必要と認めた特別の物品販売をいう。販売品目は日用品・雑貨・菓子等とし協議選定する。
第3条　甲は乙に対して施設・物品等を無償貸与する。
第4条　契約の有効期間は平成○年○月○日より1年とする。
〔中略〕
　　　　　　　　　　甲　○○県○○市○○町○丁目○番○号
　　　　　　　　　　　○○株式会社　代表取締役○○○○　㊞
　　　　　　　　　　乙　○○県○○市○○町○丁目○番○号
　　　　　　　　　　　○○株式会社　代表取締役○○○○　㊞

75　ガス料金集金契約書

ケース	課否判定
ガス料金の集金業務を委託することについての契約書を作成しました。	○

POINT

ガス料金の集金業務は、ガスの売買に関する業務に該当します。

この文書は、ガスの売買に関する業務を継続して委託することについて、委託する業務の範囲を定めるものですから〔文書例参照〕、第7号文書（継続的取引の基本となる契約書）に該当します（印令26二）。印紙税額は4,000円です。

〔文書例〕

集金契約書

　甲瓦斯会社と乙集金員ならびに集金員の連帯保証人との間に、ガス料金その他の集金およびこれに附帯する集金業務の委託ならびに保証について次のとおり契約する。
第1条　集金員の受持区域はA地区とする。
第2条　集金員はすべて会社の領収書により集金し、集金した金員を会社が指示するところにより納入する。その他集金業務取扱いの細目は、会社の定めるところによる。
第3条　集金手数料は会社の規定により算定上所定の支払日に支払う。
第4条　契約期間は1年とし、契約解除申出をしないときは更に1か年有効とする。
〔中略〕
　　平成○年○月○日　　　　　　　甲瓦斯株式会社　　　㊞
　　集金人　○○○○　㊞　　　　　連帯保証人　○○○○　㊞

76 調査委託契約書

ケース	課否判定
技術の調査を委託するに際し契約書を作成しました。	✕ (不)

POINT

この文書は委任に関する契約書となり、課税文書に該当しません。

調査委託契約は、受託者の知識経験に基づく調査内容を期待するもので、仕事の完成を目的とするものではありませんから、委任契約となります。

〔文書例〕

契　約　書

　甲株式会社と乙株式会社とは、Ａ技術の調査に関し、次のとおり契約を締結する。
第１条　甲はＢにおけるＡ技術に関する調査を乙に委託し、乙はこれを引き受けることを約した。
第２条　乙は甲の指示に従って調査を行い、甲に対する調査報告は乙の調査進行に従って随時行うものとする。
第３条　調査委託料は1,000,000円とし、甲は４回均等分割して現金で乙に支払う。
第４条　契約の有効期間は契約締結日後から１年とし、書面による１か月前予告をもって契約解除できる。
〔中略〕
　　　平成○年○月○日
　　　　　　　　　　　　甲　○○県○○市○○町○丁目○番○号
　　　　　　　　　　　　　　甲株式会社　代表取締役○○○○　㊞
　　　　　　　　　　　　乙　○○県○○市○○町○丁目○番○号
　　　　　　　　　　　　　　乙株式会社　代表取締役○○○○　㊞

77　税理士委嘱契約書

ケース	課否判定
税務に関する事務処理を委託するための税理士委嘱契約書を作成しました。	✕ (不)

POINT

　税理士委嘱契約は、税務代理人となる事務委任契約と認められます。したがって、税理士委嘱契約書は委任に関する契約書となり、課税文書に該当しません。

　なお、税理士の行う業務の中には、決算書を作成したり税務書類を作成する業務があって、これらの決算書または会計帳簿の作成とこれに対する報酬の支払とが対価関係にある場合、いわゆる仕事の完成を目的とする契約になり、契約書は第2号文書（請負に関する契約書）に該当します。

78　顧問契約書

ケース	課否判定
商品のデザインに関して技術指導を行うに際し、その指導等の内容を定めた顧問契約書を作成しました。	✗ (不)

POINT

　この文書は委任に関する契約書となり、課税文書に該当しません。商品生産に関して企画・デザインなどを指導することの契約は委任契約です。

〔文書例〕

　　　　　　　　　　　顧問契約書
　甲株式会社と乙は以下の条件で顧問契約を締結した。〔中略〕
第1条　契約の目的は、乙は甲の顧問として第二工場の生産に関する企画・デザイン処理を指導・援助に貢献し、甲の業績向上に寄与するものとする。
第2条　契約期間は自平成○年○月○日至平成○年○月○日の間とする。
第3条　乙は故意又は過失により、甲に対して損害を及ぼしたときは直ちに弁償する。
第4条　甲は乙が契約内容に違反した場合は、契約期間内であっても契約を解除することがある。
〔中略〕
　　　平成○年○月○日
　　　　　　　　　甲　○○県○○市○○町○丁目○番○号
　　　　　　　　　　　甲株式会社　代表取締役○○○○　㊞
　　　　　　　　　乙　○○県○○市○○町○丁目○番○号
　　　　　　　　　　　　　　　　　　　　　○○○○　㊞

79 コンサルタント業務契約書

ケース	課否判定
コンサルタント業務を行うことについて定めた契約書を作成しました。	✕ (不)

POINT

国内および国外の経済情報等諸資料の分析および調査活動を通じて、甲の経営の相談に当たり、その診断をなす事務を委託する契約は委任契約ですから〔**文書例参照**〕、この文書は、課税文書に該当しません。

〔文書例〕

コンサルタント業務契約書

委託者○○株式会社（以下「甲」という。）と受託者○○○○（以下「乙」という。）は、次のとおり契約を締結する。

第1条　乙は、甲の発展に寄与するため、国内及び国外の経済情報等諸資料の分析並びに諸調査活動を通じて、甲の経営・企画等についてコンサルテーションをするものとする。

第2条　甲は乙に対して、コンサルテーションの報酬として、1年間につき金1,000万円を支払う。

〔中略〕

第4条　この契約の有効期間は平成○年○月○日から1年間とする。
　　平成○年○月○日
　　　　　　　　　委託者　○○県○○市○○町○丁目○番○号
　　　　　　　　　　　　　○○株式会社　代表取締役○○○○　㊞
　　　　　　　　　受託者　○○県○○市○○町○丁目○番○号
　　　　　　　　　　　　　○○○○　㊞

80　株主総会の委任状

ケース	課否判定
株主総会における議決権の行使を委任するための委任状を作成しました。	× (不)

POINT

　株主総会における議決権の行使を委任するための委任状は、課税文書に該当しません。

〔文書例〕

| | 株主番号 | ○○ | 保有株数 | ○○ | 株 |

委　任　状

　私は○○○○を代理人と定め下記の権限を委任します。
　平成○年○月○日開催の○○株式会社第○回定時株主総会に出席し、下記の議案につき私の指示（○印で表示）に従って議決権を行使すること。

| 第1号議案 | 原案に対して | 賛 | 否 |

　ただし、賛否いずれとも指示しないとき又は議案の目的の範囲内で修正の提案が行われたときには、その決定を一任いたします。
　　平成○年○月○日

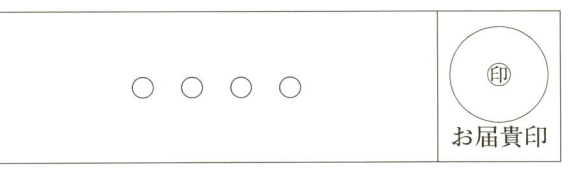

　　　　○　○　○　○　　　㊞
　　　　　　　　　　　　　お届貴印

第8 消費貸借関係

81 金銭消費貸借契約証書

ケース	課否判定
金銭の消費貸借についての契約書を作成しました。	○

POINT

　この文書の金銭の消費貸借の事項は第1号の3文書（消費貸借に関する契約書）に、借受金の受取りの事項は第17号の2文書（金銭の受取書）に該当します。したがって、通則3イの規定により第1号の3文書となり（印基通第1号の3文書の4）、記載金額80万円ですから〔**文書例参照**〕、印紙税額は1,000円です。

　なお、納税義務者は借主および貸主ですが、連帯保証人が所持する文書も課税対象となります。

　消費貸借とは、当事者の一方（借主）が相手方（貸主）から金銭その他の代替性のあるものを受け取り、これと同種、同等、同量の物を返還する契約です（民法587）。

〔文書例〕

　　　　　　　　金銭消費貸借契約証書（連帯保証人付）

第1条　貸主は借主に対して次条以下の約定で金800,000円を貸し渡し借主はこれを借り受けた。
第2条　貸金の利息は元金に対して年○.○％の割合とする。
第3条　借主は本借受金の元金を平成○年○月○日限り、利息を毎月末日限りいずれもその当時の貸主の住所に持参して支払うものとする。

第4条　連帯保証人は借主の本債務につき貸主に対し借主と連帯して履行の責任を負う。
〔中略〕
　以上の契約を称するため本契約書を3通作成し、各当事者並びに連帯保証人署名押印して各1通を所持するものとする。
　　　平成〇年〇月〇日
　　　　　　　　貸　　　主　〇〇県〇〇市〇〇町〇丁目〇番〇号
　　　　　　　　　　　　　　〇〇〇〇　　㊞
　　　　　　　　借　　　主　〇〇県〇〇市〇〇町〇丁目〇番〇号
　　　　　　　　　　　　　　〇〇〇〇　　㊞
　　　　　　　　連帯保証人　〇〇県〇〇市〇〇町〇丁目〇番〇号
　　　　　　　　　　　　　　〇〇〇〇　　㊞

82　抵当権設定金銭消費貸借契約証書

ケース	課否判定
金銭を借用するとともに抵当権を設定することに関する契約証書を作成しました。	○

POINT

　この文書は、金銭の借用を約するものですから、第1号の3文書（消費貸借に関する契約書）に該当します。

　したがって、記載金額80万円で〔**文書例参照**〕、印紙税額は1,000円です。

〔文書例〕

抵当権設定金銭消費貸借契約証書

第1条　債務者、連帯保証人ならびに抵当権設定者は、債務者が貴組合に差し入れた平成○年○月○日付取引約定書の各条項のほか、この契約を承認した上で、債務者は貴組合から次の要綱に基づいて金員を借用し、
　　金額　金800,000円也　　　利率　年○.○％
　　償還方法　平成○年○月○日を第1回として
　　以後毎月末日に金○○万円也宛合計10回で分割返済します。
〔中略〕
第2条　債務者ならびに抵当権設定者はこの約定を担保するため、債務者が別に差し入れた取引約定書の各条項のほか、この約定を承認の上にその所有する後記物件のうえに順位第○番の抵当権を設定しました。

この契約を証するため証書1通を作成し貴組合にこれを差し入れます。

　　　　　　　　　債　務　者　　○○県○○市○○町○丁目○番○号
　　　　　　　　　　　　　　　　　　　　　○○○○　　　　　㊞
　　　　　　　　　抵当権設定者　　○○県○○市○○町○丁目○番○号
　　　　　　　　　　　　　　　　　　　　　○○○○　　　　　㊞
　　　　　　　　　連 帯 保 証 人　　○○県○○市○○町○丁目○番○号
　　　　　　　　　　　　　　　　　　　　　○○○○　　　　　㊞
　○○組合　御中
〔以下略〕

83 債務承認書

ケース	課否判定
現存する消費貸借債務についての承認と併せて返還期日の変更をする債務承認書を作成しました。	○

POINT

一般的に債務承認書は、契約の成立等を証するものではありませんから、課税文書には該当しません。しかし、この文書は、債務の承認となっていますが、記載内容は消費貸借契約の重要な事項の変更を定めているものと認められますから〔**文書例参照**〕、第1号の3文書(消費貸借に関する契約書)に該当します(印基通17・別表第2重要事項3・1号の3文書(5))。

したがって、記載金額のない第1号の3文書として、印紙税額は200円です。

〔文書例〕

```
                    債務承認書

債務の表示
 1. 債務金額       金500,000円 (原債務金額800,000円)
 1. 債務の成立原因並びにその日付
            平成○年○月○日  金銭消費貸借契約書
 1. 利息
 1. 返還期日 (変更後)   平成○年○月○日返還
上記の債務を承認します。
    平成○年○月○日
                            債務者  ○○○○  ㊞
 株式会社  ○○銀行  御中
```

84　借入申込書

ケース	課否判定
顧客が借入れを希望する際に、金融機関に対して借入申込書を提出しました。	✕（不）

POINT

　この文書は、顧客が借入申込みをする際に作成して金融機関に対して提出する申込書であり、他に金銭消費貸借契約証書が作成されることが明らかであり〔文書例参照〕、これによって金銭消費貸借契約が自動的に成立するものではないことから、第1号の3文書（消費貸借に関する契約書）には該当しません。
　また、保証人の事項は、申込者が保証予定者を記載するもので、これによって保証契約が成立するものではないことから、第13号文書（債務の保証に関する契約書）には該当しません。

〔文書例〕

借入申込書

株式会社○○銀行　御中

　　　　　　　　　　　　　　　申込人　氏名　○○○○　㊞

　下記のとおり借入れを申し込みます。
　なお、借入金額その他の条件は、貴行宛提出の金銭消費貸借契約証書によって確定し、その条項に従います。

借入申込金額	○○万円	借入希望期間	○○年
利率	○.○	担保種類	○○
保証人（予定）	○○○○	返済方法	○○

〔以下略〕

85 利率変更についての覚書

ケース	課否判定
既に締結している金銭消費貸借契約に関して、借主が貸主（保険会社）に対し、長期プライムレートが改定された場合、借入金の利率をその改定幅に変更することに合意することを内容とする文書を作成しました。	○

POINT

　この文書は記載金額のない第1号の3文書（消費貸借に関する契約書）に該当します〔**文書例参照**〕。印紙税額は200円です。

　借入金の利率は消費貸借の重要な事項ですから、これを変更する契約書は第1号の3文書に該当します（通則5、印基通12・17・別表第2重要事項3・1号の3文書(4)）。

〔文書例〕

```
                    覚      書
　○○生命保険相互会社　御中　　　　　　　平成○年○月○日
                                    債務者　○○○○　㊞
　私は平成○年○月○日付金銭消費貸借契約証書に基づき金○万円を借
入れしておりますが、利率につきましては今後下記のとおり取り扱われ
ることに同意します。その証として本覚書を差し入れます。
　第1条　借入金の利率は今後長期貸出標準金利（長期プライムレート）
　　　の改定があった場合、その改定幅で改定する。
　第2条　前条の改定による新利率は長期貸出標準金利（長期プライムレ
　　　ート）改定後、最初に到来する利払日の翌日より適用する。
　〔以下略〕
```

86　借用金変更約定書

ケース	課否判定
既に締結した金銭消費貸借契約の最終弁済期日を変更するに際し、約定書を作成しました。	○

POINT

　この文書は、消費貸借契約の重要な事項（最終弁済期日等）を変更する契約書ですから〔**文書例参照**〕、第1号の3文書（消費貸借に関する契約書）に該当します（通則5、印基通17・別表第2重要事項3・第1号の3文書(5)）。

　この文書は債務金額（3,500万円）の記載がありますが、当該債務金額を確定させた契約書が他に存在することが明らかにされていますから記載金額には該当しません。

　したがって、記載金額のない第1号の3文書となり、印紙税額は200円です。

〔文書例〕

借用金変更約定書

株式会社　　○○　　銀行　御中

　　　　　　　　　　　　　　　　　　　債務者　　○○○○　㊞

　私は平成○年○月○日付金銭消費貸借契約証書に基づく金35,000,000円の借入要項の変更に関し次のとおり確約します。

第1条　（変更前）最終弁済期日　平成○年○月○日
　　　　（変更後）最終弁済期日　平成△年△月△日
第2条　原約定に定めた各条項は、本変更約定により変更された部分を除き、引き続きその効力を保持し、原約定を更改したものではないことを確約します。
〔以下略〕

87 カードローン申込書

ケース	課否判定
カードローンによる当座貸越契約の申込書を作成しました。	✕ (不)

POINT

　この文書は、顧客が当座借越をする際に金融機関へ提出する申込文書であり、課税文書に該当しません。
　契約とは、申込みと当該申込みに対する承諾によって成立しますので、契約書の申込みの事実を証明する目的で作成される単なる申込文書は契約書に該当しません（通則2・3、印基通21）。

〔文書例〕

カードローン申込書

平成○年○月○日

株式会社　○○銀行　御中
　下記のとおり、カードローンを申し込みます。
　なお、貸越金額その他の条件は貴行宛提出する当座貸越契約書によって確定し、その条項に従います。　〔中略〕

申込人	フリガナ	○○○○○○	性別	男・女
	おなまえ	○○○○　㊞	生年月日	平成○年○月○日
	おところ	○○県○○市○○町○丁目○番○号		
内容	極度額	○○万円	利率	年○.○%
	返済方法	○○	返済口座	○○
本人	勤務先	○○株式会社	家族構成	○○

88　住宅資金借用証

ケ　ー　ス	課否判定
会社から住宅資金を借りたので、借用証を作成し提出しました。	○

POINT

　この文書は、記載金額30万円の第１号の３文書（消費貸借に関する契約書）となり〔**文書例参照**〕、印紙税は400円です。なお、連帯保証人の署名押印は、主たる債務（成立した金銭消費貸借）に併記したものですから第13号文書（債務の保証に関する契約書）から除かれます。
　会社等がその従業員に住宅資金の貸付けを行う場合における当該住宅資金は会社等の業務執行に関して給付されるものには当たりません（印基通第１号の３文書の５なお書き）。

〔文書例〕

```
                 住宅資金借用証
                              平成○年○月○日
株式会社○○
　取締役社長　○○○○　殿
　　　一金300,000円也
　住宅資金として上記金額を借用いたしました。
　ついては、住宅融資社規を遵守し、元金利は別紙返済方法により返済します。
　借受人が債務履行しないときは、社規に定めるところによって保証人が連帯して返済いたします。
          借　受　人　○○県○○市○○町○丁目○番○号
                              ○○○○　　㊞
          連帯保証人　○○県○○市○○町○丁目○番○号
                              ○○○○　　㊞
```

89 借用証書

ケース	課否判定
会社の従業員貸付規程に基づき、従業員が融資を受けた際に、借入金額、返済方法等を記載のうえ会社に提出する借用証書を作成しました。	○

POINT

この文書は、会社と従業員との間で金銭を貸し付けることを約したものですから〔**文書例参照**〕、第1号の3文書（消費貸借に関する契約書）に該当します。印紙税額は、貸付金額に応じて異なります。

従業員貸付けに関して作成される文書は、一見社内整理文書と見られがちですが、この消費貸借契約は、人格の異なる会社と従業員との間で締結されるものですから、単なる社内整理文書と評価することはできません。

〔文書例〕

```
              借　用　証　書
   株式会社　○○　御中
                           平成○年○月○日
                       借受人氏名　○○○○　㊞
   下記のとおり、確かに借用いたしました。
       借用金額　金○○万円
       返済期限　平成○年○月○日
       返済方法　平成○年○月より（賞与時○回払い）
       利息　　　月利○.○％
     おって上記返済期限前に退職する際には、従業員貸付規程第○条の定
   めにより返済いたします。
                                             以　上
```

第9 担保関係

90 譲渡担保権設定契約書

ケース	課否判定
債権者に対する債務を担保するため、債務者が自己の所有する物件（動産）を債権者に譲渡しておき、債務不履行の場合にはその物件を処分して債務の弁済に当てることとするとともに、履行期限が到来するまで債務者（譲渡人）にその物件を使用させることを内容とした契約書を作成しました。	✕ (不)

POINT

この文書は、契約書に記載された物件（動産）を譲渡するとともに、その物件の使用貸借権を設定することを約するものですから〔文書例参照〕、物品の譲渡に関する契約書および使用貸借に関する契約書となり、課税文書には該当しません。

なお、目的物件が不動産である場合には、第1号の1文書（不動産の譲渡に関する契約書）に該当します。

〔文書例〕

譲渡担保権設定契約書

株式会社甲、株式会社乙、及び株式会社丙とは、譲渡担保権設定に関

し、次のとおり契約を締結する。
第1条（目的）　①乙は平成〇年〇月〇日付〇〇契約に基づき、甲に対し現在負担し又は将来負担することのあるべき一切の債務〇〇につき債権元本金〇〇円也を極度として担保するため、自己所有の末尾物件を甲に譲渡し、占有改定の方法によりその引渡しをした。
②　甲はその債権担保の目的のためにする以外には目的物件の売却その他の処分はしないものとする。
〔中略〕
第3条（使用貸借）　①甲は目的物件を乙において無償使用することを承諾し、乙はこれを甲のために代理占有し、善良な管理者の注意をもって管理使用するものとする。
②　目的物件使用中の修繕、維持、租税等に関する一切の費用は、乙の負担とする。
③　甲は、必要と認めるときはいつでも目的物の所在場所に立ち入り、目的物件を点検し、保管使用上の注意を与え、又は指示することができるものとし、乙はこれに従わなければならない。
〔中略〕
第10条（連帯保証）　丙は、乙の連帯保証人となり、乙と連帯して乙が甲に対し現在負担し、又は将来負担することあるべき一切の債務の履行をなすべきことを保証する。
〔中略〕
　この契約締結の証として、この契約書3通を作成し、甲、乙、丙各自記名押印の上、各1通を保有する。
　　　平成〇年〇月〇日
　　　　　　　　　　　　　甲　〇〇県〇〇市〇〇町〇丁目〇番〇号
　　　　　　　　　　　　　　　株式会社甲　代表取締役〇〇〇〇　㊞
　　　　　　　　　　　　　乙　〇〇県〇〇市〇〇町〇丁目〇番〇号
　　　　　　　　　　　　　　　株式会社乙　代表取締役〇〇〇〇　㊞
　　　　　　　　　　　　　丙　〇〇県〇〇市〇〇町〇丁目〇番〇号
　　　　　　　　　　　　　　　株式会社丙　代表取締役〇〇〇〇　㊞

第2章 第9 担保関係　　193

91　預金担保差入証

ケース	課否判定
預金を担保として差し入れ、銀行借入れを受ける際に借入金の返済方法についての事項が記載されている文書を作成しました。	× (不)

POINT

　この文書は、担保物である預金の満期日における処理方法等をあらかじめ依頼しているに過ぎないものであり〔文書例参照〕、課税文書には該当しません。

〔文書例〕

　　　　　　　　　　　預金担保差入証

　○○銀行　御中

　　　　　　　　　借　主　○○県○○市○○町○丁目○番○号
　　　　　　　　　　　　　　　　　　　　　○○○○　㊞
　　　　　　　　　担保差入人　○○県○○市○○町○丁目○番○号
　　　　　　　　　　　　　　　　　　　　　○○○○　㊞

　私は、貴行に対して現在負担する一切の債務の根担保として裏面規定を承認のうえ、下記預金に質権を設定しました。担保差入人は担保預金の元利金額を限度として借主の連帯保証人となります。

　借入金の返済方法　借入金の期日に貴行において担保預金を解約のう
　　　　　　　　　え、その元利金を返済に充当し、残金は担保差入人
　　　　　　　　　の指定口座に入金してください。

入金口座の指定　　本担保による借入金は借主の指定口座に入金してください。

〔中略〕
〔担保預金の明細〕

番号	種類	預金番号	金額	満期日	備考	保管印

〔以下略〕

92 担保品預り証

ケース	課否判定
銀行が債務者から担保品（約束手形）を預かった際に、債務者に交付する預り証を作成しました。 預り証の下欄の部分は、債務者が銀行から当該担保品の返還を受けた際に当該受取事実を証明するために作成する文書です。	○

POINT

　この文書は、担保が有価証券の場合で担保として物を受け取った（預かった）ことが文書上明らかであり〔**文書例参照**〕、第17号の2文書（売上代金以外の有価証券の受取書）に該当します（印基通第17号文書の35）。印紙税額は200円です。
　また、下欄の受取りに関する事項は、担保として差し入れていたものの返還を受けたときに追記するものですから、担保物が有価証券の場合には、第17号の2文書（売上代金以外の有価証券の受取書）に該当します（印法4③）。印紙税額は200円です。

〔文書例〕

```
              担保品預り証
                              No. ○○

  ○○○○ 殿
                         平成○年○月○日
                              ○○銀行
```

下記担保品を○○○○殿が当行に対して負担する債務の担保としてお預かりいたしました。

種類	数量	手形番号	支払期日	支払場所
支払手形	1	No.H123	平成○年○月○日	○○銀行○○支店

ご注意　1．本証は担保品お受け取りの際必要ですから大切に保管ください。
　　　　2．本証は売買、譲渡、質入等はできません。

　上記担保品確かに受領いたしました。
　　平成　年　月　日

　　　　　　　　　　　　　　　　　　　　　　住所
　　　　　　　　　　　　　　　　　　　　　　氏名　　　　㊞

93　抵当権設定契約書

ケース	課否判定
金銭消費貸借契約に附帯する抵当権設定契約書を作成しました。	○

POINT

　この文書〔文書例参照〕は、第3条（担保物件）で収用等があった場合には債権を譲渡することを約していますから第15号文書（債権譲渡に関する契約書）に該当します。また、第8条（停止条件付賃貸借契約）の土地につき賃借権を設定することについての事項は第1号の2文書（土地の賃借権の設定に関する契約書）に該当します。さらに第9条（代物弁済予約）は借入金の支払方法を定めるものですから第1号の3文書（消費貸借に関する契約書）および代物弁済の目的物が不動産ですから第1号の1文書（不動産の譲渡に関する契約書）にも該当します。

　したがって、通則3のイの規定により、第1号の1文書に所属が決定されます。記載金額は代物弁済により消滅する債務の金額となりますので、金額に応じた印紙税額となります（印基通23(1)ハ）。

（注）　抵当権の設定または譲渡に関する契約書は、課税文書に該当しません。

〔文書例〕

抵当権設定契約書

株式会社　○○　御中

平成〇年〇月〇日
債　務　者　〇〇県〇〇市〇〇町〇丁目〇番〇号
兼抵当権設定者　　　　　　　〇〇〇〇　㊞

　債務者、抵当権設定者及び連帯保証人は、債務者が貴社から融資を受けるについて、平成〇年〇月〇日付で貴社と締結した金銭消費貸借契約（原契約書）に付帯して下記条項を契約します。

第1条（抵当権の設定）　抵当権設定者は債務者が原契約に基づき貴社に対して負担すべき債務を担保するため、その所有する担保物件の上に次の要領により第〇番の抵当権を設定しました。
　　1．債権額　金〇〇円也
　　2．利息　月利〇％（年利〇％）
〔中略〕

第3条（担保物件）　〔中略〕
3　担保物件について収用その他の原因により、受領すべき補償金、清算金などの債権が生じたときは、抵当権設定者はその債権を貴社に譲渡しますから、貴社がこれらの金銭を受領したときは債務の弁済期にかかわらず適宜弁済に充当されても異議ありません。
〔中略〕

第8条（停止条件付賃貸借契約）　抵当権設定者は、貴社との間に担保物件について原契約から生じる一切の債務についての債務者、抵当権設定者又は連帯保証人の債務不履行を停止条件とする賃貸借契約を下記のとおり締結し、停止条件付賃貸借設定の仮登記をします。
　(1)　存続期間　発生日より満3年
　(2)　賃借料　土地1㎡当り　月金1,000円
　(3)　賃料支払期　毎月末日

第9条（代物弁済予約）　債務者、抵当権設定者又は連帯保証人の債務不履行により、本債務を弁済するときは、貴社の任意の選択により金銭の弁済に代えて、担保物件を貴社が取得されることを抵当権設定者は承諾しました。抵当権設定者は代物弁済予約による所有権移転請求権仮登記手続を速やかにします。
〔以下略〕

94　抵当権譲渡承諾書

ケース	課否判定
当方から抵当物として提供している土地について、**債権者甲（抵当権者）は債権者乙に、その抵当権を譲渡する**ことになり、当方にその同意を求めてきました。当方では、その要請に従って抵当権譲渡承諾書を作成しました。	✗ (不)

POINT

　抵当権の譲渡は、抵当権者たる債権者が、同じ債務者に対して債権を有する他の債権者（無担保債権者等）に抵当権を譲渡することの契約です（民法376）。この場合、その事実を債務者に通知しまたは債務者の承諾を得ることがその債務者、保証人等に対する抗要件とされています（民法377）。
　この文書は、このような必要によって作成されたものですが、課税文書には該当しません。

〔文書例〕

```
　　　　　　　　　承　諾　書
　債権者甲（抵当権者）は債権者乙に、債務者丙から抵当権として提供
している土地について、その抵当権を譲渡する。
〔中略〕
　上記の抵当権譲渡につきましては異議なく承諾いたします。
　　平成○年○月○日
　　　甲　殿
　　　　　　　　債務者　○○県○○市○○町○丁目○番○号
　　　　　　　　　　　　　　　　　　　　　　　　　丙　㊞
```

第10 債務保証・債権譲渡関係

95 債権譲渡証書

ケース	課否判定
債務者が自己の負担する債務を担保するため、自己の有する他の債権をその債務の債権者に譲渡することを約した証書を作成しました。	○

POINT

この文書は、売掛債権の同一性を保持しつつ、第三者に譲渡することを内容とするものですから〔**文書例参照**〕、第15号文書(債権譲渡に関する契約書)に該当します。印紙税額は200円です。

債権譲渡とは、債権をその同一性を失わせないで旧債権者から新債権者へ移転させることをいいます(印基通第15号文書の1)。

〔文書例〕

○○株式会社　御中
　　　　　　　　　債権譲渡証書

　私は貴社に対して現在負担する債務金○○円也の支払を担保するため、末尾記載の債権を貴社に譲渡します。
　譲渡債権の債務者に対して遅滞なく債権譲渡の通知をし債務者の承諾を取り付けます。
〔中略〕
譲渡債権
　1．債務者住所、氏名　　○○県○○市○○町○丁目○番○号
　　　　　　　　　　　　　　　○○○○
　2．譲渡債権の種類及び金額　売掛債権　1,000,000円
〔以下略〕

---

96 売掛債権譲渡契約書

ケース	課否判定
売掛債権を第三者に譲渡することについての契約書を作成しました。	○

POINT

　この文書は、売掛債権の同一性を保持しつつ、第三者に譲渡することを内容とするものですから〔**文書例参照**〕、第15号文書（債権譲渡に関する契約書）に該当します。印紙税額は200円です。
　債権譲渡とは、債権をその同一性を失わせないで旧債権者から新債権者へ移転させることをいいます（印基通第15号文書の１）。

〔文書例〕

売掛債権譲渡契約書

　株式会社甲が乙株式会社に対して有する本日現在の債務、金○○円の弁済について、甲、乙間で下記のとおり契約する。
第１条　甲は丙株式会社に対して平成○年○月○日販売した商品の代金○○円、ただしその弁済期限○日とするものの債権を乙に譲渡する。
第２条　甲は遅滞なく前条に掲げた債権に関する証書を引き渡し、同時に確定日付のある証書をもって丙に対して債権譲渡の通知を行い、承諾を得る。
〔中略〕

以上契約の証として本書2通を作成し、甲乙それぞれに1通を保有する。
　　平成○年○月○日
　　　　　　　　　　　（甲）　　○○県○○市○○町○丁目○番○号
　　　　　　　　　　　　　　　株式会社甲　代表取締役○○○○　　㊞
　　　　　　　　　　　（乙）　　○○県○○市○○町○丁目○番○号
　　　　　　　　　　　　　　　乙株式会社　代表取締役○○○○　　㊞

97 債権譲渡承諾書

ケース	課否判定
債権を譲渡することについての債務者の承諾書を作成しました。	× (不)

POINT

債権譲渡契約は、旧債権者と新債権者との間の契約によって成立し、債務者の承諾はその対抗要件にすぎませんから、債務者の承諾書は第15号文書(債権譲渡に関する契約書)には該当しません。

したがって、この文書は課税文書に該当しません。

〔文書例〕

債権譲渡承諾書

債務者　住所　〇〇県〇〇市〇〇町〇丁目〇番〇号
　　　　氏名　〇〇株式会社
譲渡債権額　　金〇〇円也
譲渡人　　住所氏名　〇〇県〇〇市〇〇町〇丁目〇番〇号
　　　　　　　　　　株式会社〇〇
譲受人　　住所氏名　〇〇県〇〇市〇〇町〇丁目〇番〇号
　　　　　　　　　　△△株式会社
譲渡日付　　平成〇年〇月〇日
　上記の債権譲渡につきましては異議なく承諾いたします。
　　平成〇年〇月〇日
　　　　　株式会社〇〇　殿
　　　　　　　　　　債務者　〇〇県〇〇市〇〇町〇丁目〇番〇号
　　　　　　　　　　〇〇株式会社　代表取締役〇〇〇〇　㊞

98 地位承継覚書

ケース	課否判定
契約上の地位を譲渡する覚書を作成しました。	○

POINT

　この文書は、甲乙間において締結されている商品継続売買契約上の乙の地位を丙に譲渡することを内容とする更改契約書ですが、原契約書を引用して印紙税法施行令26条1号の要件を充足するものですから〔文書例参照〕、第7号文書（継続的取引の基本となる契約書）に該当します。印紙税額は4,000円です。

（注）　個別契約上の地位を譲渡するものであるときは、おおむね第15号文書（債権譲渡に関する契約書）に該当し印紙税額は200円です。

〔文書例〕

地位承継覚書

　甲、乙、丙並びに甲の連帯保証人及び担保提供者は乙の丙に対する事業譲渡に伴い、次のとおり約定する。
第1条（地位継承）乙は平成○年○月○日付甲及び連帯保証人との間に締結された商品継続売買契約上の地位を平成○年○月○日満了をもって丙に譲渡し、丙はこれを譲り受け、甲はこれを異議なく承諾した。
第2条（登記等）乙は前条の事業譲渡につき譲渡日後、遅滞なく担保物件を丙に引き渡し、登記その他必要な手続に協力する。
第3条（保証）甲の連帯保証人及び担保提供者は前2条の規定を承諾し、今後とも乙に対すると同時に丙に対して保証及び担保の責に任ずる。
〔以下略〕

99 通貨および金利交換取引契約証書

ケース	課否判定
通貨および金利スワップ取引をする際に文書を作成しました。	○

POINT

　この文書は、〔文書例〕中第8条(3)のように契約書上「決済口座及び費用決済口座よりの引落しについては小切手の振出し、又は預金通帳並びに預金払出請求書の提出を不要とする」等の記載があり、預金の払戻方法について定めるものですので、第14号文書（金銭の寄託に関する契約書）に該当します。印紙税額は200円です。
（注）　スワップ取引自体は債権譲渡に当らず、他の課税事項にも該当しません。

〔文書例〕

通貨及び金利交換取引契約証書

　甲株式会社は株式会社乙銀行との間で、甲が乙に別途差し入れた銀行取引約定書の各条項のほか、この約定を承認の上通貨及び金利交換取引について契約したので、これを証するため、甲、乙は本証書に各記名押印の上、各々1通を保有するものとする。
　（甲）　○○県○○市○○町○丁目○番○号
　　　　　甲株式会社　　㊞
　（乙）　○○県○○市○○町○丁目○番○号
　　　　　株式会社乙銀行　㊞

第1条（基本条件）　本契約の基本条件を次のとおりとする。
 (1)　共通条項　取引開始日：平成○年○月○日、最終期日：平成○年○月○日
 (2)　取引開始日における通貨交換〔省略〕
〔中略〕
第8条（決済方法等）
 (1)　本契約に基づく、乙より甲への支払は、支払通貨に応じ甲が乙に保有する2つの下記預金口座（「決済口座」という）への各々の入金にて行い、一方甲より乙への支払は、決済口座より引落しにより行うものとする。
 (2)　本契約に関し、甲が負担すべき費用及び本契約に基づく乙の債権を保全するために要する甲が負担すべき登記申請に要する費用、確定日付料、印紙代その他一切の費用については、下記費用決済口座より引落しの上充当することを甲は合意する。
 (3)　前(1)(2)項の決済口座及び費用決済口座よりの引落しについては小切手の振出し、又は預金通帳並びに預金払出請求書の提出を不要とする。

　　　決済口座

　　　　　貸

科目	○○○○
口座番号	○○○○○○

　　　　　　決済口座届出印　　　　　　㊞

　　　　　貸

科目	○○○○
口座番号	○○○○○○

　　　　　　決済口座届出印　　　　　　㊞

　　　費用決済口座

　　　　　貸

科目	○○○○
口座番号	○○○○○○

　　　　　　費用決済口座届出印　　　　㊞

〔以下略〕

100　債務履行引受契約証書

ケース	課否判定
債務引受人と債務者の間で行う債務の履行の引受けに際し、契約証書を作成しました。	✕ (不)

POINT

　この文書は、債務者と引受人との間で行われる債務の履行を引き受ける契約であり、債務引受契約にはなりませんから、第15号文書（債務引受けに関する契約書）には該当しません。
　「債務引受け」とは、債務をその同一性を失わせないで債務引受人に移転することをいい、従来の債務者もなお債務者の地位にとどまる重畳的債務引受けもこれに含まれます（印基通第15号文書の2）。また、「債務引受けに関する契約」とは第三者が債権者との間において債務者の債務を引き受けることを約するものをいい、債権者の承諾を条件として第三者と債務者との間において債務者の債務を引き受けることを約するものを含みます（印基通第15号文書の3）。

〔文書例〕

債務履行引受契約証書

　甲、乙、丙において、乙丙両当事者は、下記のとおり債務履行引受契約を締結した。
　第1条　債務履行引受人丙は、債務者乙の債権者甲に対し負担する次の債務の履行を引き受け、債務者乙に代わって弁済することを約し、債権者甲はこれを承諾した。

1．債務者乙が債権者甲に対し負担する平成○年○月○日付金銭消費貸借契約証書に基づく元金金○○円、弁済期平成○年○月○日、利息元金に対する年○割の割合、毎月期末払、○○払を２か月分以上怠ったときは元利金一時に支払の特約、平成○年○月○日までに利息支払済の元利金全部の債務
第２条　債務履行引受人丙は、前条の債務を前条の金銭消費貸借契約証書の約旨に従い、債権者甲に弁済しなければならない。
第３条　債務履行引受人丙が第１条の債務の弁済を終わったときは、債務履行引受人丙が債務者乙に対して負担する平成○年○月○日付動産売買契約証書に基づく代金債務を免れるものとする。
　上記契約を証するため本証書２通を作り、署名押印の上各自その１通を所持する。
　　平成○年○月○日
　　　　　　履行引受人　○○県○○市○○町○丁目○番○号
　　　　　　　　　　　　　　　　　　　　　○○○○　㊞
　　　　　　債　務　者　○○県○○市○○町○丁目○番○号
　　　　　　　　　　　　　　　　　　　　　○○○○　㊞

《債務者、引受人、債権者との間における債務引受けの４形態》

形　　態	課否判定	
① 債権者と引受人間の債務引受契約書	○	第15号文書（債務の引受けに関する契約書）
② 債権者、債務者、引受人の三者の契約書	○	第15号文書（債務の引受けに関する契約書）
③ 債務者と引受人間の債務引受け契約書（あらかじめ債権者の承諾があるものまたは承諾を停止条件とするもの）	○	第15号文書（債務の引受けに関する契約書）
④ 債務者と引受人間の債務の履行引受契約書（債権者の承諾なし）	×	（不課税文書）

101　債務引受けに関する同意書

ケース	課否判定
債務を引き受けることについての債権者の同意書を作成しました。	○

POINT

　この文書は債権者の同意書ですから、第15号文書（債務の引受けに関する契約書）に該当します。印紙税額は200円です。

　債務引受契約は、債権者と引受人の二者、または債権者、債務者、引受人の三者の間の契約によって成立するものです。

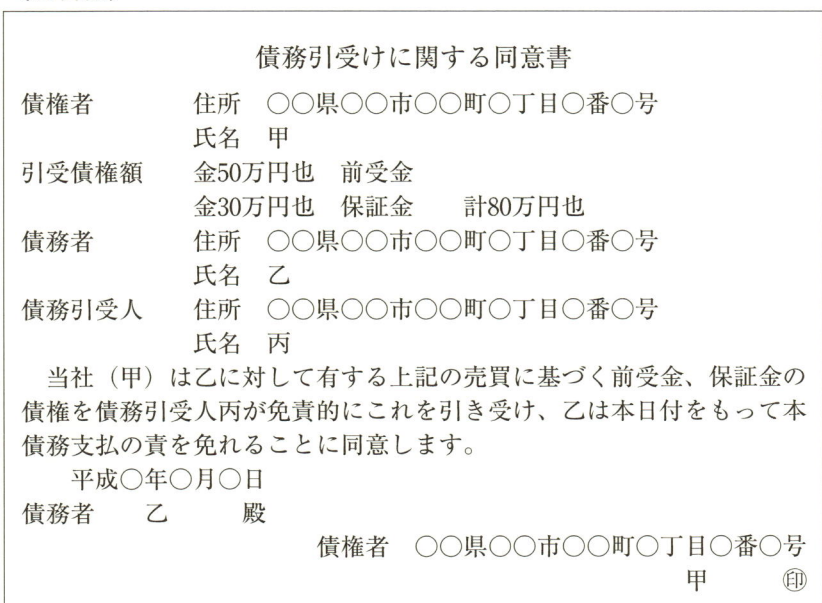

〔文書例〕

債務引受けに関する同意書

債権者　　　　住所　○○県○○市○○町○丁目○番○号
　　　　　　　氏名　甲
引受債権額　　金50万円也　前受金
　　　　　　　金30万円也　保証金　　計80万円也
債務者　　　　住所　○○県○○市○○町○丁目○番○号
　　　　　　　氏名　乙
債務引受人　　住所　○○県○○市○○町○丁目○番○号
　　　　　　　氏名　丙
　当社（甲）は乙に対して有する上記の売買に基づく前受金、保証金の債権を債務引受人丙が免責的にこれを引き受け、乙は本日付をもって本債務支払の責を免れることに同意します。
　　　平成○年○月○日
　債務者　　乙　　殿
　　　　　　　　　　債権者　　○○県○○市○○町○丁目○番○号
　　　　　　　　　　　　　　　甲　　　　　　　　　　㊞

102 債務保証についての念書

ケース	課否判定
保険会社が債務者の融資銀行等に対して保証債務の履行として保険金を支払った場合には、第三者が債務者と連帯して、保険金の求償に応じることを約する念書を作成しました。	○

POINT

この文書は、保証債務を履行することにより生じる債務者の保証人に対する弁済債務を第三者が保証することを約する、いわゆる求償保証を内容とするものですから、第13号文書（債務の保証に関する契約書）に該当します。印紙税額は200円です。

〔文書例〕

```
                    念　　書
                                    平成○年○月○日
○○火災保険株式会社御中
        連帯保証人
                住所　　○○県○○市○○町○丁目○番○号
                氏名　　　　　　○○○○　㊞（実印）
        債務者（保険契約者）
                住所　　○○県○○市○○町○丁目○番○号
                氏名　　　　　　○○○○　㊞（実印）
    私は、債務者甲の乙に対する金○○円の借入債務に関し、平成○年○月○日付で甲が貴社との間で締結した住宅ローン保証保険契約に基づき、貴社が乙に保険金を支払ったときは、甲と連帯して貴社の求償に応じることを約します。
                                            以　　上
```

103　保証差入書

ケース	課否判定
債務者が現在または将来においてその負担する債務を、債務者側の保証人が一定額を限度として債務者と連帯して保証することを約した文書を作成しました。	○

POINT

　この文書は、債務者がその負担する債務を履行しない場合に、保証人がこれを履行することを債権者に対して約することを内容とするものですから、第13号文書（債務の保証に関する契約書）に該当します。印紙税額は200円です。
　債務の保証とは、主たる債務者がその債務を履行しない場合に保証人がこれを履行することを債権者に対して約することをいい、連帯保証を含みます（印基通第13号文書の１）。

〔文書例〕

保証差入書

　債務者と貴社との間の商品売買、委託販売、委託加工、金銭貸借、手形行為、保証等の商取引及びその他一切の行為により、債務者が貴社に対して既に負担し、又は将来負担することのある一切の債務について、保証人は下記のとおり連帯保証し、債務者が各債務を一度でも遅滞し、又は不信用な行為をなした時は、債務者と共に債務全体につき期限の利益を失い、債務者と連帯して債務弁済の責に任じます。

　　　　　　　　記
1．保証すべき限度額　　金　○○　円也
　ただし平成○年○月○日までに生じた原因に基づく債務
　なお、上記期日までに保証人において書面によるその後の保証の打切りを申し出なかったときは、上記期日以後に生じた原因に基づく債務についても連帯保証の責めに任じます。
　　　平成○年○月○日

○○○○殿
　　　　　　債　務　者　住所　○○県○○市○○町○丁目○番○号
　　　　　　　　　　　　氏名　　　　　　　　　　　　○○○○　㊞
　　　　　　連帯保証人　住所　○○県○○市○○町○丁目○番○号
　　　　　　　　　　　　氏名　　　　　　　　　　　　○○○○　㊞

なお、第13号文書における債務保証には次のようなものがあります。

	項　目	内　容
①	連帯保証	保証人が主たる債務者と連帯して債務を負担するもの
②	根保証（信用保証）	継続的な商品売買、金銭貸借、保障等の契約関係から、将来不特定に発生する債務を保証するもの
③	共同保証	同一の主たる債務について2以上の者が共同して保証債務を負担するもの
④	賠償保証	債権者が主たる債務者から弁済を受けなかった部分についてのみ保証するもの
⑤	求償保証	主たる債務者が保証人に対して負担するその償還すべき債務を保証するもの
⑥	副保証	保証債務を更に保証するもの

104　保証書

ケース	課否判定
契約の申込者が未成年者である場合に、親権者から販売業者に対して、契約についての同意と連帯保証を証明するものとして使用される保証書を作成しました。	○

POINT

　この文書は、物品の譲渡代金の支払を連帯して保証するもので、主たる債務の契約書に併記したものではありませんので〔**文書例参照**〕、第13号文書（債務の保証に関する契約書）に該当します。印紙税額は200円です。

〔文書例〕

保　証　書

　私共は、平成○年○月○日申込者（未成年者）と貴社の間で締結される下記内容の契約に法定代理人として同意し、かつ私共両名は相互に連帯して商品の代金について連帯保証の責任を負います。
　　　　1．申込者名　　○○○○　　（年齢18才）
　　　　2．契約商品　　○○
　　　　3．商品価格　　金○○円
　　　　4．支払方法

頭　　金	金○○円
第1回以降分割払金	金○○円
支払回数　○回	支払期間○か月

　保証人ご署名（父）○○○○　㊞　　保証人ご署名（母）○○○○　㊞
　　　住所　○○県○○市○○　　　　　住所　○○県○○市○○
　　　　　　町○丁目○番○号　　　　　　　　町○丁目○番○号
　　　　　　　　平成○年○月○日

105　連帯保証承諾書

ケース	課否判定
連帯保証人が購入者の債務の保証を引き受けた際に、クレジット会社に交付する承諾書を作成しました。	○

POINT

　この文書は、連帯保証人が、クレジット会社に対して、購入者の債務を購入者と連帯して保証することを承諾する文書ですから〔**文書例参照**〕、第13号文書（債務の保証に関する契約書）に該当します。印紙税額は200円です。

〔文書例〕

　○○クレジット会社　御中

　　　　　　　　　　連帯保証承諾書

1．購入者　　住所　○○県○○市○○町○丁目○番○号
　　　　　　　氏名　○○○○
2．契約日　　平成○年○月○日　　（契約№.○○○○）
3．商品名　　○○
4．分割払価格（支払総額）　　○○　　円（内　申込金　○○　円）
5．支払内容　回数　○　回
　　　　　　　毎月　○○　円×○回（第1回目　○○　円）
　私は上記購入者の連帯保証人となり購入者と連帯して支払を行うことを承諾します。
　　　平成○年○月○日

```
連帯保証人　住所　○○県○○市○○町○丁目○番○号
　　　　　　TEL　○○○－○○○－○○○○
　　　　　　氏名　○○○○　　　　　　㊞
　　　勤務先（所在地）　　（TEL　○○○－○○○－○○○○）
　　　　　　○○県○○市○○町○丁目○番○号
　　　　　　株式会社○○
```

106　身元保証書

ケース	課否判定
会社等が従業員の入社等に際して、新入社員およびその保証人から提出させる身元保証書を作成しました。	✕ (非)

POINT

　この文書は、身元保証ニ関スル法律に定める「身元保証に関する契約書」に該当しますから〔**文書例参照**〕、非課税文書です（印法2・別表第1第13号文書の非課税物件欄）。
　なお、身元保証ニ関スル法律は、事業主と従業員のように雇用関係に基づく使用者と被使用者間の身元保証契約に適用されるものと解されます。また、身元保証に関する契約書には、入学および入院の際に作成する身元保証書を含みます（印基通第13号文書の4）。

〔文書例〕

```
                    身元保証書
                              氏名　○○○○
　今般上記の者が貴社に採用されますについては身元保証人として〔中
略〕忠実に勤務することを保証いたします。
　万一本人が〔中略〕貴社に損害をおかけした時は本人をしてその責任
をとらせるとともに私どもは連帯してその損害を賠償する責任を負うこ
とを確約し、その証として本書を差し入れます。
　　平成○年○月○日
　　　　株式会社○○　殿
　　　　　本人　　○○県○○市○○町○丁目○番○号　○○○○　㊞
　　　　　保証人　○○県○○市○○町○丁目○番○号　○○○○　㊞
```

107　入社誓約書

ケース	課否判定
新たに入社する社員に提出させる〔誓約書〕を作成しました。	× (不)

POINT

　この文書は、損害担保契約に関する文書になりますが〔文書例参照〕、課税物件表に掲げられていませんので、課税文書に該当しません（印基通第13号文書の1）。

　なお、損害担保契約とは、ある人が一定の事項または事業等から受けるかもしれない損害を賠償することを約する契約をいい、保証契約に類似しています。保証契約は主たる債務が存在することを前提としていることに対して、損害担保契約は主たる債務が存在せず独立して成立する点が異なります。

〔文書例〕

```
　　　　　　　　誓　約　書
　私は貴社に採用を内定されましたことについて、次の事項を了承の上、
平成○年○月卒業と同時に貴社に入社することを確約いたします。
〔中略〕
(4)　故意または重大な過失により損害をおかけしたときはその責任を
　負うこと
以上のとおり誓約いたします。
　　平成○年○月○日
　　　　○○株式会社　御中
　　　　　　　　　　　　本人　○○県○○市○○町○丁目○番○号
　　　　　　　　　　　　　　　○○○○　　㊞
```

108　誓約書

ケース	課否判定
入社に際し、被用者が雇用契約に従い誠実に勤務することを誓約するとともに、被用者の故意または重大な過失により雇用主に損害を与えられた場合には、身元保証人が被用者と連帯してその損害を賠償する旨を約し、雇用主へ提出する誓約書を作成しました。	✕ (非)

POINT

　この文書は、被用者が雇用契約に違反し、または故意もしくは重大な過失により雇用主に損害を与えた場合には、身元保証人が被用者と連帯してその損害を賠償することを約したものですから、第13号文書（債務の保証に関する契約書）に該当しますが、雇用に伴う身元保証契約書ですから非課税文書となります（印法別表第1第13号文書の非課税物件欄、印基通第13号文書の4）。

〔文書例〕

```
　　　　　　　　　誓　約　書
株式会社○○　代表取締役○○○○　殿
　私は貴社に入社することを承諾し、下記事項を誓約いたします。
〔中略〕　　　　　　　　　　　　　　本人　○○○○　㊞
　このたび本人が貴社入社後、上記の誓約に違反し、〔中略〕損害を与え
たときは直ちに本人と連帯してその損害を賠償いたします。
　　　平成○年○月○日
　　　　　　保証人（続柄○）　○○県○○市○○町○丁目○番○号
　　　　　　　　　　　　　　　　　　　　　　○○○○　㊞
```

第11　金融・保険関係

(1)　預貯金関係

109　預金契約書

ケース	課否判定
県の保管現金を定期預金とすることについての契約書を作成しました。	○

POINT

　この文書は、預金契約として消費寄託契約を締結した文書になりますから、第14号文書（金銭の寄託に関する契約書）に該当します。印紙税額は200円です。なお、県は地方公共団体ですから印紙税法4条5項の規定により県が所持する契約書のみが課税対象となります。また、地方公共団体の公金の出納に関して作成されるものではありませんから、印紙税法5条および別表第3に規定する「公金の取扱いに関する文書」には該当しません。

　預金契約は消費寄託契約です。印紙税法の寄託とは民法657条に規定する寄託をいい、民法666条に規定する消費寄託を含みます（印基通第14号文書の1）。

〔文書例〕

預金契約書

○○県会計管理者甲と○○県信用農業協同組合連合会会長理事乙との間において県保管現金の一部を預金することについて次のとおり契約を締結する。
第1条　甲は県保管現金のうち○○万円を乙に預金するものとする。
〔中略〕
　　平成○年○月○日
　　　甲　　　　　　　　　　　○○県会計管理者　　○○○○　㊞
　　　乙　○○県信用農業協同組合連合会会長理事　○○○○　㊞

110　財産形成積立定期預金契約の証

ケース	課否判定
財産形成積立定期預金契約における初回預入金の受入事実を記載する文書を作成しました。	○

POINT

　この文書は、預金としての初回預入金を預かったことを明らかにするもので、財産形成積立定期預金契約の成立事実を証する文書ですから、第14号文書（金銭の寄託に関する契約書）に該当します。印紙税額は200円です。
　なお、預金契約の成立を証するものですが、免責証券ではありませんから第8号文書（預貯金証書）には該当しません。

〔文書例〕

財産形成積立定期預金契約の証

　○○○○　様
この証に記載のとおり、初回の預入金額をお預かりいたしました。
　今後は先に提出いただきました財産形成積立定期預金申込書及び裏面の規定によってお取り扱いいたします。
　初回預入金額　金○○万円
　積立期限　　平成○年○月○日
　満期日　　　平成○年○月○日
　口座番号　　No.○○
　　平成○年○月○日
　　　　　　　　　　　　　　　　○○銀行○○支店　　㊞

第2章 第11 金融・保険関係

111　預金の預り証

ケース	課否判定
預金の預り証を作成しました。	○

POINT

　この文書では、預金とするために金銭を預かったことが明らかですから、第14号文書（金銭の寄託に関する契約書）に該当します。印紙税額は200円です。

　金融機関の外務員が得意先から預金として金銭を受け入れた場合または金融機関の窓口等で預金通帳の提示なしに預金を受け入れた場合に、当該受入事実を証するために作成する「預り証」、「入金取次票」等と証する文書で、当該金銭を保管する目的で受領するものであることが明らかなものは第14号文書として取り扱います（印基通第14号文書の2）。

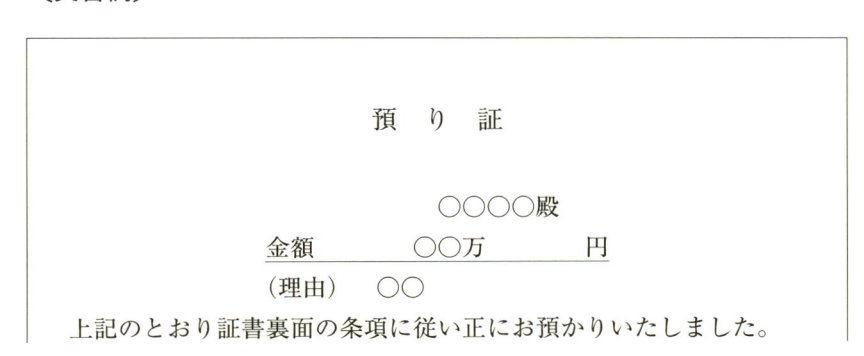

〔文書例〕

```
              預　り　証

                 ○○○○殿
     金額        ○○万       円
     （理由）    ○○
   上記のとおり証書裏面の条項に従い正にお預かりいたしました。
```

平成〇年〇月〇日

株式会社〇〇銀行　㊞

【裏面】
1．本書は預金証書、通帳がお手元に届くまで大切にご保存下さい。
〔中略〕

以上

112　受取書

ケース	課否判定
信用組合の外務員が得意先で預金として金銭等を預かった際に「受取書」を作成しました。	○

POINT

　この文書は、預金科目、口座番号等の記載があることによって、預金として預け入れたものであることが明らかですから（預金契約の成立）〔文書例参照〕、第14号文書（金銭の寄託に関する契約書）に該当します。印紙税額は200円です。

　金銭の受領事実のみを証明目的とする「受取書」、「領収書」等と証する文書で、受領原因として単に預金の種類が記載されているものは、第17号文書（金銭の受取書）として取り扱います（印基通第14号文書の２）。

〔文書例〕

```
              受　取　書
店番 ○○  口座番号 ○○           平成○年○月○日
預金科目 ○○
　　　○○○○　　　様
　　　　　　　　金額　　○○万　円
　種類（現金、当店・預手、本支店券、本交換、その他）、
　金種内訳（10,000円○○枚、5,000円○○枚〔中略〕）
１．通帳入帳又は証書を発行した場合にはこの受取書は無効です。
〔中略〕
                                ○○信用組合　　㊞
```

113　送金取組依頼書

ケース	課否判定
送金小切手による送金を依頼する文書を作成しました。	✕ (不)

POINT

　この文書は、顧客が送金小切手による普通送金の方法によって送金することを依頼するもので、課税文書には該当しません。

〔文書例〕

```
                    送金依頼書

 科目： ○○                     手数料 ○○ 円
 ご依頼日　平成○年○月○日

 ┌─────────────────┬─────────────────┐
 │支払地：○○県○○市○○町 │仕向地：○○県○○市○○町 │
 │　　　　○丁目○番○号      │　　　　○丁目○番○号      │
 └─────────────────┴─────────────────┘
 ┌──────────────────────────┬──────────┐
 │希望のものに○をお付け下さい            │小切手    │
 │                                        │番号   ○○│
 │         ┌──────┬──────────────┤          │
 │         │送金小 │①持参人払にする │          │
 │         │切手    │②記名式にする   ├──────────┤
 │普通送金│        │③線引小切手にする│送信      │
 │(送金小切手)│    │                  │通番   ○○│
 └─────────┴──────┴──────────────┴──────────┘
```

お受取人	おなまえ　　〇〇〇〇　　　　様 おところ 〇〇県〇〇市〇〇町〇丁目〇番〇号	金額	〇〇万　　　　　円
		㊝現金 当手 他手	
ご依頼人	おなまえ　　〇〇〇〇　　　　様		

出納判　㊞

〇〇銀行

114　キャッシュカード利用申込書

ケース	課否判定
キャッシュカード利用申込書を作成しました。	○

POINT

　この文書は、キャッシュカード利用申込書を提出する普通預金者が金融機関が示した特約条項を承諾の上、普通預金の払戻方法を通常の普通預金払出請求書を提出して行う方法のほか、現金自動預払機を利用して行う方法を加える目的で提出するものです〔**文書例参照**〕。このように、普通預金の払戻方法を変更しようとする契約は、寄託契約の重要な内容を変更するものですから、その事実を証する文書は第14号文書（金銭の寄託に関する契約書）に該当し、印紙税額は200円です。

〔文書例〕

```
　　　　　　　　　○○キャッシュカード利用申込書
　　　　　　　　　　　　　　　　　　　　　　　平成○年○月○日
　株式会社　○○　銀行御中
　┌──┬──────────────────┬────┬──┐
　│ご住所│○○県○○市○○町○丁目○番○号│口座番号│○○│
　├──┼──────────────────┼────┴──┤
　│本人│ふりがな　　　（お届け印）　　　│暗号○○　　│
　│ご署名│○○○○○○　　　　　　　　㊞　│　　　　　　│
　│　　│○　○　○　○　　　　　　　　　│　　　　　　│
　├──┼──────────────────┴───────┤
　│代理店│ふりがな　　　　　　　　　　　　　　　　　　　│
　│ご署名│○○○○○○　　　　　　　　　　　　　　　　　│
　│　　│○　○　○　○　　　　　　　　　　　　　　　　│
　└──┴──────────────────────────┘
　私は貴行普通預金約定並びに総合口座取引規定に追加して裏面記載の
　各条項を承諾の上キャッシュカード利用を申し込みます。
　【裏面】
　〔以下略〕
```

115　預金残高証明書

ケース	課否判定
預金の残高証明書を作成しました。	× (不)

POINT

　この文書は、預金契約の成立等を証明するものではなく、預金の現在高を確認するためのものですから、第14号文書（金銭の寄託に関する契約書）に該当しません。

〔文書例〕

住所　〇〇県〇〇市〇〇町〇丁目〇番〇号
氏名　　〇〇〇〇　　様

残高証明書

平成〇年〇月〇日

　下記金額は平成〇年〇月〇日現在の
　　残高であることを証明します。
　　　　　　　　株式会社　〇〇　銀行　〇〇　支店

金　額　合　計	〇〇万　円	
取引の種類	金　　額	摘　　要 （うち未決済他店券による入金）
〇〇	〇〇万　円	〇〇

116 積金通帳

ケース	課否判定
積金についての通帳を作成しました。	✕ (不)

POINT

この文書における積金は、預金でも掛金でもありませんから、第18号文書（預金通帳、掛金通帳）には該当しません。また、第19号文書（金銭の受領事実を付け込む通帳）にも該当しません。

したがって、この文書は課税文書に該当しません（印基通第19号文書の5）。

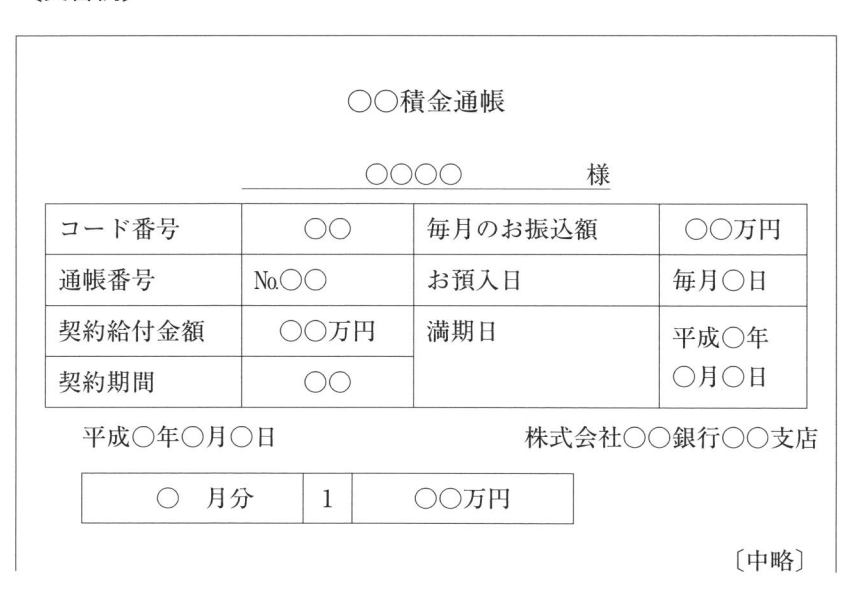

〔文書例〕

○○積金通帳

　　　　　○○○○　　　　様

コード番号	○○	毎月のお振込額	○○万円
通帳番号	No.○○	お預入日	毎月○日
契約給付金額	○○万円	満期日	平成○年 ○月○日
契約期間	○○		

平成○年○月○日　　　　　　　　株式会社○○銀行○○支店

○　月分	1	○○万円

〔中略〕

○○積金約款

1．この積金は契約期間中毎月1回、一定の日に所定の金額をお払込み願い、満期日に契約給付金をお支払いたします。
2．積金について毎月所定の掛金お払込みを遅延された場合は当行所定の延滞利子を申し受けるか、又は延滞期間に応じて満期日を繰り延べることといたします。

〔以下略〕

117 定期預金証書

ケース	課否判定
定期預金の証書を作成しました。	○

POINT

　この定期預金の証書は、第8号文書(預貯金証書)として取り扱われますから、印紙税額は200円です。

　預貯金証書とは、銀行その他の金融機関等で法令の規定により預金または貯金業務を行うことができる者が、預金者または貯金者との間の消費寄託の成立を証明するために作成する免責証券たる預金証書または貯金証書をいいます(印基通第8号文書の1)。

　主なものに、預金証書、貯金証書、定期預金証書、積立定期預金証書、自動継続定期預金証書、通知預金証書、別段預金証書などがあります。また、勤務先預金についても預金証書を作成すれば、勤務先預金証書は第8号文書に該当します(印基通第8号文書の2)。

〔文書例〕

```
              定期預金証書

   ○○○○　様

                      お預かり金額　○○万　円
```

預金番号	預入日	満期日	期間	利率	発行日
○○	平成○年○月○日	平成○年○月○日	○○	○.○	平成○年○月○日

上記の金額をこの証書裏面記載の規定によりお預かりしました。

　　　　　　　株式会社○○銀行　　取締役頭取　　○○○○　　㊞

【裏面】　定期預金規定〔省略〕

118 譲渡性預金証書

ケース	課否判定
譲渡性預金（CD）に係る預金証書を作成しました。	○

POINT

　この文書は、預金証書ですから第8号文書（預貯金証書）に該当し、印紙税額は200円です（印基通第8号文書の1）。

　なお、この預金を他人に譲渡する場合には、銀行はこの証書の裏面にその経緯を記載し確認印を押すことになっていますが、これにより預金の同一性が失われるものではありませんから、この時点で新たな預金証書を作成したことにはなりません。

〔文書例〕

```
                                              AA001234

                   譲渡性預金証書

    ○○○○   様
     金額     ○○万   円
```

預金番号	預入日	満期日	期間	利率	発行日
No. ○○	平成○年○月○日	平成○年○月○日	○	○.○%	平成○年○月○日

上記金額を裏面記載の譲渡性預金規約によってお預かりいたしました。

　　　　　　　　　　　株式会社○○銀行　　取締役頭取　　○○○○　㊞

【裏面】

	譲渡通知書受理日	預金者(譲受人)名	税区分	銀行確認印
1	平成○年○月○日	○○○○	○○	㊞
2	平成○年○月○日	○○○○	○○	㊞

譲渡性預金規約〔中略〕
この預金は利息と共にのみ譲渡することができます。〔以下略〕

119　夜間預金金庫使用証

ケース	課否判定
夜間預金金庫を使用するための契約書を作成しました。	○

POINT

　この文書は、夜間預金金庫の使用、すなわち時間外の預金の受入れについての特約を定めるものであり、第14号文書（金銭または有価証券の寄託に関する契約書）に該当します。印紙税額は200円です。

〔文書例〕

夜間預金金庫使用証

平成○年○月○日

○○銀行御中

氏名　○○○○　㊞

貴行夜間預金金庫を使用するに当たって下記の規定を確約します。
なお、次の物件は確かにお預かりしました。
　1．金庫扉鍵　　1個　番号（○○）
　1．入金袋　　　○個　番号（○○）
記
1．夜間預金金庫は、私名義の当座預金、普通預金、その他預金入金の場合のみ利用します。
2．入金の場合は貴行所定の当座預金入金票などに氏名、金額、日付、時刻を記入の上、現金、小切手などとともに所定の入金袋に入れて、施錠して本金庫に差し入れます。
3．預入金は翌営業日付をもってご入金ください。
〔以下略〕

120　手書記入欄のある普通預金通帳

ケース	課否判定
通帳の末尾に外務員が顧客から現金等を預かった際に入金事実を手書きで記録するための欄が設けてある文書を作成しました。	○

POINT

　この文書は、第19号文書（金銭又は有価証券の受取通帳）に該当します。外務員が受領した金銭または有価証券の受領事実をあわせて付け込み証明する目的で作成されるものは、第19号文書に該当します。印紙税額は400円です。

〔文書例〕

入金記録控（手書記入欄）

　この欄に手書記入したお取引は後刻改めて所定ページに機械で正規記帳します。機械で記帳したときは当該手書記帳を無効とさせていただきます。

	年月日	お預り金額	摘　　要
1	平成○年○月○日	○○万　　円	○○
2	平成○年○月○日	○○万　　円	○○

1．訪問の際ご入金の場合は本欄に手書記入いたします。
2．摘要欄に担当係の領収印を押印いたします。

(2) 保険関係

121　生命保険の代理店契約書

ケース	課否判定
代理店として生命保険募集の業務等を委託することについての契約書を作成しました。	○

POINT

　この文書は、保険募集の業務を継続して委託することについて委託する業務の範囲を定めるものですから〔**文書例参照**〕、契約期間が3か月以内と記載されているものを除き、印紙税法施行令26条2号に該当する文書として第7号文書（継続的取引の基本となる契約書）に該当します。印紙税額は4,000円です。

〔文書例〕

代理店契約書

　甲生命保険相互会社と乙代理店は、次の条項により代理店契約を締結する。
第1条　代理店は会社のために生命保険契約の募集及びその所管保険契約の第2回目保険料の集金その他の必要な事務を行う。
第2条　会社は別途定める規定により、代理店が募集した保険契約に対しては新契約手数料を代理店が収集した保険料の実収額に対しては集金手数料をそれぞれ支払う。

〔中略〕

第10条　契約期間は、契約した日から2年間とする。但し更新を妨げない。

〔中略〕

　以上の契約の証として正本2通を作成し、双方記名調印の上各1通を保持する。

　　　平成○年○月○日
　　　　　　　　生命保険会社　○○県○○市○○町○丁目○番○号
　　　　　　　　　　　　　　　取締役社長　　○○○○　㊞
　　　　　　　　代理店主幹　　○○県○○市○○町○丁目○番○号
　　　　　　　　　　　　　　　　　　　　　　○○○○　㊞
　　　　　　　　連帯保証人　　○○県○○市○○町○丁目○番○号
　　　　　　　　　　　　　　　　　　　　　　○○○○　㊞

122　生命保険証券

ケース	課否判定
生命保険契約が成立した際に、生命保険会社が保険契約者に交付する生命保険証券を作成しました。	○

POINT

　この文書は、保険者である保険会社が保険契約の成立を証明するため、保険証券の名称を用いて保険契約者に交付するものですから、第10号文書（保険証券）に該当します。印紙税額は200円です。

　保険証券とは、保険者が保険契約の成立を証明するため、保険法その他の法令の規定により保険契約者に交付する書面をいいます（印基通第10号文書の1）。また、保険証券としての記載事項の一部を欠くものであっても保険証券としての効用を有するものは第10号文書として取り扱います（印基通第10号文書の2）。

　なお、紛失、焼失等に伴って再発行する保険証券も課税対象となります。

〔文書例〕

生命保険証券

　当社は定款及び普通保険約款並びに特約付きの場合は特約保険契約書とこの保険契約を締結しました。

第２章　第11　金融・保険関係

		甲生命保険相互会社	
		代表取締役　〇〇〇〇　㊞	
保険証券番号	〇〇	保険期間	平成〇年〇月〇日～ 平成〇年〇月〇日
保険料	毎回払込総額〇〇円	払込期間	〇　年間
被保険者	〇〇〇〇様	満期保険金受取人	〇〇〇〇様
保険契約者	〇〇〇〇様	死亡保険金受取人	〇〇〇〇様

〔以下略〕

123 保険証券

ケース	課否判定
愛児成長保険についての保険証券を作成しました。	○

POINT

この文書は、保険者が保険契約の成立を証明するために保険証券の名称を用いて保険契約者に交付する文書ですから、第10号文書（保険証券）に該当します。印紙税額は200円です。

〔文書例〕

愛児成長保険証券

　当社は定款及び愛児成長保険普通保険約款に基づいて、保険契約者とこの保険契約を締結しました。
　平成○年○月○日本社で作成しました。
　　　　　　　　　　　　　　　　　　　　甲生命保険相互会社
　　　　　　　　　　　　　　　　　　代表取締役　　○○○○　㊞

証券番号　　　○○　号　　契約日　平成○年○月○日
保険種類　　診査22歳満期愛児成長保険　満期日平成○年○月○日
被保険者　　○○○○　様　（生年月日平成○年○月○日）
保険契約者　○○○○　様　（生年月日平成○年○月○日）
成長保険金受取人　○○○○　様
保険金　　　金　○○　円也　　満期保険金　金　○○　円也
成長保険金　金　○○　円也
　　　　　　　　　　　　　　　　　　　　　　　〔以下略〕

124　団体信用生命保険に関する覚書

ケース	課否判定
原契約書（金銭消費貸借契約）に基づく債権を担保するため、債務者が債権者を受取人とする団体生命保険に被保険者として加入し、債務者に保険事故が発生した場合に支払われる保険金を債務の弁済に充当することを定めた覚書を作成しました。	○

POINT

　この文書は、原契約（金銭消費貸借契約）に関し、重要な事項（印基通12・別表第2重要事項3・第1号の3(5)）である債務の弁済方法を定めたものですから、第1号の3文書（消費貸借に関する契約書）に該当し、記載金額のない第1号の3文書ですから、印紙税額は200円です。

〔文書例〕

団体信用生命保険に関する覚書

○○株式会社御中
　　　　債務者　住所氏名　○○県○○市○○町○丁目○番○号
　　　　　　　　　　　　　　　　　　　○○○○　　㊞

　貴社との間に締結した平成○年○月○日付「金銭消費貸借契約」に基づく貴社に対する債務について、団体信用生命保険に関する下記事項を承諾いたします。
1．債務者は貴社を保険契約者兼保険金受取人とし貴社の指定する保険

会社を保険者とする団体信用生命保険契約に被保険者として加入する。
2．保険金額は○○万円を限度とした元本債務残高とする。〔中略〕
3．前項により貴社が保険者から保険金を受領した時は、受領金相当額の原契約書による債務について期限のいかんにかかわらず弁済があったものとし、その手続は貴社に委任する。
4．前項により受領した保険金によって補塡されない残債務がある場合には、貴社の請求によって直ちに弁済する。
〔以下略〕

125　団体取扱契約証書

ケース	課否判定
生命保険会社と団体（企業等）との間で、その団体の従業員等を保険契約者とする団体生命保険契約に関し、保険料率、保険料の収納方法、収納手数料等について定めた文書を作成しました。	✕ (不)

POINT

この文書は、生命保険会社が団体に対しその団体の従業員から支払を受けるべき保険料の収納事務を委託することを内容とするもので、課税文書に該当しません。

〔文書例〕

団体取扱契約証書

団体名　○○○○　　　団体番号　○○
　当会社は貴団体とこの書面裏面に記載の契約条項に基づき生命保険の団体取扱いについての契約を締結いたします。
　　平成○年○月○日
　　　　　　　　　　　　　　　　　　○○生命保険相互会社
　　　　　　　　　　　　　　　　　　　社長　○○○○　㊞

【裏面】
団体取扱契約
1．この契約によって団体の取扱保険契約は、団体から給与の支払を受けるものを保険契約者とするものに限る。
〔以下略〕

126　火災保険証券

ケース	課否判定
火災保険についての保険証券を作成しました。	○

POINT

　この文書は、火災保険の契約が成立した場合に保険者から保険契約者に交付される保険証券ですので、第10号文書（保険証券）に該当します。印紙税額は200円です。

　保険証券は、保険者が発行する証券をいいますから、保険契約の成立を証明するものであっても、保険者、被保険者との間で連署する保険契約書はこれに含まれません。

　また、保険証券は、その記載すべき事項が保険法6条、40条、69条および商法823条に規定されている要式証券であり、保険者が署名（または記名押印）することを求められています。要式性は手形や小切手ほど厳格でないことから、法定記載事項の一部を欠きまたは法定記載事項以外の事項が記されていても保険証券としての効用を有するものは課税文書となります（印基通第10号文書の2）。

〔文書例〕

火災保険証券

保険契約者　○○○○　殿　　　　　契約日　平成○年○月○日

保険の目的所在地　　○○県○○市○○町○丁目○番○号
〔中略〕
　当社は添付の普通保険約款及び特約条項その他この保険証券に記載したところに従い保険契約を締結し、その証としてこの保険証券を発行します。

　　　　　　　　　　　　　　　　　○○火災保険株式会社
　　　　　　　　　　　　　　　　　　代表取締役　○○○○　㊞

127　自動車損害賠償責任保険のインターネット通信販売の取扱いに関する覚書

ケース	課否判定
すでに締結している自動車損害賠償責任保険代理店委託契約について、代理店が自らのインターネットのホームページを利用して電子的に契約の申込みを受け付ける場合に、損害保険会社との間で事務手続等に関連する事項の確認のために取り交わす文書を作成しました。	〇

POINT

　この文書は、原契約における代理店手数料の支払方法を変更するものですから〔文書例参照〕、第7号文書（継続的取引の基本となる契約書）に該当します。印紙税額は4,000円です。

　すなわち、損害保険会社が代理店に支払う代理店手数料は、原契約書では代理店が契約者から受領した保険料を保険会社に払い込む際に控除する方法で受け取ることとされていますが、インターネット通信販売では、本覚書第5条第1項により、損害保険会社がクレジットカード会社から保険料相当額を受領した後に、別途損害保険会社から代理店に対して支払うことに変更されています。

〔文書例〕

自動車損害賠償責任保険の
インターネット通信販売の取扱いに関する覚書

　甲保険株式会社（以下「甲」という。）と乙代理店（以下「乙」という。）とは、乙が自らのインターネットホームページを利用して電子的に自動車損害賠償責任保険契約（以下「責任保険」という。）の申込みおよび保険料の支払手続を同時に可能とする契約方式（以下「インターネットによる通信販売」という。）を行うことに関し、下記について約諾のうえ、この覚書を取り交わす。

第1条　乙はインターネットによる通信販売を行おうとするときは、その内容および方法等についてあらかじめ甲の承認を得なければならない。

第2条　乙は、甲の指示に基づき、保険契約者に対して、以下の書面等を確実かつ迅速に保険契約者の住所あてに送付しなければならない。
　(1)　自動車損害賠償責任保険証明書（以下「証明書」という。）
　(2)　保険料領収証
　(3)　保険標章
　(4)　インターネットによる保険契約の申込みに係る保険料支払に関する特約（以下「特約」という。）条項
　(5)　その他甲が乙に指示した書面等

〔中略〕

第3条　インターネットによる通信販売により締結した責任保険契約に係る保険料の支払については、自動車損害賠償責任保険代理店委託契約書（以下「委託契約書」という。）第1条第1項第2号の規定にかかわらず、責任保険契約の申込みと同時に、甲が、クレジットカード会社へ当該クレジットカードが有効であることおよび利用限度額内であ

ること等の確認を行い、クレジットカード会社から保険料全額について信用販売の承認を取得する手続を完了したことをもって、保険料を領収したものとみなす。
2　前項の規定により保険料を領収したものとみなす場合には委託契約書第3条第1項の規定は適用しない。
〔中略〕
第5条　インターネットによる通信販売により締結した責任保険契約に係る代理店手数料は、甲がクレジット会社から当該責任保険契約の保険料相当額の領収を確認の後に、甲から乙に対してこれを支払うものとする。
2　インターネットによる通信販売により生じた次の費用は乙の負担とする。
〔中略〕
第6条　代理店委託契約が解除されたときもしくは同委託契約が効力を失ったときは、本覚書の効力も失う。
〔中略〕
　　　　平成○年○月○日
　　　　　　　　　　　　　　○○県○○市○○町○丁目○番○号
　　　　　　　　　　　　甲保険会社　代表取締役○○○○　㊞
　　　　　　　　　　　　　　○○県○○市○○町○丁目○番○号
　　　　　　　　　　　　乙代理店　代表取締役○○○○　㊞

128　販売用・陸送自動車等包括保険特約書

ケース	課否判定
損害保険会社と運送会社等との間で、貨物運送用等自動車を保険の目的とする保険契約を継続的に行うために文書を作成しました。	○

POINT

　この文書は、損害保険会社と保険契約者との間において、2以上の保険契約を継続して行うために作成される契約書で、これらの保険契約に共通して適用される保険要件のうち、保険の目的種類、保険金額または保険料率を定めるものですから〔**文書例参照**〕、第7号文書（継続的取引の基本となる契約書）に該当します（印令26五）。印紙税額は4,000円です。

〔文書例〕

販売用・陸送自動車等自動車保険特約

　甲損害保険会社と乙運送会社は自動車保険に関する特約を次のとおり締結します。
第1条　乙は下記の自動車の全てを甲の自動車保険に付し、甲は後述の
　　　規定に従って保険金を支払います。
〔中略〕
第5条　この特約における担保種目、保険金額、免責金額及び保険料率
　　　は付帯別表のとおりとします。

第6条　乙は甲が請求した保険料を甲が通知する月の○日までに払い込むものとします。
第7条　この特約の有効期間は平成○年○月○日から1年とします。
　〔中略〕
　　平成○年○月○日
　　　　　　　　　　　　甲損害保険会社　代表取締役○○○○　㊞
　　　　　　　　　　　　乙運送会社　代表取締役○○○○　㊞

129　国内海外旅行・航空損害保険契約証（保険料領収証）

ケース	課否判定
損害保険会社が損害保険契約をした旅行者等に対し、保険契約の証として交付する文書を作成しました。	○

POINT

　保険証券から除かれる保険契約には、国内または海外旅行中の損害・医療・傷害保険等の契約があります（印法別表第1第10号文書の定義欄、印令27の2）。
　よって、旅行損害保険契約の証として作成される文書は不課税文書ですが、この文書は保険料の受領事実も併せて証明するものですから〔**文書例参照**〕、第17号の2文書（売上代金以外の金銭の受取書）に該当します。記載金額4万円ですから印紙税額は200円です。なお、保険料は売上代金には該当しません。
(注)　平成26年4月1日以降に作成される受取書は記載された受取金額5万円未満のものについては、非課税となります。

〔文書例〕

```
         旅行・航空損害保険契約証（保険料領収証）

  契約者 │ ○○○○ │ 旅行傷害 ○○ │ 経路 ○○
  右保険料領収しました │ 40,000円 │ 〔中略〕

  当会社は別紙〔省略〕記載の損害保険普通保険約款および特約条項
 その他この契約証に定めるところに従い、損害保険契約を締結し、その証
 としてこの保険契約証を発行いたします。
    平成○年○月○日
                              代理店・扱者　○○○○　㊞
                              甲　海上保険会社
```

130　動産総合保険証券

ケース	課否判定
損害保険会社が保険契約者に対し、損害保険契約の証として交付する文書を作成しました。	○

POINT

　この文書は保険者である保険会社が保険契約の成立を証明するため、保険証券の名称を用いて保険契約者に交付するものですから、第10号文書（保険証券）に該当します。印紙税額は200円です。

　保険証券としての記載事項の一部を欠くものであっても保険証券としての効用を有するものは第10号文書として取り扱います（印基通第10号文書の２）。保険証券の記載事項は、保険法６条、40条および69条に規定されています。なお、紛失、焼失等に伴って再発行する保険証券も課税対象となります。

〔文書例〕

動産総合保険証券

契約者　氏名　○○○○　殿　　　　証券番号　○○　号
　　　　　　　　　　　　　　　　　代理店・扱者　○○○○

保険期間	○年	保険種類	○○
保険料	○○円	保険番号	○○

〔中略〕
　当会社は本証券に適用される別紙〔省略〕記載の動産総合保険普通保険約款及び特約条項に従い上記のとおり動産総合保険契約を締結し、その証としてこの保険証券を発行します。〔中略〕
　　平成○年○月○日
　　　　　　　　　　　　　　　　　甲海上保険会社
　　　　　　　　　　　　　　　　　取締役社長○○○○　㊞

131　動産総合保険商品付帯契約特約書

ケース	課否判定
損害保険会社と物品販売業者との間で、物品販売業者が販売する商品を保険の目的とする動産総合保険商品付帯契約特約書を作成しました。	○

POINT

　この文書は、損害保険会社と物品販売業者との間で、2以上の保険契約を継続して行うために作成される契約書であり、これらの保険契約に共通して適用される保険要件のうち、保険の目的の種類、保険金額等を定めるものですから〔**文書例参照**〕、第7号文書（継続的取引の基本となる契約書）に該当します(印令26五)。印紙税額は4,000円です。

〔文書例〕

動産総合保険商品付帯契約特約書

　甲株式会社と乙保険株式会社とは甲が販売する商品を保険の目的とする動産総合保険契約に関し以下のとおり特約します。
第1条　甲はこの特約の有効期間中に自己が国内販売する全ての○○
　　（商品名）（1点当たりの販売額が1万円を満たないものを除きます。）
　　を被保険者として乙の動産総合保険に付するものとし、乙は異議なくこれを引き受けるものとします。
第2条　乙は普通約款及びこの特約規定に従い、保険の目的に生じた損
　　害に対して保険金を支払います。

第3条　保険の目的の価格（保険価額）は甲の販売価額の○％とします。
　〔中略〕
　　平成○年○月○日　　　　　○○県○○市○○町○丁目○番○号
　　　　　　　　　　　　　　　甲株式会社　代表取締役○○○○　㊞
　　　　　　　　　　　　　　　○○県○○市○○町○丁目○番○号
　　　　　　　　　　　　　　　乙保険会社　代表取締役○○○○　㊞

132 保険契約更新通知書

ケース	課否判定
保険会社が契約者に対し保険契約の更新手続が完了した旨を通知するための通知書を作成しました。	✕ (不)

POINT

　保険証券とは、保険者が保険契約の成立を証明するため、保険法その他法令の規定により保険契約者に保険証券の名称を用いて交付する書面です（印基通第10号文書の１）。更新前契約の保険証券と保険契約更新通知書をもって、更新契約の保険証券に代えることになっているものであっても、保険証券には該当しません。

　したがって、この文書は、課税文書に該当しません。

〔文書例〕

```
                                      平成○年○月○日
ご契約者　○○○○様          ○○生命保険株式会社

                 保険契約更新通知書

　下記の生命保険ご契約については普通契約約款の定めるところによる
更新手続が完了いたしましたので、ご通知申し上げます。
　なお、更新前契約の保険証券と、この保険契約更新通知書とをもって
更新契約の保険証券に変えさせて頂くことになっております。
                       記
```

保険種類	○○	証券番号	○○
更新日	平成○年○月○日	〔中略〕	

更新契約の内容					
死亡保険金額	○○万円	契約期間	○年

〔以下略〕

(3) 手形関係

133　約束手形

ケース	課否判定
約束手形を作成しました。	○

POINT

　この文書は、記載金額300万円の第3号文書（約束手形）に該当します〔**文書例**参照〕。印紙税額は600円です。

　第3号文書（約束手形または為替手形）に掲げられている「約束手形又は為替手形」とは、手形法の規定により約束手形または為替手形たる効力を有する証券をいい、振出人またはその他の手形当事者が他人に補充される意思をもって未完成のまま振り出した手形（白地手形）もこれに含まれます（印基通第3号文書の1）。

　また、手形金額が10万円未満の手形、手形金額の記載のない手形および手形の複本または謄本は非課税となっています。

〔文書例〕

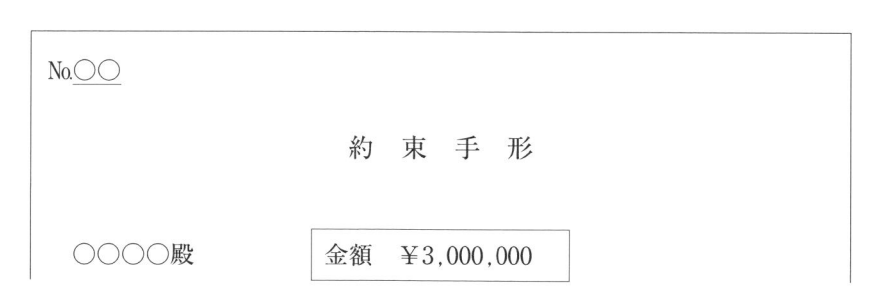

No.○○

約　束　手　形

○○○○殿　　　金額　¥3,000,000

上記金額をあなた又はあなたの指図人へこの約束手形と引き換えにお支払いたします。

支払期日	平成○年○月○日
支払地	○○県○○市○○町○丁目○番○号
支払場所	株式会社○○銀行○○支店

　平成○年○月○日
振出地住所　　○○県○○市○○町○丁目○番○号　　振出人　　○○○○㊞

134　銀行間の約束手形

ケース	課否判定
銀行を振出人および受取人とする約束手形を作成しました。	○

POINT

　この文書は、第3号文書（約束手形）に該当し、印紙税額は200円です。日本銀行、銀行その他印紙税法施行令22条に定める金融機関を振出人および受取人とする手形は、金融機関金融の調整のために多く用いられているところです。これらの手形は、第3号文書に該当するのですが、記載金額に関係なく一律200円の印紙税を課すことにされています。

〔文書例〕

```
No.○○
                    約　束　手　形

    ○○銀行　殿

    金額　￥10,000,000

  上記金額をあなた又はあなたの指図人へこの約束手形と引き換えにお支払いたします。

                    支払期日　平成○年○月○日
                    支払地　　○○県○○市○○町○丁目○番○号
                    支払場所　○○銀行
```

平成○年○月○日
　　　振出地　住所　○○県○○市○○町○丁目○番○号
　　　振出人　株式会社　○○　銀行　㊞

(注)　このうち、振出人と受取人が同一人の手形、いわゆる自己受手形はその使用目的が異なると認められるところから、それが日本銀行である場合を除き軽減税率の適用はないこととされています（印基通第3号文書の9）。

135　為替手形

ケース	課否判定
為替手形を作成しました。	○

POINT

　この文書は、記載金額300万円の第3号文書（約束手形）に該当します〔**文書例参照**〕。印紙税額は600円です。

〔文書例〕

```
No.○○                                              AA0000
                    為　替　手　形
      ○○○○殿

        金額　￥3,000,000

　○○○○殿又はその指図人へこの為替手形と引き換えに上記金額をお
支払ください。

            ┌─────────────────────────────┐
            │支払期日　平成○年○月○日                │
            │支払地　　○○県○○市○○町○丁目○番○号│
            │支払場所　○○銀行                        │
            └─────────────────────────────┘
    ┌─────────────────────────────────┐
    │引受　　平成○年○月○日                          │
    │〔省略〕                                          │
    └─────────────────────────────────┘
                    拒絶証書不要
      平成○年○月○日
        振出地　住所　○○県○○市○○町○丁目○番○号
        振出人　○○○○　㊞
                                            用紙交付銀行
```

136　白地手形

ケース	課否判定
当社は、買掛金を支払うために自己を引受人とし、仕入先を受取人とした為替手形を作成し、引受欄に記名押印して仕入先に渡すことにしました。	○

POINT

　この文書は、記載金額100万円の第3号文書（約束手形または為替手形）に該当しますから〔**文書例参照**〕、印紙税額は200円です。最初に為替手形に記名押印した引受人が印紙税の納税義務者となり、受取人に交付するときまでに収入印紙を貼らなければなりません（印基通第3号文書の2）。

　債務者がその債務の支払をするために手形を利用する場合には、自己を振出人（支払人）とし、債権者を受取人とした約束手形を振り出すか、受取手形に裏書をして相手方に交付するのが通常の方法です。最近、為替手形用紙に手形金額、満期日を記載し、引受欄に引受けの記名押印をして債権者に交付する方法がとられています。このような手形を受け取った人は、振出人欄に記名押印し、その他の必要事項を記載して満期日に支払を受けることになりますが、このように後日、他人に補充されることを予定して未完成のまま振り出される手形を通常「白地手形」といいます。

　白地手形の作成の時期は、その所持人が欠けている手形要件を補充して完全な為替手形としたときではなく、その白地手形に最初に署名した作成者が他人に交付したときであり、その時に印紙税を納めなければなりません。

なお、手形金額の記載のない手形について印紙税は非課税ですから、その為替手形に手形金額の補充をしたときに新たな為替手形が作成されたものとみなされ、その補充した者が作成者となり、その時に印紙税を納めなければなりません（印基通第3号文書の1～4）。

〔文書例〕

No.○○　　　　　　　　　　　　　　　　　　　　　　　　　AA0000

　　　　　　　　　　　為　替　手　形

　　　○○○○殿

　　　┌─────────────┐
　　　│金額　￥1,000,000　　　　│
　　　└─────────────┘

　○○株式会社殿又はその指図人へこの為替手形と引き換えに上記金額をお支払いください。

　　　　　　　　　支払期日　平成○年○月○日
　　　　　　　　　支払地　　○○県○○市○○町○丁目○番○号
　　　　　　　　　支払場所　○○銀行○○支店

　┌──────────────────────────────┐
　│引受　　平成○年○月○日　　　　　　　　　　　　　　　　　　│
　│　　　　○○市○○区○○町○丁目○番　　　　　　　　　　　　│
　│　　○○株式会社　　　　　　　　　　　　　　　　　　　　　　│
　│　　　　代表取締役　　○○○○　　　　　　　　　　　　　　　│
　└──────────────────────────────┘

　　　　　　　　　　　拒絶証書不要

　　平成　年　月　日
　　振出地　住所　　　県　　市　　町　丁目　番　号
　　振出人

　　　　　　　　　　　　　　　　　　　　　　　　　　用紙交付銀行

137　手形支払依頼書

ケース	課否判定
あらかじめ〔文書例〕①および②の文書を取り交わした得意先に対して、手形受領の際、受領書に代えて交付する文書として、手形支払依頼書を作成しました。	○

POINT

この文書は、「手形支払依頼書」と表示された文書ですが、手形を受領するときだけ作成されるものであることおよび記載金額が受取金額であることが当事者で了解されていることから、第17号の1文書（売上代金に係る有価証券の受取書）となります。記載された受取金額が2,500万円であるため〔**文書例参照**〕、印紙税額は6,000円です。

〔文書例〕

手形支払依頼書

（支払人）○○○○御中

　　　　　　所在地　○○県○○市○○町○丁目○番○号
　　　　　（受取人）社名　　　　○○株式会社　㊞

下記金額の手形をお支払下されたくお願い申し上げます。

　金額　￥25,000,000円也　但し○月分商品代金として

なお、貴社から特に依頼のない限り当社では領収書を発行いたしません。

---

①

(買主)○○○○御中
　　　　　　　　　　所在地　○○県○○市○○町○丁目○番○号
　　　　　　　　　　社名（売主）代表者　　　　　○○○○　㊞
　拝啓、益々ご隆昌の段お喜び申し上げます。〔中略〕
　さて、貴社から当社への商品代金をお支払いただく場合当社から別添様式の依頼書を提示して手形を受領する際は領収書の発行を省略させていただきたいと存じます。
　ついてはこの旨ご承諾賜りますれば同封同意書にご押印の上ご返送くださいますようお願い申し上げます。
　なお、特に領収書を必要とする場合は事前打ち合わせの上で発行することといたしたく、この段あわせてご了承賜りたくお願い申し上げます。
　　　　　　　　　　　　　　　　　　　　　　　　　　　　　敬具

(注)　この文書には「手形支払依頼書」用紙が別添様式として添付されます。

②

(売主)○○○○御中
　　　　　　　　　　所在地　○○県○○市○○町○丁目○番○号
　　　　　　　　　　社名（買主）代表者　　　　　○○○○　㊞
　今後、貴社へ手形をもって支払を行うに際し、平成○年○月○日付貴社による様式の依頼書を提示された場合領収書発行を省略する旨の申し出について何等異議なく同意します。

138　代金取立手形預り証

ケース	課否判定
金融機関が顧客から手形の取立てを依頼された際に作成する預り証を作成しました。	○

POINT

　この文書は、代金取立てをするために手形を預かったものですが、手形（有価証券）を預かったことを証する文書ですから〔文書例参照〕、第17号の2文書（売上代金以外の有価証券の受取書）に該当します。印紙税額は定額税の200円です。

〔文書例〕

代金取立手形預り証

依頼日	平成○年○月○日
ご依頼人	○○○○
預金種目	口座番号○○

　下記手形小切手等は裏面記載の代金取立規定により取立てのためお預かりいたします。

　　　　　　　　　　　　　　　　　　○○銀行○○支店
　　　　　　　　　　　　　　　　　　担当者　○○○○　㊞

種類	支払場所	支払人	期日	金額	手数料	備考
○○	○○県○○市○○町○丁目○番○号	○○○○	平成○年○月○日	○○万円	○○円	○○

139　代金取立手形通帳

ケース	課否判定
代金取立手形の預り事実を付込み証明するための通帳を作成しました。	○

POINT
　この文書（通帳）は、有価証券である手形の受領事実を付込み証明するためのものですから第19号文書（有価証券の預り通帳等）に該当します。印紙税額は400円です。

〔文書例〕

○○○○様

　　　　　　　　　代金取立手形通帳

　　　　　自　平成○年○月○日　　至　平成○年○月○日
　　　　　　　　株式会社　　○○　　銀行

　　　　　　　　　　　代金取立預り控

ご依頼人名○○○○　　　　　　　　　　　　　平成○年○月○日

ご入金口座　普通預金○○

取引先番号○○

種類	支払場所	支払人	振出日	手形金額	取立区分	手数料	発送区分	銀行使用
㊀約 為 小	銀行 支店	○○○○	平成○年○月○日	○○万円	○○	○○円	○○	○○

本日の取立依頼手形

合計枚数	○枚	金額	○○万円	手数料	○○円
	検印 ㊞		為替印 ㊞		受付印 ㊞

第12　寄託関係

140　商品寄託契約書

ケース	課否判定
商品を寄託することを定めた契約書を作成しました（契約期間3か月、取引保証金の支払があるもの）。	○

POINT

「乙はこれを受領した」との記載〔文書例参照〕があることから（取引保証金の受領事実の記載）、第17号の2文書（売上代金以外の金銭の受取書）に該当することとなります。印紙税額は200円です。

印紙税法では、金銭または有価証券の寄託に関する契約書（第14号文書）のみを課税対象としていますので、商品（物品）の寄託契約書は課税されません。

ただし、「第6条（保証金の支払）　甲は保管手数料の取引保証金として、乙に300万円を差し入れるものとし」との記載があることから〔文書例参照〕、金銭の預託を証するものでありますが、この場合の預託は甲（寄託者）のために保管を約して金銭を受け取るものではないので、第14号文書（有価証券の寄託に関する契約書）に該当しません。

〔文書例〕

商品寄託契約書

株式会社○○電機（以下「甲」という。）と○○倉庫株式会社（以下「乙」という。）とは、商品の寄託に関し次のとおり契約を締結する。

第1条（目　的）
　甲は、下記の商品（以下「商品」と総称する。）を乙に寄託し、乙はこれを受託する。
　　商品名　　　液晶テレビ
〔中略〕
第5条（保管手数料）
　甲は算定基準により保管手数料を乙に支払う。
　算定基準は別途協議する。
第6条（保証金の支払）
　甲は保管手数料の取引保証金として、乙に300万円を差し入れるものとし乙はこれを受領した。
〔中略〕
第16条（有効期間）
　この契約の有効期間は、平成○年6月1日より3か月とする。
　　平成○年○月○日
　　　　　　　　甲　○○県○○市○○町○丁目○番○号
　　　　　　　　　　株式会社○○電機　代表取締役○○○○　㊞
　　　　　　　　乙　○○県○○市○○町○丁目○番○号
　　　　　　　　　　○○倉庫株式会社　代表取締役○○○○　㊞

141　貨物寄託契約書

ケース	課否判定
貨物を寄託することについての契約書を作成しました。 （契約期間1年、契約金額の記載のないもの）	× （不）

POINT

　一般的に貨物の寄託契約書は課税文書に該当しません。

　ただし、寄託契約書の中に対価を得て貨物を保管する荷役についての記載事項がある場合は第2号文書（請負に関する契約書）に該当することになります。

　また、営業者間において継続する2以上の請負について、目的物の種類、取扱数量、単価、対価の支払方法等を定めたものの記載がある場合は第7号文書（継続的取引の基本となる契約書）に該当することとなります（印令26一）。

　このように、第2号文書と第7号文書とに該当する文書で、契約金額の記載のないものは、通則3のイただし書により第7号文書となります。印紙税額は4,000円です。

(注1)　営業者とは、課税物件表第17号文書（金銭または有価証券の受取書）の非課税物件の欄に規定する営業を行う者をいいます。
　　　具体的には個人商店などの経営者および株式会社等の営利法人は営業者に該当しますが、公益法人は営業者に該当しません。

(注2)　印紙税法では金銭または有価証券の寄託に関する契約書を課税することとしていますので、物品（貨物）の寄託に関する契約書は課税文書になりません。

142 貨物保管および荷役契約書

ケース	課否判定
倉庫会社と製品の販売会社との間において製品の保管および荷役について契約書を作成しました。	○

POINT

　この文書は第7号文書（継続的取引の基本となる契約書）になりますので、印紙税額は4,000円となります。

　当事者の一方（倉庫会社）が製品の入出庫作業を行うこと（入出庫という仕事の完成）を約し、他の一方（販売会社）がこれに対し荷役料という報酬の支払を約することを内容とするものですから〔**文書例参照**〕、第2号文書（請負に関する契約書）に該当することとなります。また、営業者間において継続する2以上の請負取引に共通して適用される取引条件のうち、目的物の種類、対価の支払方法を定めるものですから第7号文書にも該当します（印令26一）。

　このように第2号文書と第7号文書とに該当する文書で、契約金額の記載のないものは第7号文書となります（通則3のイただし書）。

〔文書例〕

貨物保管及び荷役契約書

　○○販売会社（以下「甲」という）と○○倉庫会社（以下「乙」という）の間において、次のとおり契約する。

第1条　甲は指定する貨物（以下「A製品」という）の保管及びこれに付帯する荷役を乙に委託し、乙はこれを承諾した。

第2条　甲は別に定める保管料及び荷役料を請求月の翌月末日までに乙に支払う。

第3条　損害賠償規定〔中略〕

〔中略〕

第9条　本契約期間は、平成○年○月○日から1年間とする。

　　　　　　　　　　甲　○○県○○市○○町○丁目○番○号
　　　　　　　　　　　　○○販売会社　代表取締役○○○○　㊞
　　　　　　　　　　乙　○○県○○市○○町○丁目○番○号
　　　　　　　　　　　　○○倉庫会社　代表取締役○○○○　㊞

143　有価証券の寄託に関する預り証

ケース	課否判定
顧客から有価証券の保管を依頼された時に顧客に預り証を交付しました。	○

POINT

　この文書は顧客から有価証券の保管を委託され、受領した時に、その事実を証明するために作成し交付するものであり、第14号文書（有価証券の寄託に関する契約書）に該当します。印紙税額は200円です。
　「寄託」とは、当事者の一方（受寄者）が相手方（寄託者）のために物（受寄物）を保管する契約です。寄託契約については民法657条以下に規定されていますが、同法666条に規定する消費寄託も含むこととされています（印基通第14号文書の1）。

〔文書例〕

```
                                          禁譲渡質入

              保護預り証

  下記の有価証券をお預かりいたしました。

  ┌─────────┬──────┬──────┬──────┐
  │ お預り年月日  │ お名前  │ 銘柄  │ 数量   │
  │ ○年○月○日  │ ○○○○ │ ○○   │ ○○株 │
  └─────────┴──────┴──────┴──────┘

  上記の有価証券正に受領しました。
     平成○年○月○日
           ○○○○㊞    ○○証券株式会社    責任者○○○○㊞
```

144　金（ゴールド）預り証

ケース	課否判定
顧客に販売した金の地金をそのまま預かることとなったので金預り証を交付しました。	✗ (不)

POINT

　金は物品であり金銭ではありませんから、この文書は第14号文書（金銭の寄託に関する契約書）に該当しません。

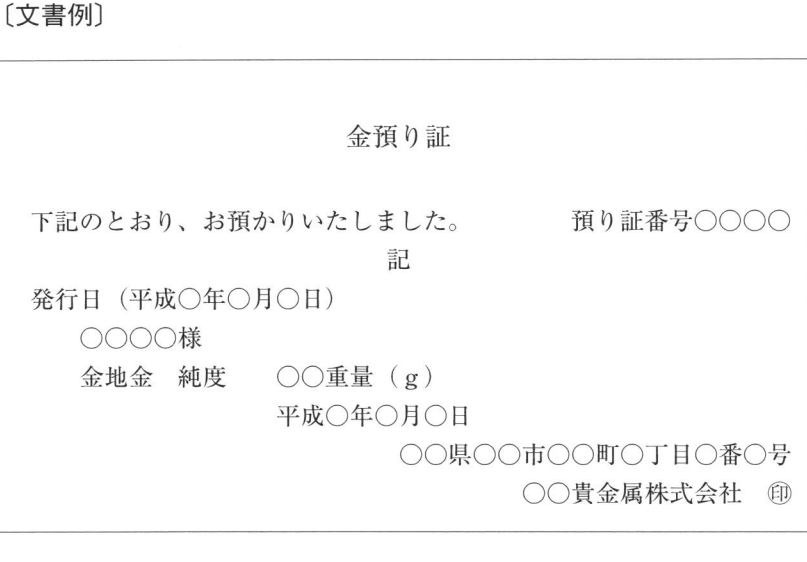

〔文書例〕

　　　　　　　　　　　　　　金預り証

　下記のとおり、お預かりいたしました。　　　　預り証番号○○○○
　　　　　　　　　　　　　　　記
　発行日（平成○年○月○日）
　　　○○○○様
　　　金地金　純度　　○○重量（g）
　　　　　　　　　　平成○年○月○日
　　　　　　　　　　　　○○県○○市○○町○丁目○番○号
　　　　　　　　　　　　○○貴金属株式会社　　㊞

145　倉荷証券

ケース	課否判定
当社は倉荷証券を作成しました。	○

POINT

　この文書は、第9号文書（貨物引換証、倉庫証券又は船荷証券）の倉庫証券に該当します。印紙税額は200円です。

〔文書例〕

倉　荷　証　券
No.○○○○○○

種類品質	○○○○	個　　数	○○
名称	○○○○	数量　1個	約○○kg
記号	○○○○○○	総数	約○○kg
保管場所	○○○○	荷　　造	○○○○
入庫日	平成○年○月○日	入庫番号	○○○○○○号
保管期間	平成○年○月○日から平成○年○月○日まで		
保管料	I期○○につき金○○円		
火災保険　総額	金　○○万円	保険者	○○株式会社
火災保険　期間	入庫の時から　出庫の時まで		

上記の貨物を約定によりお預かりいたしました。
寄託主又はその指図人へ本証券と引き換えにお渡しいたします。
寄託主　○○○○　殿　　　　　　　　　　　　平成○年○月○日
　　　　　　　　　　　　　　　　　○○県○○市○○町○丁目○番○号
　　　　　　　　　　　　　　　　　○○倉庫株式会社　　　　　㊞

第13 信託関係

146 住宅信託契約書

ケース	課否判定
住宅を信託することについての契約書を作成しました。	○

POINT

この文書は、委託者が住宅の賃貸を目的として、受託者に信託することを内容とするものであり〔文書例参照〕、第12号文書（信託行為に関する契約書）に該当します。印紙税額は200円です。

信託の設定方法としては契約、遺言、信託宣言の3つの方法がありますが、課税物件表（印法2）に掲げられている第12号文書の物件名は「信託行為に関する契約書」であることから信託契約を証する文書のみが課税対象となり、遺言、信託宣言により設定する場合の遺言書、公正証書等の書面は課税対象になりません（印基通第12号文書の1（注）2）。

〔文書例〕

住宅信託契約書

（信託の目的）
第1条　委託者○○建設株式会社（以下「甲」という。）は、末尾記載の住宅（以下「住宅」という。）を○○株式会社に対する売却並びに売却に至るまでの間の賃貸を目的として受託者○○信託銀行株式会社（以下「乙」という。）に信託し、乙はこれを引き受けた。
〔中略〕
第18条　この信託契約書は2通作成し、甲、乙各1通を保有する。
　　　　平成○年○月○日
　　　　　委託者（甲）　　○○県○○市○○町○丁目○番○号
　　　　　　　　　　　　　○○建設株式会社　代表取締役○○○○　㊞
　　　　　受託者（乙）　　○○県○○市○○町○丁目○番○号
　　　　　　　　　　　　　○○信託銀行株式会社　代表取締役○○○○　㊞
（信託財産の表示）　〔省略〕

147　生命保険信託契約書

ケース	課否判定
生命保険債権を信託することについての契約書を作成しました。	○

POINT

　この文書は、委託者が生命保険債権を、受託者に信託することを内容とするものであり、第12号文書（信託行為に関する契約書）に該当します。印紙税額は200円です。

〔文書例〕

　　　　　　　　　　　　　　　　　　　　　　　No.○○○○○○
　　　　　　　　　　　生命保険信託契約書

当初信託財産　　明細欄記載の生命保険債権
受　益　者　　　住　所　○○県○○市○○町○丁目○番○号
　　　　　　　　氏　名　○○○○
信託契約締結日　平成○年○月○日
信託期間　　　　信託契約締結日より受託者が最終保険金を受領した日
　　　　　　　　から起算して満○か年を経過した日まで
信託元本支払日　信託期間満了日の翌日
収益計算期　　　毎年3月、9月の各25日及び信託終了の時
収益処分方法　　○○○○
上記要領及び後記の約款により信託契約を締結いたしました。
　　　平成○年○月○日
　　　　委託者　　住　所　○○県○○市○○町○丁目○番○号　お届出印
　　　　　　　　　氏　名　　　　　　　　　　　　○○○○　㊞
　　　　受託者　　　　　　○○信託銀行株式会社　代表取締役○○○○　㊞

148　金銭信託証書

ケース	課否判定
指定金銭信託に関する証書を作成しました。	○

POINT

　この文書は、委託者が貸付信託の収益金相当額を、受託者に信託することを内容とするものであり〔**文書例**参照〕、第12号文書（信託行為に関する契約書）に該当します。印紙税額は200円です。

〔文書例〕

　　　　　　　　　　　　　　　　　　　　　　　　No.○○○○○○
　　　　　　　　　　　　指定金銭信託証書

委託者兼受益者　　　○○○○様
信託元本　　　　　　この契約に振込指定のなされる貸付信託の収益金
　　　　　　　　　　相当額
信託期間　　　　　　信託契約締結の日から元本支払日の前日まで
信託元本支払日　　　この契約に収益振込指定のなされる貸付信託の最
　　　　　　　　　　終償還日
収益計算期　　　　　毎年3月、9月の各25日及び信託終了の時
収益処分方法　　　　毎収益計算期の翌日元本に組み入れる。
　上記要領及び後記の信託約定に従い、本日指定金銭信託契約を締結いたしました。
　平成○年○月○日
　　　　　　　　　　　　　受託者
　　　　　　　　　　　　　○○信託銀行株式会社
　　　　　　　　　　　　　　　取締役社長○○○○　㊞
　　　　　　　　　　　　　　　取扱店　○○支店

指定金銭信託約定〔省略〕

149　財産形成信託取引証

ケース	課否判定
信託銀行の実施している財産形成信託には、金銭信託型と貸付信託型とがありますが、いずれの場合も「財産形成信託取引証」を申込者に交付しました。	○

POINT

　この文書は財産形成信託の受託を証するため、受託者である信託銀行が委託者に交付するために作成するものであり、今後継続的に発生する信託行為につき包括的または基本的に、その成立を証するためのものですから第12号文書（信託行為に関する契約書）に該当します。

　また、信託を目的とする金銭の寄託契約の成立を証するものであり、第14号文書（金銭の寄託に関する契約書）に該当することとなります。したがって、この文書は通則３のハの規定により、第12号文書として、印紙税額は200円です。

〔文書例〕

```
                                              No.○○○○

                   財産形成信託取引証

勤務先番号      ○○株式会社
加入者名        ○○○○様
積立期間        平成○年○月○日から３年以上
```

この証は、あなた様の財産形成信託に係る〔中略〕金銭信託証書及び貸付信託受益証券の保護預かり並びにお取引の証として発行いたします。
〔中略〕
　　　平成〇年〇月〇日

　　　　　　　　　　　　　　　　　　　　〇〇信託銀行株式会社
　　　　　　　　　　　　　　　　　　取締役社長　〇〇〇〇　㊞
　　　　　　　　　　　　　　　　　　　　　取扱店〇〇支店

150 信託行為に関する通帳

ケース	課否判定
信託行為に関する通帳を作成しました。	○

POINT

信託会社が信託契約者との間における継続的財産の信託関係を連続的に付け込んで証明する目的で作成する通帳は第18号文書（信託行為に関する通帳）に該当します（印基通第18号文書の8）。印紙税額は1年ごとに1冊200円です。

151 金銭の信託契約書

ケース	課否判定
保険会社と信託銀行の間で金銭の信託契約書を作成しました。	○

POINT

この文書は、信託財産について、その運用方法等を定める契約書ですので〔文書例参照〕、第12号文書（信託行為に関する契約書）に該当します。印紙税額は、200円です。なお、金外信託についても同様です。

(注) 信託される財産が金銭であるとき、この信託を「金銭の信託」といいます。

「金銭の信託」には、信託が終了したとき、受益者に運用した信託財産を金銭で交付する「金銭信託」と、運用した信託財産そのものを交付する「金銭信託以外の金銭の信託（金外信託）」とがあります。

〔文書例〕

金銭の信託契約書

○○生命保険相互会社（以下「委託者」という。）と○○信託銀行株式会社（以下「受託者」という。）は、委託者の信託する金銭を受益者のために利殖することを目的として、その管理及び運用のため、下記条項により信託契約を締結しました。

（信託金）
第1条　委託者は下記金銭を信託し、受託者はこれを引き受けました。
　　　　金　5,000,000,000円也

〔中略〕
（信託金の運用）
第4条　委託者は信託元本及び収益について、次の財産に運用すること
　　（信託金の投資、信託財産の売却〔中略〕
〔中略〕
　　　平成○年○月○日
　　　　　委託者　○○県○○市○○町○丁目○番○号
　　　　　　　　　○○生命保険相互会社　代表取締役○○○○　㊞
　　　　　受託者　○○県○○市○○町○丁目○番○号
　　　　　　　　　○○信託銀行株式会社　代表取締役○○○○　㊞

152　貸付有価証券契約書

ケース	課否判定
保険会社が所有する有価証券を第三者に貸し付けることを内容とする契約書を作成しました。	○

POINT

　この文書は、借主が貸主から代替性のある有価証券を受け取り、これと同種、同量物を返還する契約ですので〔文書例参照〕、記載金額のない第1号の3文書（消費貸借契約）に該当します。印紙税額は200円です。

　なお、この文書には、貸し付ける有価証券の額面金額が記載されていますが、これは消費貸借の目的である有価証券を特定しているにすぎず、消費貸借金額ではありませんから、記載金額には該当しません。

〔文書例〕

貸付有価証券契約書

　○○生命保険相互会社（以下「甲」という。）と○○株式会社（以下「乙」という。）とは、第1条記載の有価証券に関し次のとおり消費貸借契約を締結する。
第1条　甲は乙に対し下記要項にて有価証券を貸し渡すことを約諾した。
記
(1)　貸付銘柄　　利付国庫債券　第○回　額面10,000百万円

〔中略〕
(5) 貸付料率　　額面金額100円につき年0.5円の割合
〔以下略〕
　　　平成○年○月○日
　　　　　　　　　　　　　　　　○○県○○市○○町○丁目○番○号
　　　　　　　　　　　　　　　　　○○生命保険相互会社
　　　　　　　　　　　　　　　　　　代表取締役○○○○　　㊞
　　　　　　　　　　　　　　　　○○県○○市○○町○丁目○番○号
　　　　　　　　　　　　　　　　　○○株式会社
　　　　　　　　　　　　　　　　　　代表取締役○○○○　　㊞

153　信託財産領収書

ケース	課否判定
特定金銭信託契約の終了（解除）により、信託財産（元本）および収益配当金を信託銀行から受領した際に、当社は元本の額および収益配当金の額を区分記載した「信託財産領収書」を作成し交付しました。	○

POINT

　信託における資産の譲渡等は受託者（信託銀行等）が行うものであり、信託終了により収益が受益者に帰属するとしても、収益配当金は受益者が資産の譲渡等をした対価ではありませんから売上代金に該当しません（印法別表第1第17号文書の定義欄1のハの規定の適用はありません。）。

　よって、第17号の2文書（売上代金以外の金銭の受取書）になり、印紙税額は200円です。

〔文書例〕

```
　　　　　　　　　信託財産領収書　　　　No.○○○○○○○
　○○信託銀行　御中
　　　　　　　　　　　　　　　　　受領日　平成○年○月○日
　　　　　　　　　　　　　　　　　受領者　○○株式会社　㊞
　平成○年○月○日付の○○信託契約については、平成○年○月○日付
　で終了（または解約）し、下記のとおり領収いたしました。
　　　　　　　　　　　　　記
　信託元本　　○○円
　信託配当金　○○円
　合　　計　　○○円
```

第14　会社関係

(1)　定　款

154　定　款

ケース	課否判定
株式会社の定款を作成しました。	○

POINT

　この文書は、第6号文書に該当しますから、印紙税額は4万円です。第6号文書（定款）に該当する定款とは、一般社団法人、一般財団法人、会社、各種の協同組合等の組織活動の根本規則（規則定款）またはこの根本規則を記載した書面（書面定款）をいいますが、印紙税法の課税対象となる定款は、会社および相互会社の設立の時に作成される書面定款の原本に限られています（印法別表第1第6号文書の定義欄1）。具体的には、株式会社、合名会社、合資会社、合同会社および相互会社の原始定款（書面）のみが課税対象となります。また、原始定款を電子文書により作成し、電子公証制度を利用して認証を受ける場合には、文書（紙）としての定款が作成されないことから印紙税は課税されません。

　なお、株式会社または相互会社の定款については、公証人法62条の3第3項の規定により公証人の保存するもの以外のものは非課税となります。

したがって、これらの会社等の定款であっても公証人の認証を受けていないものは印紙税法の定款に該当しません。また公証人の認証を要しない合名会社、合資会社および合同会社の定款を数通作成した場合については、そのうちの原本1通のみが課税対象となります。
　公証人の認証を受けた定款を変更し、変更後の定款の規定を全文記載した書面により公証人の認証を受けることとすれば、これは定款を新たに作成したこととなります（印基通第6号文書の2なお書）。

155　一般社団法人・一般財団法人が作成する定款

ケース	課否判定
一般社団法人・一般財団法人が定款を作成しました。	✕（不）

POINT

　印紙税法の課税対象となる第6号文書（定款）は、会社（株式会社、合名会社、合資会社、合同会社および相互会社）の設立の時に作成される定款に限られています。

　したがって、一般社団法人および一般財団法人が作成する定款は、印紙税法上の課税文書とはなりません。

(2) 組織再編

156　合併契約書

ケース	課否判定
株式会社が合併するに当たって、会社法748条（合併契約の締結）の規定により合併契約書を作成しました。	○

POINT

　この文書は、第5号文書（合併契約書）に該当します。印紙税額は4万円です。

　法人の合併にはいろいろな場合がありますが、第5号文書に該当する合併契約書は会社法748条に規定する合併契約または保険業法159条1項に規定する合併契約を証する文書（合併契約の変更または補充の事実を証するものを含みます。）に限られ、会社以外の法人が作成する合併契約書は、課税文書に該当しません。

157　合併契約一部変更契約書

ケース	課否判定
合併契約の一部を変更することについての契約書を作成しました。	○

POINT

　合併契約の変更または補充の事実を証するものは、課税文書である第5号文書（合併契約書）に含まれます（印法別表第1第5号の定義欄1）。印紙税は4万円です。

　会社法749条・751条・753条・755条または保険業法160条から165条までの規定により合併契約書に定めなければならない事項の変更・補充であれば、課税文書となります。また、例えば全文変更するように、新たな契約書と認められる場合にも課税の対象となります。

　したがって、合併契約の内容を変更する文書または欠けていた事項を補充する文書のうち、会社法または保険業法において合併契約等で定めることとして規定されていない事項、例えば、労働契約の承認に関する事項、就任する役員に関する事項等についてのみ変更する文書または補充する文書は「合併契約の変更または補充の事実を証するもの」には該当しません（印基通第5号文書の4）。

158　事業譲渡契約書

ケース	課否判定
事業を譲渡することを内容とする契約書を作成しました。	○

POINT

　事業（営業）の譲渡とは、譲渡人がその事業のうち事業の全部またはその一部を譲受人に譲渡する契約を内容とするものです。

　したがって、この契約書は、第１号の１文書（営業の譲渡に関する契約書）に該当し、印紙税額は契約金額の記載のないものとして200円です。また、事業譲渡契約書の記載金額は、その営業活動を構成している動産および不動産等の金額をいうのではなく、その営業を譲渡することについて対価として支払われる金額をいいます（印基通第１号の１文書22）。

　なお、旧商法において用いられた「営業」、「営業譲渡」の用語は、平成18年５月１日に施行された会社法では、それぞれ「事業」、「事業譲渡」というように整理されています。

〔文書例〕

事業譲渡契約書

　○○株式会社（以下「甲」という。）と○○株式会社（以下「乙」という。）とは、甲の乙に対する事業の譲渡につき次のとおり契約する。

第1条　甲は経営する事業のうち、○○事業所を乙に譲渡する。
〔中略〕
第5条　（譲渡財産の引渡し）
〔以下略〕
　　　　平成○年○月○日
　　　　　　　　　　（甲）　○○県○○市○○町○丁目○番○号
　　　　　　　　　　　　　　○○株式会社　代表取締役○○○○　㊞
　　　　　　　　　　（乙）　○○県○○市○○町○丁目○番○号
　　　　　　　　　　　　　　○○株式会社　代表取締役○○○○　㊞

159　株式買取りについての覚書

ケース	課否判定
事業譲渡に反対する株主から株式買取請求があったので買取価格等を確認する内容の覚書を作成しました。	× (不)

POINT

この文書は、事業（営業）譲渡に反対の株主から株式の買取り請求があった場合の、その株式の買取り（譲渡）に関する契約書ですが、このような「有価証券の譲渡に関する契約書」は、印紙税法上の課税文書ではありません。

〔文書例〕

覚　書

　○○株式会社（以下「甲」という。）及び○○株式会社（以下「乙」という。）は、株式の買取りについて、次のとおり合意する。
（確認）
第1条　甲及び乙は、甲の○○事業所の事業譲渡について、乙は平成○年○月○日付書面により、甲に対し、前記事業譲渡について反対の意思を表明したこと及び平成○年○月○日に開催された甲の通常株主総会においても前記事業譲渡の決議について反対したことを確認する。
（株式の買取り）
第2条　甲は乙の所有する甲株式○○株（以下「本件株式」という。）

を乙より買い取ることとし、乙は甲に対して、これを売り渡す。
〔以下略〕
　　平成○年○月○日
　　　　　　　　　　　　　　○○県○○市○○町○丁目○番○号
　　　　　　　　　　　　　　○○株式会社　代表取締役○○○○　㊞
　　　　　　　　　　　　　　○○県○○市○○町○丁目○番○号
　　　　　　　　　　　　　　○○株式会社　代表取締役○○○○　㊞

160　吸収分割契約書および新設分割計画書

ケース	課否判定
株式会社が吸収分割により事業の一部を他の株式会社に承継させる吸収分割契約書と、株式会社が新設分割により事業の一部を他の株式会社に承継させる新設分割計画書を作成しました。	○

POINT

　吸収分割契約書および新設分割計画書は第5号文書に該当しますから、印紙税額は4万円です。

　第5号文書に該当する吸収分割契約書とは、会社法757条（吸収分割契約の締結）に規定する吸収分割契約を証する文書（当該吸収分割契約の変更または補充の事実を証するものを含みます。）をいいます。同じく新設分割計画書とは、会社法762条1項（新設分割計画の作成）に規定する新設分割計画を証する文書（当該新設分割計画の変更または補充の事実を証するものを含みます。）をいいます。

　印紙税法の課税対象となるのは、株式会社および合同会社が吸収分割または新設分割を行う場合の吸収分割契約を証する文書または新設分割計画を証する文書が該当することとなります（印基通第5号文書の2）。

　なお、新設分割計画書は本店に備え置く文書に限り課税文書に該当します（印基通第5号文書の2（注））。

　吸収分割契約書に記載されている吸収分割承継会社が吸収分割会社から承継する財産のうちに、例えば不動産に関する事項が含まれている場合であっても、当該吸収分割契約書は第1号の1文書（不動産の譲渡に関する契約書または営業の譲渡に関する契約書）には該当しません（印基通第5号文書の3）。

(3) 株券・社債券・配当金領収書・配当金振込通知書

161 株式申込受付票

ケース	課否判定
新株式の申込みを受け付けた証しとして受付票を作成しました。	✕ (不)

POINT

　この文書は、新株式の取扱銀行が新株式の申込みを受け付けたことを証明するものですが課税文書には該当しません。

　受付の際には、通常申込証拠金を一緒に受領するのが普通ですが、たとえ申込証拠金の受領をしたとしても、この文書はその受領の事実についてまで証明しているものではないので、課税文書には該当しません。

　なお、申込証拠金の金額が記載されている場合には第17号の2文書（売上代金以外の金銭の受取書）となります。

〔文書例〕

株式申込受付票

株主№.　　　　○○○○　　　　　　様

| 株式会社　新株式 | | | ○ | 千 | ○ | ○ | 株 |

上記、株式のお申込み正に受け付けました。
平成○年○月○日

取扱銀行　○○信託銀行
〔以下略〕

162　株　券

ケース	課否判定
○○株式会社が株券を発行しました。	○

POINT

　この文書は、第4号文書（株券）に該当します。印紙税額は200円です。

　平成21年1月5日に施行された「株式等の取引に係る決済の合理化を図るための社債等の振替に関する法律等の一部を改正する法律」により「株券不発行制度」が導入され、上場会社の株式等に係る株券は、全て電子化（ペーパーレス化）されました。印紙税は文書に対して課税する性質のものであるため、株券が電子化されたことにより、電子化により株券が交付されないものについては課税の対象とはなりません。

〔文書例〕

　　　　　　　　○○株式会社株券
　　　　　　　　○○株券
　　　　　　　　　　　　　　　　　　第○○○号

　　　会社の商号　　　　　○○株式会社
　　　会社成立の年月日　　平成○年○月○日

　本株券は記名者が当会社の百株券の株主であることを証するものである。

　　　　　　　　　　　○○株式会社
　　　　　　　　　　　　取締役社長　　○○○○　㊞

第2章 第14 会社関係　　　305

163　配当金支払帳

ケース	課否判定
当社は株主へ株式配当金を現金で支払った際に、受領事実を明らかにするため株主から印章またはサインを求めるための配当金支払帳を作成しました。	○

POINT

　この文書は、配当金の受領事実を2以上の相手方から付込み証明を受ける目的をもって作成される帳簿ですから〔**文書例参照**〕、第20号文書（判取帳）に該当しますので、印紙税額は4,000円です。
　なお、1年以上付込みを続ける場合には、その1年経過後の最初の付込み時に、新たな判取帳を作成したものとして、改めて印紙税を納付することとなります（印法4②）。

〔文書例〕

配当金支払帳

| 株　　主 | | 配当 | 受　　領 | 受領印 |
住　　所	氏名	金額	年　月　日	
○○県○○市○○町○丁目○番○号	○○○○	○○円	○年○月○日	㊞
○○県○○市○○町○丁目○番○号	○○○○	○○円	○年○月○日	㊞

　　　　　　　　　　　　　　　○○株式会社

164　配当金領収証

ケース	課否判定
配当金の支払を受ける権利を表彰する証書（配当金領収証）を作成しました。	○

POINT

　この文書は、第16号文書（配当金領収証）に該当しますので、印紙税額は200円です（記載された配当金額が3,000円未満のものは非課税です。）。配当金領収証とは、会社が株主に対して各期の配当金を支払うに当たって作成し、株主に送付するもので、支払配当金額その他の事項が記載された株主の具体化した配当請求権を証明する証書であり、株主は配当金領収証と引換えに当該証書に記載された配当金の支払を取扱銀行等で受けることができます。

〔文書例〕

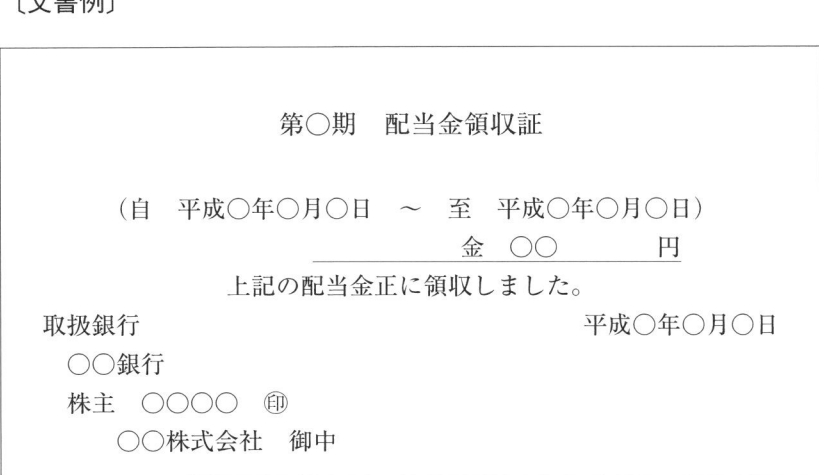

```
              第○期　配当金領収証

    （自　平成○年○月○日　～　至　平成○年○月○日）
                    金　　○○　　　　円
              上記の配当金正に領収しました。
  取扱銀行                           平成○年○月○日
    ○○銀行
    株主　○○○○　㊞
      ○○株式会社　御中
```

第2章 第14 会社関係　　307

165　配当金振込通知書

ケース	課否判定
株主の預金口座に配当金を振り込んだ旨を通知する文書を作成しました。	○

POINT

　この文書は、第16号文書（配当金振込通知書）に該当し印紙税額は200円です（記載された配当金額が3,000円未満のものは非課税です。）。
　「配当金」とは、株式会社の剰余金の配当（会社法454条5項に規定する中間配当を含みます。）に係るものをいいます（印基通第16号文書の4）。

〔文書例〕

```
                     配当金振込ご通知
    第○期    自平成○年○月○日
             至平成○年○月○日        金　○○　円

    株主番号   所有株数   税引配当   徴収税率   配当率   1株当たり
                         金額                         配当金
    ○○○○   ○○株    ○○円    ○.○%    ○.○%   ○○円
                                                    振込銀行

    配当金をご指定の銀行預金口座へ上記のとおりお振込手続いたしまし
    たからご通知申し上げます。          平成○年○月○日
       住所　氏名                          ○○　株式会社
    ○○県○○市○○町○丁目○番○号      株主名簿管理人事務取扱所
          ○○○○　殿                 ○○信託銀行株式会社証券代行部
```

166　外国証券配当金（金利）のお知らせ

ケース	課否判定
株主の指定預金口座に外国証券の株配当金を振り込んだ旨を通知する文書を作成しました。	○

POINT

　この文書は、配当金が株主の指定した金融機関（証券会社を含みます。）の口座に振込済みであることを通知するものですから第16号文書（配当金振込通知書）に該当し印紙税額は200円です（記載された配当金額が3,000円未満のものは非課税です。）。

　「振込済みである旨を株主に通知する文書」とは、会社が株主に対して株主の預貯金口座その他の勘定への配当金振込みの事実を通知する文書をいい、文書の表現が「振り込みます。」または「振り込む予定です。」等となっているものを含みます（印基通16号文書の5）。

〔文書例〕

```
          外国証券配当金（金利）のお知らせ

          ┌──────────────┬────────┐
          │ ○○銀行預金口座番号 │  扱者  │
          ├──────────────┼────────┤
          │   ○○○○○○○○   │ ○○○○ │
          └──────────────┴────────┘
  ○○○○　様
    配当金を上記のご指定銀行預金口座へ入金いたしましたので、ご通知
  申し上げます。　　　　　　　　　　平成○年○月○日
                                        ○○　証券株式会社
```

167　学校債券

ケース	課否判定
学校法人が資金調達のため学校債券を発行しました。	✕ (不)

POINT

　この文書は、学校債券ですので印紙税は課税されません。

　「社債券」とは、会社法の規定による社債券、特別の法律により法人の発行する債券および相互会社（保険業法 2 条 5 項の相互会社をいいます。）の社債券に限られるのであって、学校法人またはその他の法人が資金調達の方法として発行するいわゆる学校債券等を含みません（印基通第 4 号文書の 4 ）。

〔文書例〕

　　　　　　　　○○学校法人　　○○大学債券

　　　　　　　　　　金拾万円
　本債券は記名者が本法人に対する上記金額の債権者である事を証するものである。
　　　　　　　　　　　　　　　　　　平成○年○月○日
　　　　　　　　　　　　　　　　　　学校法人　○○大学
　　　　　　　　　　　　　　　　　　理事長　　○○○○　㊞

168　社債登録請求承諾書

ケース	課否判定
社債権者が登録機関（銀行）へ提出する時に社債登録請求書に添付する社債登録請求承諾書を作成しました。	× (不)

POINT

　この文書は、社債権者の権利を表象する社債券ではありませんので第4号文書（社債券）に該当しません。

　この文書は、社債の登録を受けようとする社債権者が登録機関（銀行）へ提出する社債登録請求書に添付するため、旧名義人または利害関係人から承諾を求めるものですが、印紙税の課税事項を証明するものでありませんから印紙税は課税されません。

〔文書例〕

```
                    登録請求承諾書

  ┌─────────────────────────────┐
  │登録番号第○○番の下記登録社債について次の登録│
  │を請求することを承諾します。　　平成○年○月○日│
  └─────────────────────────────┘

            ┌─────────────────────────┐
            │住　所　○○県○○市○○町○丁目○番○号│
            │氏　名　○○○○　　　　　　　　　　㊞│
            └─────────────────────────┘
```

| 承諾事項 | ○○○○ |

| 社債の名称 | ○○○○ |

| 承諾した登録社債の内訳 | ○○○○○○ |

登録機関処理欄
検印

〔以下略〕

169　外国法人の発行する債券

ケース	課否判定
某国の特別の法律により設立された法人が日本国内において資金調達のため円建債券を発行しました。	✕ (不)

POINT

「社債券」とは、会社法の規定による社債券、特別の法律により法人の発行する債券および相互会社（保険業法2条5項の相互会社をいいます。）の社債券に限られるのであって、円建債券は、特別の法律により法人の発行する債券ではありませんので第4号文書（社債券）に該当しません。

ただし、外国法人の発行する債券であっても社債券の性質を有するもの（利益金または剰余金の配当または分配をすることができることとなっている法人が発行するもの）は第4号文書に該当することとなります。

第15 受取書関係

170 金銭の受取書

ケース	課否判定
売上代金を金銭で受け取ったので支払者に受取書を交付しました。	○

POINT

記載金額100万円の金銭の受取書は〔**文書例参照**〕、第17号の1文書（売上代金に係る金銭の受取書）に該当しますので、印紙税額は200円です。

〔文書例〕

```
                    受  取  書

                              平成○年○月○日
  ○○商店様
              金　1,000,000円
              但し、商品代金として
              上記の金額正に受け取りました。

                      株式会社　○○商店
                        代表取締役　○○○○　㊞
```

印紙税の課税対象となる受取書は金銭または有価証券の受取書に限られており、物品の受取書は課税文書とはなりません。
　また　記載された受取金額（記載金額）が３万円未満の受取書は非課税文書となり印紙税は発生しません。
(注)　平成26年４月１日以降作成される「領収書」等に係る受領金額が５万円未満のものについては非課税となります。本書41頁をご覧ください。

　「金銭又は有価証券の受取書」とは、金銭または有価証券の引渡しを受けた者が、その受領事実を証明するため作成し、その引渡者に交付する単なる証拠証書をいいます（印基通第17号の１）。

　つまり金銭または有価証券の受取書は、金銭または有価証券の受領事実を証明する全てのものをいい、債権者が作成する債務の弁済事実を証明するものに限らないこととなっています。

　受取書は文書の表題、形式がどのようなものであっても、また「相済」、「完了」等の簡略な文言を用いたものであっても、その作成目的が当事者間で金銭または有価証券の受領事実を証するものであるときは、第17号文書（金銭または有価証券の受取書）ということになります。

　仮受取書等と称するものであっても、金銭または有価証券の受領事実を証明するものは、第17号文書に該当します。

　「売上代金に係る金銭又は有価証券の受取書」とは、資産を譲渡しもしくは使用させることまたは役務を提供することによる対価として受け取る金銭または有価証券の受取書をいい、次に掲げる受取書を含むものとされています（印法別表第１第17号の１定義欄）。

①　当該受取書に記載されている受取金額の一部に売上代金が含まれている金銭または有価証券の受取書および当該受取金額の全部または一部が売上代金であるかどうかが当該受取書の記載事項により明らかにされていない金銭または有価証券の受取書

② 他人の事務の委託を受けた者（受託者）が当該委託をした者（委託者）に代わって売上代金を受け取る場合に作成する金銭または有価証券の受取書
③ 受託者が委託者に代わって受け取る売上代金の全部または一部に相当する金額を委託者が受託者から受け取る場合に作成する金銭または有価証券の受取書
④ 受託者が委託者に代わって支払う売上代金の全部または一部に相当する金額を委託者から受け取る場合に作成する金銭または有価証券の受取書

171 売上代金と売上代金以外の金額を併記した領収書

ケース	課否判定
商品の売上代金と併せて貸付金の元金を受け取った際に支払者に対して領収書を交付しました。	○

POINT

　この文書は、資産（商品）を譲渡したことによる対価（代金）としての受取書でありますので〔文書例参照〕、第17号の1文書（売上代金に係る金銭の受取書）に該当します。記載金額が300万円ですので印紙税額は600円です。また貸付金の元本は売上代金ではないので、第17号の2文書（売上代金以外の金銭の受取書）に該当します。

　売上代金に係る金額と売上代金以外の金額が記載されている場合は、売上代金に係る金額（300万円）が記載金額となります（通則4ハ(1)）。

（注）　平成26年4月1日以降作成される「領収書」等に係る受領金額が5万円未満のものについては非課税となります。本書41頁をご覧ください。

〔文書例〕

```
              領　収　書
　○○株式会社御中
              金　10,000,000円
            但し、商品代金として3,000,000円
                 貸付金の元金として7,000,000円
        上記のとおり受け取りました。
                                    平成○年○月○日
                              株式会社　○○
                              代表取締役　○○○○　㊞
```

172　元利金弁済金の受取書

ケース	課否判定
貸付金の元金および利息を併せて領収した受取書を支払者に交付しました。	○

POINT

　この文書は、資産（元金）を使用させたことによる対価（利息）としての受取書でありますので、第17号の1文書（売上代金に係る金銭の受取書）に該当します。記載金額が120万円ですので〔文書例参照〕、印紙税額は400円です。

　貸付金の元金は売上代金にはなりませんが、貸付金の利息が売上代金に含まれますので、売上代金とその他の金額が区分記載されていないものは、その合計額が記載金額となります（通則4ハ(2)）。

（注）　平成26年4月1日以降作成される「領収書」等に係る受領金額が5万円未満のものについては非課税となります。本書41頁をご覧ください。

〔文書例〕

```
　　　　　　　　　　　元利金領収書
　○○○○　様
　　　　　　　　　　金　1,200,000円也

　　　　　　上記の金額を平成○年○月○日付消費貸
　　　　　　借契約に基づき元利金弁済金として確か
　　　　　　に受領しました。
　　　　　　　　　　　　　　　　平成○年○月○日
　　　　　　　　　　　　　○○商事株式会社
　　　　　　　　　　　　　　代表取締役　○○○○　㊞
```

173　計算書

ケース	課否判定
顧客から貸金業者が貸付金の返済および利息の支払を受けた際に顧客に元金と利息の明細を記した計算書を交付しました。	○

POINT

　この文書は、資産（元金）を使用させたことによる対価（利息）としての受取書でありますので、第17号の１文書（売上代金に係る金銭の受取書）に該当します。記載金額が50,000円ですので〔**文書例参照**〕、印紙税額は200円です。

　貸金業者が顧客から貸付金等を受領した際、その受領事実を証明する目的で作成する文書ですので、元金入金については第17号の２文書（売上代金以外に係る金銭の受取書）、利息入金については第17号の１（売上代金に係る金銭の受取書）に該当することとなります。

　売上代金に係る金額と売上代金以外の金額に区分することができるときは、売上代金に係る金額が記載金額となります（通則４ハ㈠）。

〔文書例〕

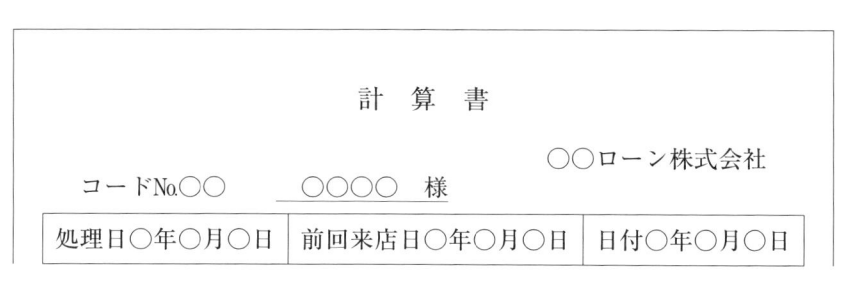

計　算　書

○○ローン株式会社

コードNo.○○　　○○○○　様

| 処理日○年○月○日 | 前回来店日○年○月○日 | 日付○年○月○日 |

利息入金　50,000円	元金入金　50,000円	増額　一円
ご入金　100,000円		貸付残高　750,000円
次回返済日　○年○月○日		次回利息　46,875円
毎度有難うございます。		

　売上代金に係る金額と売上代金以外の金額が受取書に記載されている場合の記載金額の計算は次のようになります。
1　第17号の1文書であって、その記載金額を売上代金に係る金額とその他の金額とに区分することができる場合は売上代金に係る金額が記載金額となります（印基通24(4)）。
　　（例）　貸付金元本および利息の受取書
　　　　　貸付金元本200万円（売上代金以外の金額）
　　　　　貸付金利息20万円　（売上代金に係る金額）
　　　　20万円（記載金額）　→　印紙税額200円
2　第17号の1文書であって、その記載金額を売上代金に係る金額とその他の金額とに区分することができない場合は合計の金額が記載金額となります（印基通24(5)）。
　　（例）　貸付金元本および利息の受取書
　　　　　貸付金元本および利息210万円　（第17号の1文書）
　　　　210万円（記載金額）　→　印紙税額600円
（注）　平成26年4月1日以降作成される「領収書」等に係る受領金額が5万円未満のものについては非課税となります。本書41頁をご覧ください。

174 レシート（領収書、精算票、お買上票）

ケース	課否判定
顧客から販売代金を領収した際に、金銭登録機（レジスター）から打ち出されるレシートを顧客に交付しました。	○

POINT

　レジスターのレシートはいずれも物品の販売代金やサービス料金等の支払を受けた時に、その金額を印字して支払者に交付しており、その作成目的は支払を受けた販売代金等の領収事実を証明することにあると認められます。

　したがって、このレシートは、第17号の1文書（売上代金に係る金銭の受取書）に該当しますから、その受取金額が3万円以上のものは課税対象となります。いずれも印紙税額は200円です。

（注）　平成26年4月1日以降に作成される「領収書」等に係る受領金額が5万円未満のものについては非課税となります。

〔文書例〕

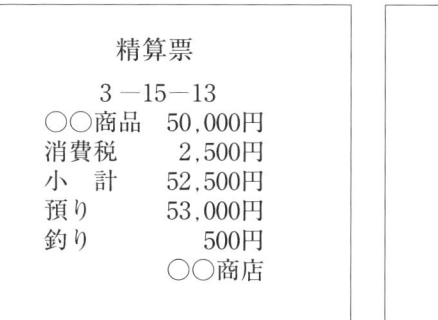

```
        精算票
        3－15－13
   ○○商品    50,000円
   消費税      2,500円
   小　計     52,500円
   預 り      53,000円
   釣 り        500円
            ○○商店
```

```
        お買上票
   毎度有難うございます
   商品A     10,000円
      B     10,000円
      C     15,000円
   小　計    35,000円
   預       40,000円
   釣          500円
            ○○百貨店
```

（注）　支払方法（金銭、プリペイドカード）

175　プリペイドカードにより代金決済をした場合の受取書

ケース	課否判定
当社は顧客が商品購入代金をプリペイドカードにより支払った際に受取書を交付しました。	○

POINT

　この文書は、資産（商品）を譲渡したことによる対価（代金）としての受取書でありますので、第17号の1文書（売上代金に係る有価証券の受取書）に該当します。記載金額が50,000円ですので印紙税は200円です。

　プリペイドカード（券面）は有価証券に該当することから、商品購入代金の決済時に顧客からプリペイドカードそのものの引渡しを受ける場合の受取書（レシート等）は、第17号の1文書（売上代金に係る有価証券の受取書）に該当します。

　この場合の受取書の記載金額は、記載された受取金額（使用額）となります。

（注1）　プリペイドカードは財産的価値のある権利を表象する証券であり、その権利の移転、行使が証券をもってなされることを要するものですから印紙税法上の有価証券に該当します。

（注2）　平成26年4月1日以降作成される「領収書」等に係る受領金額が5万円未満のものについて非課税となります。本書41頁をご覧ください。

〔文書例〕

```
       レシート（領収書）

    売上      50,000円

    QUカード払い
              50,000円
    ○年○月○日


    ○○百貨店
    毎度有難うございます
```

（注）　支払方法　プリペイドカード

176　相殺したことを証明する領収書

ケース	課否判定
当社が取引先に販売した商品の売上代金と取引先会社に負う金銭債務とを相殺することとなり、その事実を証明するために領収書を作成した。	× (不)

POINT

　この領収書は相殺の事実が明らかにされており、受取書には該当しませんので印紙税は課税されません。
　一般に債権と債務を相殺した場合に、その事実を証明する方法として領収書を作成することがあります。この領収書は領収書としての表示がなされていますが、現実には金銭または有価証券の受領事実ではないので、印紙税法上の受取書には該当しません。
　しかし、たとえ相殺の事実を証明するため作成される領収書であっても、その事実が文書上明らかでない時には、その領収書は、文書上は金銭または有価証券の受領事実を証明しているとみられますので、印紙税法上の受取書に該当することになります。

（注）　平成26年4月1日以降作成される「領収書」等に係る受領金額が5万円未満のものについては非課税となります。本書41頁をご覧ください。

〔文書例〕

```
                  領　収　書
　○○株式会社　御中
                  金　　○○　円也
        上記正に領収しました。
            但し、○年○月○日付消費貸借契約に基づく借入金と相殺
　平成○年○月○日　　　　株式会社○○　代表取締役○○○○　㊞
```

177　訪問販売の領収書

ケース	課否判定
訪問販売を行っている当社の外務員が商品販売した代金を受け取ったので、お客様に領収書を交付しました。	○

POINT

この文書は、販売した商品についての代金の受領事実を証明するための文書と認められますので、記載金額5万円の第17号の1文書（売上代金に係る金銭の受取書）に該当し〔**文書例参照**〕、印紙税額は200円です。

(注)　平成26年4月1日以降作成される「領収書」等に係る受領金額が5万円未満のものについて非課税となります。本書41頁をご覧ください。

〔文書例〕

```
                    領　収　書
    ○○○○ 様
              ┌─────┬──────────┐
              │ 販売価格 │  ¥50,000-      │
              └─────┴──────────┘
                  但し、商品代金として
                上記の金額正に領収しました。
         ┌───────────────┬──────────┐
         │ 販売年月日（領収年月日） │ ○年○月○日 │
         ├───────────────┼──────────┤
         │ 商　品　名            │ ○○○○   │
         ├───────────────┼──────────┤
         │ 数　　　量            │ ○○      │
         └───────────────┴──────────┘
    販売担当
       ○○部○○課                    会社名
          呉服担当　○○○○　㊞        ○○株式会社
```

178　売掛金を集金した際に作成した仮領収書

ケース	課否判定
セールスマンがお得意様を訪問して売掛金を集金した際に、その場で「仮領収書」を交付しました。後日正式の「領収書」を送付することになっています。	○

POINT

　仮領収書と称するものであっても、金銭または有価証券の受領事実を証明するものは、第17号文書（金銭又は有価証券の受取書）に該当します。記載金額100万円の金銭の受取書は〔**文書例参照**〕、第17号の1文書（売上代金に係る金銭の受取書）に該当し、印紙税額は200円です。
　また、「仮領収書」は担当者の判しかありませんが、個人として受領し「仮領収書」を作成交付するのではなく、会社の従業員として会社の業務遂行として会社の収入金となる金銭を受領し、「仮領収書」を作成するものであるので、印紙税法上の作成者は会社となります。
(注)　平成26年4月1日以降作成される「領収書」等に係る受領金額が5万円未満のものについて非課税となります。本書41頁をご覧ください。

〔文書例〕

```
                    仮領収書
  ○○商事　殿
                金　1,000,000円
                (但し、○年○月分売掛金)
  上記の金額正に受け取りました。追って、本領収書を送付いたします。
             平成○年○月○日    株式会社　○○商店
                                取扱者　○○○○ ㊞
```

179　相済の請求書

ケース	課否判定
商品を販売した際に現金を領収したので請求書に「相済」と表示して顧客に交付しました。	○

POINT

記載金額 8 万円の金銭の受取書は〔**文書例参照**〕、第17号の 1 文書（売上代金に係る金銭の受取書）に該当し、印紙税額は200円です。

受取書は文書の表題、形式がどのようなものであっても、また「相済」、「完了」等の簡略な文言を用いたものであっても、その作成目的が当事者間で金銭または有価証券の受領事実を証するものであるときは第17号文書（金銭又は有価証券の受取書）ということになります（印基通第17号文書の 1 ）。

(注)　平成26年 4 月 1 日以降作成される「領収書」等に係る受領金額が 5 万円未満のものについて非課税となります。本書41頁をご覧ください。

〔文書例〕

```
                    請　求　書
                                     平成○年○月○日
    ○○○○　殿
    請求金額　￥80,000－        ｜相　済｜
```

商　品　名	数量	単価	金　　額	備考
<u>A</u>	<u>1</u>		30,000	
<u>B</u>	<u>1</u>		50,000	
合　　計	<u>2</u>		80,000	

　　　　　　　　　　　　株式会社　○○商店

180　手付金の領収書

ケース	課否判定
土地、建物の売買契約に際し、手付金を買主から受け取ったので領収書を交付しました。	○

POINT

　この領収書は、記載金額60万円の第17号の1文書（売上代金に係る金銭の受取書）に該当し〔**文書例参照**〕、印紙税額は200円となります。

　売上代金とは資産を譲渡することによる対価、資産を使用させる対価および役務を提供することによる対価をいい、これには手付金を含むこととされています（印法別表第1第17号文書の定義欄1）。

(注)　平成26年4月1日以降作成される「領収書」等に係る受領金額が5万円未満のものについては非課税となります。本書41頁をご覧ください。

〔文書例〕

```
                                            平成○年○月○日
　○○○○　様
                        領　収　書

                    金600,000円也
               上記の金額正に領収いたしました。
               ただし、平成○年○月○日付○○物件
               土地、建物売買契約の手付金として

               不動産株式会社○○　　㊞
```

181　入金証明書

ケース	課否判定
ガス会社がお客様からの要求に応じて入金証明書を作成し交付しました。	○

POINT

　この文書は、表題は入金証明書となっていますが〔文書例参照〕、金銭の受領事実を証明するものですから第17号の1文書（売上代金に係る金銭の受取書）に該当しますから、その受取金額が3万円以上のものは課税対象となります。

（注）　平成26年4月1日以降作成される「領収書」等に係る受領金額が5万円未満のものについて非課税となります。本書41頁をご覧ください。

〔文書例〕

```
              入金証明書
                   ○○県○○市○○町○丁目○番地
                    ○○○○　殿
```

お客様番号	区	町	番　号
○○○○○○	○○	○○	○○
年　　月	使　用　料		金　　額
○／○	○○ ㎥		○○ 円
○／○	○○ ㎥		○○ 円
／	㎥		円

　上記のガス料金は、確かに入金しましたことを証明します。
　平成○年○月○日　　　　　○○ガス株式会社

182　定期積金の受取書

ケース	課否判定
当銀行は、顧客から定期積金とするための金銭を受け入れた際に受取書を交付しました。	✕ (不)

POINT

　この文書は、受領原因が定期積金に係る金銭の受取りであることが明記されていますので〔文書例参照〕、課税文書として取り扱われません。

　定期積金とは定期積金契約に基づき、一定の金額を一定期間定期的に積み立てて、満期日に利息を計算することなく積み立て総額と給付補填金（利子）を合わせて支払うというものであり、預貯金とは性格を異にします。金融機関が顧客のために金銭を保管することを約したものではありませんから、第14号文書（金銭の寄託に関する契約書）に該当しません（印基通第8号文書の3・第19号文書の5）。定期積金の対象は法人・個人であり固定金利のことが多く、積立期間は1～5年が多いようです。信用金庫、信用組合、JAなどで主に取り扱っています。タイプとしては、満期日に受け取る金額に向けて一定金額を積み立てる目標式と、毎月の積立金を先に決める定額式があります。給付補填金は税法上では雑所得の扱いですが、金融類似商品として分離課税されます。

第2章　第15　受取書関係

〔文書例〕

No.○○○

| 科　目 | 定　期　積　金 |

平成○年○月○日

入金受付票

口座番号　○○○○○○　　○○○○　様

　上記の預金種目へ下記のとおり、ご入金のご依頼をお受けいたしました。

　　金額　10,000　円

○○信用金庫
○○店　㊞

183　クレジット販売の場合の領収書

ケース	課否判定
クレジットカードで買物されたお客様に領収書を交付しました。	× (不)

POINT

　この文書は、表題は領収書となっていますが、クレジット販売であり、金銭の受領事実はなく、かつ、その旨が文書に明記されていますから〔**文書例参照**〕、第17号の1文書（売上代金に係る金銭の受取書）に該当しません。

　なお、クレジットカードの利用であっても、その旨を領収書に記載しないと、第17号の1文書に該当することとなります。

〔文書例〕

```
                    領　収　書

                              平成○年○月○日
  ○○○○　様

          金50,000円也
          ただし、クレジットカード利用（○○カード）

                              ○○百貨店
```

第2章 第15 受取書関係

184 住宅ローン完済通知書

ケース	課否判定
当銀行は、住宅ローンを利用したお客様に対して、返済が終了した際に、その旨を通知する文書を交付しています。	○

POINT

　この文書は、金融機関が顧客から貸付金の口座振替による弁済が終了した際に、全ての弁済金を受け取った事実を顧客に通知するために作成し交付するものであり、返済金の受領事実を証するために作成されるものと認められることから、第17号の1文書（売上代金に係る金銭の受取書）に該当します。記載された利息額に応じて印紙税が課税されます。

（注）　平成26年4月1日以降作成される「領収書」等に係る受領金額が5万円未満のものについては非課税となります。本書41頁をご覧ください。

〔文書例〕

　　　　　　　　　住宅ローン完済通知書
　　　　　　　　　　　　　　　　　　　　　平成○年○月○日
　○○○○　様
　ご利用になりました住宅ローンは平成○年○月○日をもちまして完済となりましたので、ご案内申し上げます。
　　総返済金額（元本額　○○円　　利息額　○○円）
　　最終ご返済日　平成○年○月○日
　　　　　　　　　　　　　　　　　　　　　株式会社○○銀行

185 再発行した領収書

ケース	課否判定
当社は得意先から領収書の再発行を依頼され文書を交付しました。	○

POINT

　この文書は、再発行の領収書ですが、金銭の受領事実を証明するものですから第17号の1文書（売上代金に係る金銭の受取書）に該当します。印紙税額は200円です（記載された金額に応じて印紙税の税率が適用になります。）。

(注)　平成26年4月1日以降作成される「領収書」等に係る受領金額が5万円未満のものについては非課税となります。本書41頁をご覧ください。

〔文書例〕

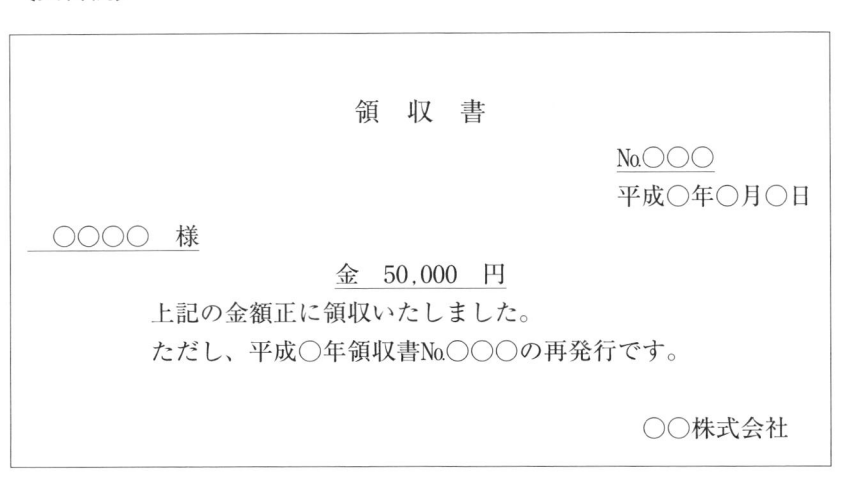

```
            領　収　書
                          №.○○○
                          平成○年○月○日
 ○○○○　様
            金　50,000　円
    上記の金額正に領収いたしました。
    ただし、平成○年領収書№.○○○の再発行です。

                          ○○株式会社
```

186　領収証明書

ケース	課否判定
当社はお客様から、自治体からの補助金を受給するために領収書の再発行を依頼され領収証明書を交付しました。	○

POINT

　この文書は、表題は領収証明書となっていますが〔**文書例参照**〕、金銭の受領事実を証明するものですから第17号の1文書（売上代金に係る金銭の受取書）に該当します。印紙税額は200円です（記載された金額に応じて印紙税の税率が適用になります。）。

（注）　平成26年4月1日以降作成される「領収書」等に係る受領金額が5万円未満のものについては非課税となります。本書41頁をご覧ください。

〔文書例〕

```
　　　　　　　　　　　領収証明書
　　　　　　　　　　　　　　　　　　　　　　平成○年○月○日
　○○○○　様
　補助金交付申請者
　　　　　　　　　　　　　　　　　　　請負者　○○株式会社　㊞
　　住宅用太陽光発電システム補助金の支払について、下記のとおり領収
　したことを証明します。
　　　　　　　　　　　　　記
　1　太陽光発電システム設置費金額　　金　200万　円
　2　領収金額　　　　　　　　　　　　金　100万　円
　〔中略〕
　5　領収確認日　　　　平成○年○月○日
```

187　旅館等が作成するタクシー代等の受取書

ケース	課否判定
旅館等において、宿泊客が支払うべきタクシー代、電話代、玉代、マッサージ代等の金銭を宿泊客から受け取った時に領収書を作成しました。	○

POINT

　この文書は、金銭の受領事実を証明するものですから第17号の1文書（売上代金に係る金銭の受取書）に該当します。印紙税額は200円です（記載された金額に応じて印紙税の税率が適用になります。）。
　売上代金であるかどうかは、最終的に代金を受け取る者が資産の譲渡の対価、資産の使用の対価または役務提供の対価として受け取るものであるかどうかによって判断します。
　したがって、タクシー代、電話代、玉代、マッサージ代等は役務の提供の対価ですから売上代金に該当します。
(注)　平成26年4月1日以降作成される「領収書」等に係る受領金額が5万円未満のものについては非課税となります。本書41頁をご覧ください。

〔文書例〕

```
　　　　　　　　　領　収　書
　　　　　　　　　　　　　　　　　　平成○年○月○日
○○○○　様
　　　　　　領収額　金　　10万　　円也
　　　　　　　但し、玉代、タクシー代として
　　　　　　　上記金額正に領収いたしました。
　　　　　　　　　　　　　　　　　　○○観光旅館
```

188　振替済通知書

ケース	課否判定
得意先から売上代金を口座振替で回収した際に「振替済通知書」の文書を作成して得意先に交付しました。	○

POINT

　この文書は債権者が金銭の受領事実を得意先に証明する文書といえますから第17号の1文書（売上代金に係る金銭の受取書）に該当します。印紙税額は200円です（記載された金額に応じて印紙税の税率が適用になります。）。

　預金は金融機関が顧客（預金者）のために金銭を保管することを約したもので、寄託契約（消費寄託契約）の保管物であります。得意先から口座振替等の方法により顧客の預金口座に入金された金銭は、顧客のための金銭の保管者である金融機関が顧客のために金銭を受領することであり、顧客が金銭を受領するのと同じことになります。したがって、入金された売上代金を顧客が受領したのですから、第17号の1文書（売上代金に係る金銭の受取書）として取り扱われることになります（印基通第17号文書の4）。

（注）　平成26年4月1日以降作成される「領収書」等に係る受領金額が5万円未満のものについては非課税となります。本書41頁をご覧ください。

〔文書例〕

```
          郵便はがき
                    □□□ □□□
 ◯
            振替済通知書

   振替金額     1,000,000円
 上記の金額を口座振替により、◯月◯日に
 引落しさせていただきましたのでお知らせし
 ます。
             株式会社　◯◯商店
```

189　振込入金のお礼

ケース	課否判定
得意先から売上代金を口座振込みの方法で回収した際に「振込入金の御礼について」の文書を作成して得意先に交付しました。	○

POINT

　この文書は債権者が金銭の受領事実を得意先に証明する文書といえますから第17号の1文書（売上代金に係る金銭の受取書）に該当します。印紙税額は200円です（記載された金額に応じて印紙税の税率が適用になります。）。

　預金は金融機関が顧客（預金者）のために金銭を保管することを約したもので、寄託契約（消費寄託契約）の保管物であります。得意先から口座振込の方法により顧客の預金口座に入金された金銭は、顧客のための金銭の保管者である金融機関が顧客のために金銭を受領することであり、顧客が金銭を受領するのと同じことになります。したがって、入金された売上代金を顧客が受領したのですから、第17号の1文書（売上代金に係る金銭の受取書）として取り扱われることになります（印基通第17号文書の4）。

（注）　平成26年4月1日以降作成される「領収書」等に係る受領金額が5万円未満のものについては非課税となります。本書41頁をご覧ください。

〔文書例〕

　　　　　　　　　　　　　　　　　　　　　　　平成○年○月○日
　○○○○　様
　　　　　　　　　　　　　　　　　　　　　株式会社　○○商店

　　　　　　　　　　振込入金の御礼について

　この度、下記のとおり代金のお振込みを頂きまして誠に有難うございました。
　　　　　　　　　　　　　記
　　入　金　日　　平成○年○月○日（○○銀行○○支店振込み分）
　　入金金額　　　1,000,000円
　　内　　容　　　○月分商品代金
　　　　　　　　　　　　　　　　　　　　　　　　　　　　以上

第16　通帳関係（預金通帳を除く）

190　お通帳

ケース	課否判定
得意先に対する商品の売上事実とその代金の受領事実を付込み証明するための通帳を作成しました。	○

POINT

　この文書は、商品代金の受領事実を継続的に付込み証明するものですから第19号文書（通帳）に該当し、印紙税額は400円です。

　なお、100万円を超える売上代金の受領事実を付け込んだ場合にはその部分については、第17号の１文書（売上代金に係る金銭又は有価証券の受取書）の作成があったものとみなされ、受取金額に応じた印紙税額を納めることとなります（印法４④三）。

　第19号文書に規定する通帳とは、課税物件表の第１号、第２号、第14号または第17号の課税事項のうち１または２以上を付込み証明する目的で作成する通帳で、第18号文書（預貯金通帳）に該当しないものをいいますので、これら以外の事項を付込み証明する目的で作成する通帳（たとえば物品の受取通帳など）は、第18号文書に該当するものを除き、課税文書に該当しません（印基通第19号文書の１）。

　また、金銭または有価証券の受領事実を付込み証明する目的で作成する受取通帳は、当該受領事実が営業に関しないものまたは当該付込み金額の全てが３万円未満のものであっても、課税文書に該当することになります（印基通第19号文書の２）。

〔文書例〕

(表　紙)

　　○○○○　様

　　　　　　　お　通　帳

　　　　　　　　　　　　　　　　　　○○商店

付込	自平成○年○月○日 至平成○年○月○日	付込	自平成○年○月○日 至平成○年○月○日
収入印紙	㊞	収入印紙	㊞

(次葉)

年月日	品　名	数　量	代　金	お支払	残　高
平成○年○月○日	○○	○○	○○円	○○円	○○万円
平成○年○月○日	○○	○○	○○円	○○円	○○万円

191　会費領収欄のある会員証

ケ　ー　ス	課否判定
会員証に会費領収欄を設けて、会費領収の都度、領収印を押印して会員に交付する文書を作成しました。	○

POINT

　会員証と称する文書であっても金銭の受領事実（第17号に掲げる文書により証されるべき事項）を継続的に付け込むものは第19号文書（通帳）に該当し1冊につき400円の印紙税が課税されます。この会員証を1年以上にわたり継続して使用する場合には、会員証を作成した日から1年を経過した日以後最初の付け込みをした時に、会員証を新たに作成したものとみなされ1年につき400円の印紙税が課税されます（印法4②）。

〔文書例〕

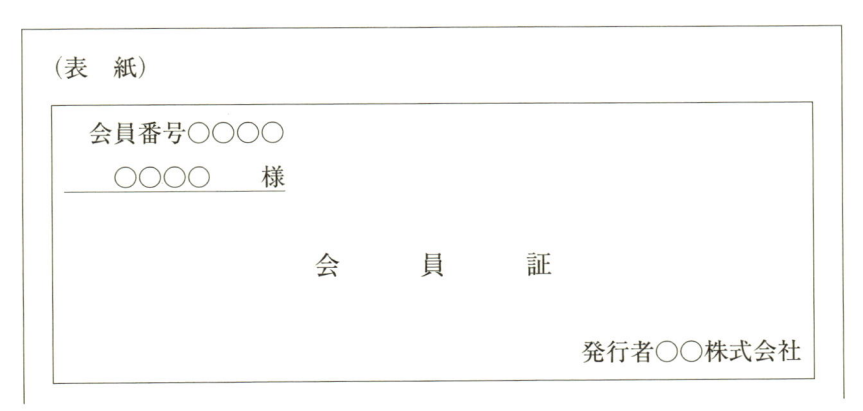

```
（表　紙）

　会員番号○○○○
　　○○○○　　様

　　　　　　会　　員　　証

　　　　　　　　　　　　　　発行者○○株式会社
```

（裏　面）

会費領収欄

1～6月分	○月分	○月分	○月分	○月分	○月分	○月分
領　収　印	印	印				
7～12月分	○月分	○月分	○月分	○月分	○月分	○月分
領　収　印						

192　お買上明細および領収書

ケース	課否判定
あらかじめ割賦販売を利用した購入者に交付しておき、後日、集金人が集金した時に、その入金事実を付け込むための文書を作成しました。	○

POINT

　この文書は、割賦販売代金の入金事実を継続的に付込み証明するものですから、第19号文書（通帳）に該当し1冊につき400円の印紙税が課税されます。また、100万円を超える入金事実を付け込んだ場合には、その部分について第17号の1文書（売上代金に係る金銭又は有価証券の受取書）の作成があったものとみなされ、受取金額に応じた印紙税額を納めることとなります（印法4④）。

〔文書例〕

No. ○○				平成○年○月○日
\multicolumn{5}{c}{お買上明細及び領収書}				
お客様　　○○○○　　　お買上商品（割賦販売）				
住　所　　○○県○○市○○町○丁目○番○号　　○○百貨店				

初回金	ご入金額	印	入金年月日
2回	○○円	印	平成○年○月○日
3〜11〔中略〕			
12回			

193　家賃の領収通帳

ケース	課否判定
家賃領収の都度、その事実を証明（領収印）するために、あらかじめ入居者へ交付する文書を作成しました。	○

POINT

　家賃の領収事実を継続的に付け込む通帳で、各人別のものは第19号文書（通帳）に該当します。印紙税額は1冊につき400円です。また家賃は売上代金ですから、100万円を超える受領事実を付け込んだ場合には、その部分については第17号の1文書（売上代金に係る金銭の受取書）の作成があったものとみなされ、受取金額に応じた印紙税を納めることとなります（印法4④）。

　この場合の納税義務者は代金の受取人となります。

第17 判取帳関係

194 判取帳

ケース	課否判定
2以上の取引先から代金の受領事実の付込み証明を受けるために帳簿を作成しました。	○

POINT

　受領事実を継続的に付け込む通帳で、2以上の者に共用するものは第20号文書（判取帳）に該当しますので、印紙税額は1冊につき4,000円です。

　また100万円を超える売上代金の受領事実を付け込んだ場合には、その部分については第17号の1文書（売上代金に係る金銭または有価証券の受取書）の作成があったものとみなされ、受取金額に応じた印紙税を納めることとなります（印法4④）。

　この場合の納税義務者は代金の受取人となります。

　「判取帳」とは、課税物件表の第1号文書（不動産の譲渡等に関する契約書、消費貸借に関する契約書、運送に関する契約書等）、第2号文書（請負に関する契約書）、第14号文書（金銭または有価証券の寄託に関する契約書）または第17号文書（金銭または有価証券の受取書）に掲げる文書により称されるべき事項について、2以上の相手方から付込み証明を受ける目的で作成する帳簿をいいますので、これら以外の事項につき2以上の相手方から付込み証明を受ける目的をもって作成する帳簿は、印紙税法上の判取帳とはなりません（印基通第20号文書の1）。

195　給与台帳

ケース	課否判定
事業主が従業員に対し諸給与を支払った際に、従業員から領収印を徴する諸給与一覧表（給与台帳）を作成しました。	× （非）

POINT

諸給与の支払に関する点では事業主と従業員は対立する関係にありますので、同一法人等の内部の文書とはいえませんが、諸給与の支払という性格上および事務整理上作成されるという性格がありますので、諸給与一覧表（給与台帳）は、課税しないものと取り扱われています（印基通第20号文書の3）。

〔文書例〕

給　与　台　帳

支給日

支給月分	○月分	○月分	○月分	○月分
氏　　名	○○○○	○○○○	○○○○	○○○○
基　本　給	○○万円	○○万円	○○万円	○○万円
家族手当	○万円	○万円	○万円	○万円
〔中略〕				
所　得　税	○万円	○万円	○万円	○万円
差引支給額	○○万円	○○万円	○○万円	○○万円
受　領　印	㊞	㊞	㊞	㊞

196　外交員報酬受領書

ケース	課否判定
当社では保険外交員に報酬を支払う際に、その受領事実を証明するために外交員から署名および受領印を徴するための報酬一覧表の帳簿を作成しました。	○

POINT

保険会社の外交員に対して、その報酬を支払う際に受領事実の証明を受ける目的をもって作成される文書は第20号文書（判取帳）に該当します。印紙税額は4,000円です。

なお、自社の従業員に対して、給与を支払う際の給与一覧表等に、従業員の受領印を徴する場合には、課税文書に該当しないとして取り扱う規定があります（印基通第20号文書の3）が、外交員はそれぞれが自営業者ですので、この規定の取扱いが適用されません。

〔文書例〕

```
                  外交員報酬受領書

 Ａ保険相互会社　Ｂ営業所
　　外交員報酬明細のとおり受け取りました。

 コード番号　　氏　　名　　　受領日　　　　署　　名　　印
 　○○　　　　○○○○　　平成○年○月○日　　○○○○　　㊞
```

197　給与明細書

ケース	課否判定
従業員への給与支払明細に併せて社内預金の受入れ、残高を記載した文書を交付しました。	✗ (不)

POINT

　この文書は名称が給与明細となっており、預金の受託文言、社員の預金（管理）番号等の記載もないことから〔**文書例参照**〕社内預金の受入事実を証する目的で作成されたものとは認められません。よって、第14号文書（金銭の寄託に関する契約書）に該当しません。単に給与の支払い明細を記載したものであり、社内預金等の記載は支給明細と併せて社内預金の増減の内訳を社員にお知らせしているにすぎません。

〔文書例〕

給　与　明　細

所属	職番	基本給	資格手当	家族手当	通勤手当	摘要
○○	○○	○○万円	○万円	○万円	○万円	○○

〔中　略〕

社内預金	前月末残高	当月預入	当月払出	当月残高	摘要
○○万円	○○万円	○万円	○万円	○○万円	○○

　　　　所　属　○○　　　　　　　　　平成○年○月○日
　　　　職　番　○○　　氏名○○○○殿　　○○株式会社

第18 継続取引関係

198 工事請負基本契約書

ケース	課否判定
営業者間で継続して工事を行うことについて定めた契約書を作成しました。	○

POINT

　この文書は、第7号文書（継続的取引の基本となる契約書）に該当します。印紙税額は4,000円です。

　工事の請負を内容とするものですから第2号文書（請負に関する契約書）に該当します。また、営業者間において継続する2以上の請負取引に共通して適用される取引条件のうち、対価の支払方法を定めるものですから第7号文書にも該当します。

　したがって、所属の決定に当たっては、第2号文書としての契約金額の記載がありませんので〔文書例参照〕、通則3のイただし書の規定により、第7号文書に所属が決定されます。

〔文書例〕

工事請負基本契約書

　甲株式会社（以下「甲」という）と乙株式会社（以下「乙」という）は次のとおり工事請負基本契約を締結する。

第1条　この契約は、将来甲と乙との間に締結する工事請負契約及び継続して行う請負工事に関して共通的に適用すべき取引条件を規律する基本事項を定めたものであり、個別の工事請負契約に別段の定めのない場合はこの契約の条項による。

〔中略〕

第4条　甲は工事代金を原則として当該工事の目的物件について検査合格とした翌月末日までに現金にて支払う。

〔中略〕

第17条　この契約は調印の日から3か年間有効とする。

　　　この契約を証するため正本2通を作成し、甲乙記名押印のうえ各自1通保有する。

平成○年○月○日

○○県○○市○○町○丁目○番○号

甲株式会社

代表取締役○○○○　㊞

○○県○○市○○町○丁目○番○号

乙株式会社

代表取締役○○○○　㊞

199　商取引基本契約書

ケース	課否判定
営業者間においての商取引について定めた契約書を作成しました。	○

POINT

　この文書は、記載金額のない第2号文書（請負に関する契約書）に該当します。印紙税額は200円です。
　営業者間において、甲の取扱商品を取引の対象として抽象的に定めたものであり、具体的に目的物の種類を定めたものではありませんから、印紙税法施行令26条1号に規定する目的物の種類を定めるものには該当しません。
　ただし、甲乙間において製造することを約していることから〔文書例参照〕、この文書は第2号文書に該当します。

〔文書例〕

商取引基本契約書

　甲株式会社（以下「甲」という）と乙株式会社（以下「乙」という）とは甲の取扱商品（以下「商品」という）に係る製造及びこれらの付帯関連する取引（以下「取引」という）につき甲乙間に次のとおり基本契約を締結する。
第1条　甲と乙とは、相互に商品を取引する。
第2条　個々の取引における品名、数量、価格、受渡及び代金、支払条件については、本契約に基づきその都度契約を締結する。
　〔以下略〕

200　ビール大麦売買契約書

ケース	課否判定
ビール会社と農業協同組合との間においてビール大麦の売買について定めた契約書を作成しました。	✕ (不)

POINT

この文書は物品（ビール大麦）の売買契約（予約）の成立を証するものであり、2以上の売買取引について、共通して適用される取引条件を定めたものではありませんから、第7号文書（継続的取引の基本となる契約書）に該当せず、課税文書に該当しません。

〔文書例〕

契　約　書

　○○麦酒株式会社（以下「甲」という。）と○○農業協同組合（以下「乙」という。）は、麦酒酒造組合、全国農業協同組合中央会のあっ旋により、ビール大麦の栽培及びその売買について、次のとおり締結する。
第1条　甲は、乙の地区内において、平成○年生産されるビール大麦を○○数量に限り買い入れる。
　〔中略〕
第6条　受渡価格、基準価格については平成○年産と同じ方法により算定し、これに加算金並びに包装の代金を農林水産省公示価格に準じて加算した額とする。
　〔以下略〕

201　チェーン・ストア契約書

ケース	課否判定
当社とチェーン・ストアとの間において継続して商品売買を行うことについて定めた契約書を作成しました。	○

POINT

この文書は営業者間において継続する2以上の売買取引について、共通して適用される取引条件のうち、目的物の種類、対価の支払方法を定めたものですから〔**文書例参照**〕、第7号文書（継続的取引の基本となる契約書）に該当します。印紙税額は4,000円です。

〔文書例〕

チェーン・ストア契約書

　○○株式会社（以下「甲」という。）と○○チェーン・ストア（以下「乙」という。）とは、チェーン・ストア組織を通じて相互繁栄を期するため、○○印の調味料（以下「商品」という。）の取引について下記のとおり締結する。
　1　〔中略〕
　2　甲と乙との取引単位は「ダース」とし、乙の支払は現金決済とし、支払場所は甲と致します。〔中略〕
　3　本契約は相互の調印完了をもって発行し有効期間は1年とする。
　　但し、甲乙間において、特に申出なき場合は更に1年更新するものとする。〔以下略〕

202　販売代理店契約書

ケース	課否判定
販売代理店を定め販売代理店に販売業務を継続的に委託するため業務の範囲、対価の支払方法等を内容とする代理店契約書を作成しました。	○

POINT

　この文書は、売買（販売）に関する業務を継続して委託するために作成される契約書で、委託される業務または事務の範囲または対価の支払方法を定めたものは、第7号文書（継続的取引の基本となる契約書）に該当します（印令26二）。印紙税額は4,000円です。

203　自動車借上げについての請書

ケース	課否判定
当社（タクシー会社）は継続して乗用自動車を借り上げていただける取引先に請書を交付しました（契約内容は取引先の条件を了承すること）。	○

POINT

この文書は、第7号文書（継続的取引の基本となる契約書）となります。印紙税額は4,000円です。借上げという文言を用いていますが、乗用自動車自体の貸借ではなく用車を内容とするものですから第1号の4文書（運送に関する契約書）に該当します。また、営業者間において継続する2以上の運送取引について、共通して適用される取引条件のうち、単価、対価の支払方法を定めたものですから、第7号文書（継続的取引の基本となる契約書）に該当します。第1号の4文書としての契約金額の記載がありませんので、通則3のイただし書の規定により、第7号文書に所属が決定されます。

〔文書例〕

```
　　　　　　　　　　　　請　　書
　貴社からの乗用自動車借上げについての下記条件をお請けいたします。
　　　　　　　　　　　記
　1　料　　金　　公認自動車運賃による。
　2　期　　間　　自平成〇年〇月〇日　　至平成〇年〇月〇日
　3　支払条件　　料金毎月末日締切り、翌月25日払の口座振替
〔以下略〕
　　　　　　　　　　　　　　　　　　　　平成〇年〇月〇日
　　　　　　　　　　　　　　　　　　　　㈱△△ハイヤー自動車
```

204　化粧品コーナー設置契約書

ケース	課否判定
化粧品会社がチェーン・ストアに化粧品会社の専用コーナーを設置し、広告宣伝用器具・備品の費用を負担することを内容とする契約書を作成しました。	× (不)

POINT

　この文書は、契約当事者間における化粧品の売買または委託を内容とするものではありませんから、第7号文書（継続的取引の基本となる契約書）には該当せず、また他のいずれの課税文書にも該当しません。

〔文書例〕

化粧品コーナー設置契約書

　〇〇株式会社（以下「本社」という。）と△△チェーン・ストア（以下「ストア」という。）は、化粧品コーナー（以下「コーナー」という。）設置について、次の条項により契約し相互に履行を同意します。
　1　ストアはコーナーを有効に活用するため、コーナーにはA製品のみ陳列し、推奨販売いたします。
　2　〔中略〕
　3　本社はストアにコーナー設置のため次の負担をします。
　　　広告宣伝用器具及び備品　　金　　〇〇万円
　4　本契約の有効期間は調印の日より5ヵ年といたします。
　本契約は2通を作成し本社、ストアがそれぞれ保有いたします。
　　　　　　△△チェーン・ストア　ご店主名（代表者）　〇〇〇〇　㊞
　　　　　　〇〇株式会社　　　　　代表取締役　　　　　〇〇〇〇　㊞

205　会員制度による物品売買基本約定書

ケース	課否判定
会員による物品販売システムを採用している会社に対し、主婦、勤労女性等がその会員となって物品を仕入販売するとともに、他の者に会員となることを勧誘して、会社に紹介することを定めた約定書を作成しました。	○

POINT

　この文書は第7号文書（継続的取引の基本となる契約書）となります。印紙税額は4,000円です。営業者間において継続する2以上の売買取引に共通して適用される取引条件のうち、対価の支払方法（現金払）を定めるものですから〔文書例参照〕第7号文書（継続的取引の基本となる契約書）に該当します。

　物品の売買取引を反復継続する行為は、商行為に該当しますので、例え主婦、勤労女性等がアルバイトとして行う場合であっても営業となります。

〔文書例〕

会員制度による物品売買基本約定書

　私は、次の約定（条項）に基づいて、○○有限会社（以下「会社」という。）のＡ製品を仕入れ、販売することに同意します。

1　エージェント登録　～　〔中略〕
〔中略〕
5　会社への仕入代金の支払方法は現金払とします。
6　本契約は平成○年○月○日より発効します。
　平成○年○月○日
　　　　　　　　　　　　　　　　　会員名　○○○○　㊞

206　加盟店取引約定書

ケース	課否判定
信用販売会社の加盟店となって、その信用販売会社の会員に対して商品を信用販売することについて定めた約定書を作成しました。	○

POINT

この文書は第7号文書（継続的取引の基本となる契約書）となります。印紙税額は4,000円です。

加盟店が信用販売会社の会員に信用販売した商品に係る売上債権を継続的に信用販売会社に譲渡し、債権譲渡を受けた信用販売会社が代金を支払うことを内容とするものです。営業者間において継続して行われる債権の売買について、その取引条件として目的物の種類、単価、対価の支払方法などを定めたものは、第7号文書（継続的取引の基本となる契約書）に該当します。

〔文書例〕

加盟店取引約定書

○○信用販売株式会社　御中　　　　　　　　平成○年○月○日
　　　　　　　　　　　　　　　　　　　　　加盟店　○○　㊞

　当方は貴社の発行する△△カードに基づき、貴社の会員に対して、信用販売を行うことに関して次の条項のとおり約定します。
　1　信用販売〔省略〕
　2　信用販売の方法〔省略〕
　〔中略〕
　5　支払方法〔省略〕
　〔以下略〕

207　商品輸送についての契約書

ケース	課否判定
継続して商品を輸送することについて定めた契約書を作成しました。	○

POINT

　この文書は第7号文書（継続的取引の基本となる契約書）となります。印紙税額は4,000円です。

　商品についての運送契約を定めた文書ですから、第1号の4文書（運送に関する契約書）に該当します。また、営業者間において継続する2以上の運送取引について、共通して適用される取引条件のうち、対価の支払方法を定めたものですから、第7号文書（継続的取引の基本となる契約書）にも該当します。第1号の4文書としての契約金額の記載がありませんので〔**文書例**参照〕、通則3のイただし書の規定により、第7号文書に所属が決定されます。

〔文書例〕

商品輸送契約書

　○○株式会社（以下「甲」という。）と○○通運株式会社（以下「乙」という。）は、甲の取扱商品輸送につき次のとおり契約した。
　第1条　甲は取扱商品の輸送を乙に依頼し、乙は誠意をもって輸送する。
〔中略〕

第4条　乙は輸送料金を毎月末締切りで甲に請求し、甲は翌月28日までに乙に支払う。〔中略〕

平成○年○月○日

　　　　　　　　　　　　　　　○○県○○市○○町○丁目○番○号
　　　　委託者　　　　○○株式会社　　代表取締役○○○○　　㊞
　　　　　　　　　　　　　　　○○県○○市○○町○丁目○番○号
　　　　受託者　　　　○○通運株式会社　代表取締役○○○○　㊞

208　警備保障に関する覚書

ケース	課否判定
既に締結した警備保障会社と金融会社との間の警備請負契約の仕事の範囲および契約警備料金（1か月当たり）の変更を内容とする覚書を作成しました。	○

POINT

　この文書は第7号文書（継続的取引の基本となる契約書）となります。印紙税額は4,000円です。

　原契約である警備請負契約の契約内容（仕事の範囲）および契約警備料金の変更の事実を証明するものですから第2号文書（請負に関する契約書）に該当します。また、営業者間において継続する2以上の請負取引について、共通して適用される取引条件のうち、目的物の種類（請負契約の仕事の範囲）および単価（契約警備料金）の変更の事実を証明するものですから第7号文書（継続的取引の基本となる契約書）にも該当します。第2号文書としての契約金額の記載がありませんので〔**文書例参照**〕、通則3のイただし書の規定により、第7号文書に所属が決定されます。

〔文書例〕

覚　書

　○○警備保障会社と△△銀行株式会社は、平成○年○月○日締結した警備請負契約（契約№.○○）の契約内容を次のとおり一部変更したので、ここに覚書を締結した。
　契約警備料金（1ヶ月間）を次のとおり変更する。
　変更前￥　○○万円　　　変更後￥　○○万円
　　　　　　　　　　〔以下略〕

209　単価決定通知書

ケース	課否判定
既に委託先と締結している製造基本契約の変更に際し、協議の上決定した単価について委託先に通知書を交付しました。	○

POINT

　この文書は第7号文書（継続的取引の基本となる契約書）となります。印紙税額は4,000円です。
　「通知書」という名称となっていますが、文書の記載内容からみて当事者間の協議に基づき請負契約に適用される加工料等の単価を定めていることから〔**文書例参照**〕、第2号文書（請負に関する契約書）に該当します。
　また、営業者間において継続する2以上の請負取引について、共通して適用される取引条件のうち、単価を定めるものですから第7号文書（継続的取引の基本となる契約書）にも該当します。
　第2号文書としての契約金額の記載がありませんので、第7号文書に所属が決定されます（通則3のイただし書）。

〔文書例〕

○○株式会社御中　　　　　　　　　　　　　平成○年○月○日
　　　　　　　　　　　　　　　　　　　　　　　△△株式会社

単価決定通知書

貴社との協議により、下記のとおり単価を決定いたしましたので、ご通知申し上げます。

記

1　取引単価　　A商品　600円／1ケース　50円／1缶
2　適用期間　　平成○年○月製造開始より次回改定時まで
3　価格は貴社工場車上渡し価格とし、消費税は含まない。

210　商品販売リベートの収受についての覚書

ケース	課否判定
食品の販売会社と製造会社とが商品販売リベートの収受について計算方法や支払方法を定めた覚書を作成しました。	× (不)

POINT

　この文書は、営業者間において継続する2以上の売買取引について共通して適用される取引条件のうち、目的物の種類および取引数量を定めた文書ですが〔**文書例参照**〕、契約期間が3か月以内であり、かつ、更新の定めがないことから、第7号文書（継続的取引の基本となる契約書）に該当しません。

〔文書例〕

　　　　　　　　　　　覚　　　書

　○○株式会社（以下「甲」という。）と○○株式会社○○支社（以下「乙」という。）は、乙の発売する商品の積極的販売のため、下記のとおり覚書を締結する。
第1条（目的）
〔中略〕
第2条（契約内容）　　　　　　　　　　　　　　　　（単価：c/s）

契約対象品	契約内容	契約数量	リベート金額
丸大豆	1ℓ×15	9,000	c/s 15円

第3条（契約期間）
　　自平成○年5月1日～平成○年7月31日（3か月間）
第4条（契約支払金額の決定）
〔以下略〕
---

211 清掃業務請負基本契約書

ケース	課否判定
当社と清掃会社との間で清掃業務について定めた基本契約書を作成しました。	○

POINT

　この文書は、請負金額の記載がありませんので、第7号文書（継続的取引の基本となる契約書）になります。印紙税額は4,000円です。

　清掃の請負を内容とするものですから第2号文書（請負に関する契約書）に該当します。また営業者間において継続する2以上の請負取引に共通して適用される取引条件のうち、目的物の種類、対価の支払方法を定めるものですから第7号文書にも該当します。

　したがって、所属の決定に当たっては、第2号文書としての契約金額の記載がありませんので〔**文書例参照**〕、通則3のイただし書の規定により、第7号文書に所属が決定されます。

〔文書例〕

清掃業務請負基本契約書

　委託者○○株式会社（以下「甲」という。）と受託者○○清掃株式会社（以下「乙」という。）は、請負業務に関し次のとおり基本契約を締結する。
第1条　本契約に定める事項の中で、個々の取引契約（以下「個別契約」

という。）に関するものは、本契約有効期間中締結される一切の業務請負契約につき、その内容として共通に適用されるものとする。
第2条　甲は次の請負業務を乙に委託し、乙はこれを請け負い誠実に履行する。
　1　日常及び定期清掃業務
　2　建物の諸設備の運転保守点検業務
　3　その他前各号に付帯する業務
第3条　個別契約は、甲より請負業務・請負場所・請負金額・請負期間・請負代金の支払方法その他を記載した業務指示書を乙に交付し、乙がこれを承諾することで成立する。〔以下略〕

　　　　　　　　　　　　　　　　　　　　　　平成○年○月○日
　　　　　　　委託者　　　　　○○県○○市○○町○丁目○番○号
　　　　　　　　　　　　　　　○○株式会社　代表取締役○○○○　㊞
　　　　　　　受託者　　　　　○○県○○市○○町○丁目○番○号
　　　　　　　　　　　　　　　○○清掃株式会社　代表取締役○○○○　㊞

第19 その他

212 貨物引換証・倉庫証券・船荷証券

ケース	課否判定
当社は陸上・海上輸送および倉庫業を営んでいますが貨物引換証・倉庫証券・船荷証券を発行しました。	○

POINT

　この文書は、第9号文書（貨物引換証、倉庫証券または船荷証券）で印紙税額は1通200円です。

　「貨物引換証」とは、商法571条1項の規定により、運送人が荷送人の請求により作成する貨物引換証をいいます（印基通第9号文書の1）。

　「倉庫証券」とは、商法598条および商法627条1項の規定により、倉庫営業者が寄託者の請求により作成する預証券、質入証券および倉荷証券をいいます（印基通第9号文書の2）。

　「船荷証券」とは、商法767条および国際海上物品運送法6条1項の規定により、運送人、船長または運送人等の代理人が用船者または荷送人の請求により作成する船荷証券をいいます（印基通第9号文書の3）。

　なお、同一内容の船荷証券を数通作成する場合は、いずれも船荷証券として取り扱います。ただし、当該数通のそれぞれに「Original」、「Duplicate」または「First Original」、「Second Original」等の表示を明確にするときは、そのうち、「Original」または「First Original」等と表示したもののみを課税文書として取り扱います。

　また、通関その他の用途に使用するために発行するもので「流通を

禁ず」または「Non Negotiable」等の表示を明確にするものは、有価証券とは認められませんから課税文書に該当しないものとして取り扱います（印基通第9号文書の4）。

　印紙税法別表第1第9号文書定義欄の「貨物引換証、倉庫証券又は船荷証券の記載事項の一部を欠く証書で、これらと類似の効用を有するもの」とは、商法571条2項、599条、769条または国際海上物品運送法7条に規定するそれぞれの記載事項の一部を欠く証書で、運送品の引渡請求権または寄託物の返還請求権を表彰するものをいうこととし、これらは、それぞれ貨物引換証、倉庫証券または船荷証券として取り扱います。ただし、当該証書に譲渡性のないことが明記されているものは、有価証券とは認められませんから課税文書に該当しないものとして取り扱われます（印基通第9号文書の5）。

213 信用状

ケース	課否判定
当行は他の銀行に対して信用状を発行しました。	○

POINT

　この文書は、第11号文書（信用状）に該当し、印紙税額は1通200円です。

　「信用状」とは、銀行が取引銀行に対して特定の者に一定額の金銭の支払をすることを委託する支払委託書をいい、商業信用状に限らず、旅行信用状も含まれます（印基通第11号文書の1）。

　なお、既に発行されている商業信用状について、その金額、有効期限、数量、単価、船積み期限、船積み地または仕向け地等を変更した場合に銀行が発行する商業信用状条件変更通知書は、課税文書には該当しません（印基通第11号文書の2）。

214　解約合意書

ケース	課否判定
過去において取り交した契約書を解約することについて定めた合意書を作成しました。	✕ (不)

POINT

　この文書は、契約の解約（消滅）を証する内容であり、契約の成立等を証する文書ではありませんので印紙税法の契約書になりません。
　印紙税法上の「契約書」とは、契約当事者間において、契約の成立、更新、変更または補充の事実を証する目的で作成される文書をいいますから、この文書のように契約の消滅の事実を証する目的で作成されるものは含まれません（通則5、印基通12）。

〔文書例〕

解約合意書

　平成○年○月○日付にて交わした、下記契約の解約を甲、乙両者間において合意いたしました。解約の合意を証するため、本書2通を作成し甲、乙それぞれ1通保有します。

記

1　商品売買取扱契約
2　商品別代理店契約

以　上

　平成○年○月○日

甲　○○県○○市○○町○丁目○番○号
　　○○株式会社　代表取締役○○○○
乙　○○県○○市○○町○丁目○番○号
　　○○株式会社　代表取締役○○○○

参考法令等

○印紙税法施行令（抄）

（昭和42年5月31日）
（政令第108号）

最終改正　平成23年12月2日政令第382号

（継続的取引の基本となる契約書の範囲）
第26条　法別表第1第7号の定義の欄に規定する政令で定める契約書は、次に掲げる契約書とする。
1　特約店契約書その他名称のいかんを問わず、営業者（法別表第1第17号の非課税物件の欄に規定する営業を行う者をいう。）の間において、売買、売買の委託、運送、運送取扱い又は請負に関する2以上の取引を継続して行うため作成される契約書で、当該2以上の取引に共通して適用される取引条件のうち目的物の種類、取扱数量、単価、対価の支払方法、債務不履行の場合の損害賠償の方法又は再販売価格を定めるもの（電気又はガスの供給に関するものを除く。）
2　代理店契約書、業務委託契約書その他名称のいかんを問わず、売買に関する業務、金融機関の業務、保険募集の業務又は株式の発行若しくは名義書換えの事務を継続して委託するため作成される契約書で、委託される業務又は事務の範囲又は対価の支払方法を定めるもの
3　銀行取引約定書その他名称のいかんを問わず、金融機関から信用の供与を受ける者と当該金融機関との間において、貸付け（手形割引及び当座貸越しを含む。）、支払承諾、外国為替その他の取引によつて生ずる当該金融機関に対する一切の債務の履行について包括的に履行方法その他の基本的事項を定める契約書
4　信用取引口座設定約諾書その他名称のいかんを問わず、金融商品取引法第2条第9項（定義）に規定する金融商品取引業者又は商品先物取引法（昭和25年法律第239号）第2条第23項（定義）に規定する商品先物取引業者とこれらの顧客との間において、有価証券又は商品の売買に関する2以上の取引（有価証券の売買にあつては信用取引又は発行日決済取引に限り、商品の売買にあつては商品市場における取引（商品清算取引を除く。）に限る。）を継続して委託するため作成される契約書で、当該2以上の取引に共通して適用される取引条件のうち受渡しその他の決済方法、対価の支払方法又は債務不履行の場合の損害賠償の方法を定めるもの
5　保険特約書その他名称のいかんを問わず、損害保険会社と保険契約者との

間において、2以上の保険契約を継続して行うため作成される契約書で、これらの保険契約に共通して適用される保険要件のうち保険の目的の種類、保険金額又は保険料率を定めるもの

(昭43政4・昭63政362・平2政354・平11政80・平16政259・平19政88・平22政196・一部改正)

○印紙税法基本通達（抄）

(昭和52年4月7日)
(間消1－36ほか)

最終改正　平成22年4月30日課消3－45・課審7－13

別表第2　重要な事項の一覧表
　第12条《契約書の意義》、第17条《契約の内容の変更の意義等》、第18条《契約の内容の補充の意義等》及び第38条《追記又は付け込みの範囲》の「重要な事項」とは、おおむね次に掲げる文書の区分に応じ、それぞれ次に掲げる事項（それぞれの事項と密接に関連する事項を含む。）をいう。（昭59間消3－24、平元間消3－15改正）

1　第1号の1文書
　第1号の2文書のうち、地上権又は土地の賃借権の譲渡に関する契約書
　第15号文書のうち、債権譲渡に関する契約書
　(1)　目的物の内容
　(2)　目的物の引渡方法又は引渡期日
　(3)　契約金額
　(4)　取扱数量
　(5)　単価
　(6)　契約金額の支払方法又は支払期日
　(7)　割戻金等の計算方法又は支払方法
　(8)　契約期間
　(9)　契約に付される停止条件又は解除条件
　(10)　債務不履行の場合の損害賠償の方法
2　第1号の2文書のうち、地上権又は土地の賃借権の設定に関する契約書
　(1)　目的物又は被担保債権の内容
　(2)　目的物の引渡方法又は引渡期日
　(3)　契約金額又は根抵当権における極度金額
　(4)　権利の使用料
　(5)　契約金額又は権利の使用料の支払方法又は支払期日
　(6)　権利の設定日若しくは設定期間又は根抵当権における確定期日
　(7)　契約に付される停止条件又は解除条件
　(8)　債務不履行の場合の損害賠償の方法

3 第1号の3文書
(1) 目的物の内容
(2) 目的物の引渡方法又は引渡期日
(3) 契約金額（数量）
(4) 利率又は利息金額
(5) 契約金額（数量）又は利息金額の返還（支払）方法又は返還（支払）期日
(6) 契約期間
(7) 契約に付される停止条件又は解除条件
(8) 債務不履行の場合の損害賠償の方法
4 第1号の4文書
　第2号文書
(1) 運送又は請負の内容（方法を含む。）
(2) 運送又は請負の期日又は期限
(3) 契約金額
(4) 取扱数量
(5) 単価
(6) 契約金額の支払方法又は支払期日
(7) 割戻金等の計算方法又は支払方法
(8) 契約期間
(9) 契約に付される停止条件又は解除条件
(10) 債務不履行の場合の損害賠償の方法
5 第7号文書
(1) 令第26条《継続的取引の基本となる契約書の範囲》各号に掲げる区分に応じ、当該各号に掲げる要件
(2) 契約期間（令第26条各号に該当する文書を引用して契約期間を延長するものに限るものとし、当該延長する期間が3か月以内であり、かつ、更新に関する定めのないものを除く。）
6 第12号文書
(1) 目的物の内容
(2) 目的物の運用の方法
(3) 収益の受益者又は処分方法
(4) 元本の受益者
(5) 報酬の金額
(6) 報酬の支払方法又は支払期日
(7) 信託期間

(8)　契約に付される停止条件又は解除条件
　(9)　債務不履行の場合の損害賠償の方法
7　第13号文書
　(1)　保証する債務の内容
　(2)　保証の種類
　(3)　保証期間
　(4)　保証債務の履行方法
　(5)　契約に付される停止条件又は解除条件
8　第14号文書
　(1)　目的物の内容
　(2)　目的物の数量（金額）
　(3)　目的物の引渡方法又は引渡期日
　(4)　契約金額
　(5)　契約金額の支払方法又は支払期日
　(6)　利率又は利息金額
　(7)　寄託期間
　(8)　契約に付される停止条件又は解除条件
　(9)　債務不履行の場合の損害賠償の方法
9　第15号文書のうち、債務引受けに関する契約書
　(1)　目的物の内容
　(2)　目的物の数量（金額）
　(3)　目的物の引受方法又は引受期日
　(4)　契約に付される停止条件又は解除条件
　(5)　債務不履行の場合の損害賠償の方法

○印紙税額一覧表（国税庁）

平成25年4月現在

（10万円以下又は10万円以上 ‥‥ 10万円は含まれます。
10万円を超え又は10万円未満 ‥ 10万円は含まれません。）

番号	文書の種類	印紙税額（1通又は1冊につき）	主な非課税文書
1	1 不動産、鉱業権、無体財産権、船舶若しくは航空機又は営業の譲渡に関する契約書 （注）無体財産権とは、特許権、実用新案権、商標権、意匠権、回路配置利用権、育成者権、商号及び著作権をいいます。 （例）不動産売買契約書、不動産交換契約書、不動産売渡証書など 2 地上権又は土地の賃借権の設定又は譲渡に関する契約書 （例）土地賃貸借契約書、土地賃料変更契約書など 3 消費貸借に関する契約書 （例）金銭借用証書、金銭消費貸借契約書など 4 運送に関する契約書 （注）運送に関する契約書には、傭船契約書を含み、乗車券、乗船券、航空券及び運送状は含まれません。 （例）運送契約書、貨物運送引受書など	記載された契約金額が 1万円以上　　10万円以下のもの　　　200円 10万円を超え　50万円以下　〃　　　400円 50万円を超え　100万円以下　〃　　 1千円 100万円を超え　500万円以下　〃　　 2千円 500万円を超え　1千万円以下　〃　　 1万円 1千万円を超え　5千万円以下　〃　　 2万円 5千万円を超え　1億円以下　〃　　 6万円 1億円を超え　5億円以下　〃　　10万円 5億円を超え　10億円以下　〃　　20万円 10億円を超え　50億円以下　〃　　40万円 50億円を超えるもの　　　　　　　　60万円 契約金額の記載のないもの　　　　　　　200円	記載された契約金額が1万円未満のもの
	上記の1に該当する「不動産の譲渡に関する契約書」のうち、平成30年3月31日までに作成されるものについては、契約書の作成年月日及び記載された契約金額に応じ、右欄のとおり印紙税額が軽減されています。	【～平成26年3月31日】 記載された契約金額が 1千万円を超え　5千万円以下のもの　1万5千円 5千万円を超え　1億円以下　〃　　4万5千円 1億円を超え　5億円以下　〃　　8万円 5億円を超え　10億円以下　〃　　18万円 10億円を超え　50億円以下　〃　　36万円 50億円を超えるもの　　　　　　　　54万円 【平成26年4月1日～平成30年3月31日】 記載された契約金額が 10万円を超え　50万円以下のもの　　200円 50万円を超え　100万円以下　〃　　500円 100万円を超え　500万円以下　〃　 1千円 500万円を超え　1千万円以下　〃　 5千円 1千万円を超え　5千万円以下　〃　 1万円 5千万円を超え　1億円以下　〃　　 3万円 1億円を超え　5億円以下　〃　　 6万円 5億円を超え　10億円以下　〃　　16万円 10億円を超え　50億円以下　〃　　32万円 50億円を超えるもの　　　　　　　　48万円	
2	請負に関する契約書 （注）請負には、職業野球の選手、映画（演劇）の俳優（監督・演出家・プロデューサー）、プロボクサー、プロレスラー、音楽家、舞踊家、テレビジョン放送の演技者（演出家、プロデューサー）が、その者としての役務の提供を約することを内容とする契約を含みます。 （例）工事請負契約書、工事注文請書、物品加工注文請書、広告契約書、映画俳優専属契約書、請負金額変更契約書など	記載された契約金額が 1万円以上　　100万円以下のもの　　200円 100万円を超え　200万円以下　〃　　400円 200万円を超え　300万円以下　〃　 1千円 300万円を超え　500万円以下　〃　 2千円 500万円を超え　1千万円以下　〃　 1万円 1千万円を超え　5千万円以下　〃　 2万円 5千万円を超え　1億円以下　〃　　 6万円 1億円を超え　5億円以下　〃　　10万円 5億円を超え　10億円以下　〃　　20万円 10億円を超え　50億円以下　〃　　40万円 50億円を超えるもの　　　　　　　　60万円 契約金額の記載のないもの　　　　　　　200円	記載された契約金額が1万円未満のもの
	上記の「請負に関する契約書」のうち、建設業法第2条第1項に規定する建設工事の請負に係る契約に基づき作成されるもので、平成30年3月31日までに作成されるものについては、契約書の作成年月日及び記載された契約金額に応じ、右欄のとおり印紙税額が軽減されています。	【～平成26年3月31日】 記載された契約金額が 1千万円を超え　5千万円以下のもの　1万5千円 5千万円を超え　1億円以下　〃　　4万5千円 1億円を超え　5億円以下　〃　　8万円 5億円を超え　10億円以下　〃　　18万円 10億円を超え　50億円以下　〃　　36万円 50億円を超えるもの　　　　　　　　54万円 【平成26年4月1日～平成30年3月31日】 記載された契約金額が 100万円を超え　200万円以下のもの　200円 200万円を超え　300万円以下　〃　　500円 300万円を超え　500万円以下　〃　 1千円 500万円を超え　1千万円以下　〃　 5千円 1千万円を超え　5千万円以下　〃　 1万円 5千万円を超え　1億円以下　〃　　 3万円 1億円を超え　5億円以下　〃　　 6万円 5億円を超え　10億円以下　〃　　16万円 10億円を超え　50億円以下　〃　　32万円 50億円を超えるもの　　　　　　　　48万円	
3	約束手形、為替手形 （注）1 手形金額の記載のない手形は非課税となりますが、金額を補充したときは、その補充をした人がその手形を作成したものとみなされ、納税義務者となります。 2 振出人の署名のない白地手形（手形金額の記載のないものは除きます。）で、引受人やその他の手形当事者の署名のあるものは、引受人やその他の手形当事者がその手形を作成したことになります。	記載された手形金額が 10万円以上　　100万円以下のもの　　200円 100万円を超え　200万円以下　〃　　400円 200万円を超え　300万円以下　〃　　600円 300万円を超え　500万円以下　〃　 1千円 500万円を超え　1千万円以下　〃　 2千円 1千万円を超え　2千万円以下　〃　 4千円 2千万円を超え　3千万円以下　〃　 6千円 3千万円を超え　5千万円以下　〃　 1万円 5千万円を超え　1億円以下　〃　　 2万円 1億円を超え　2億円以下　〃　　 4万円 2億円を超え　3億円以下　〃　　 6万円 3億円を超え　5億円以下　〃　　10万円 5億円を超え　10億円以下　〃　　15万円 10億円を超えるもの　　　　　　　　20万円	1 記載された手形金額が10万円未満のもの 2 手形金額の記載のないもの 3 手形の複本又は謄本
	①一覧払のもの、②金融機関相互間のもの、③外国通貨で金額を表示したもの、④非居住者円表示のもの、⑤円建銀行引受手形	200円	

参考法令等　印紙税額一覧表

383

10万円以下又は10万円以上 ‥‥ 10万円は含まれます。
10万円を超え又は10万円未満 ‥‥ 10万円は含まれません。

番号	文書の種類	印紙税額（1通又は1冊につき）	主な非課税文書
4	株券、出資証券若しくは社債券又は投資信託、貸付信託、特定目的信託若しくは受益証券発行信託の受益証券 （注）1 出資証券には、投資証券を含みます。 2 社債券には、特別の法律により法人の発行する債券及び相互会社の社債券を含むものとする。	記載された券面金額が 　500円以下のもの　　　　　　　　　　200円 　500円を超え1千万円以下のもの　　　1千円 　1千万円を超え5千万円以下　〃　　　2千円 　5千万円を超え1億円以下　〃　　　　1万円 　1億円を超えるもの　　　　　　　　　2万円 （注）株券、投資証券については、1株（1口）当たりの払込金額に株数（口数）を掛けた金額を券面金額とします。	1 日本銀行その他特定の法人の作成する出資証券 2 譲渡が禁止されている特定の受益証券 3 一定の要件を満たしている額面株式の株券の無効手続に伴い新たに作成する株券
5	合併契約書又は吸収分割契約書若しくは新設分割計画書 （注）1 会社法又は保険業法に規定する合併契約を証する文書に限ります。 2 会社法に規定する吸収分割契約又は新設分割計画を証する文書に限ります。	4万円	
6	定　款 （注）株式会社、合名会社、合資会社、合同会社又は相互会社の設立のときに作成される定款の原本に限ります。	4万円	株式会社又は相互会社の定款のうち公証人法の規定により公証人の保存するもの以外のもの
7	継続的取引の基本となる契約書 （注）契約期間が3か月以内で、かつ更新の定めのないものは除きます。 （例）売買取引基本契約書、特約店契約書、代理店契約書、業務委託契約書、銀行取引約定書など	4千円	
8	預金証書、貯金証書	200円	信用金庫その他特定の金融機関の作成するもので記載された預入額が1万円未満のもの
9	貨物引換証、倉庫証券、船荷証券 （注）1 法定記載事項の一部を欠く証書で類似の効用があるものを含みます。 2 倉庫証券には農業倉庫証券及び連合農業倉庫証券は含みません。	200円	船荷証券の謄本
10	保険証券	200円	
11	信用状	200円	
12	信託行為に関する契約書 （注）信託証書を含みます。	200円	
13	債務の保証に関する契約書 （注）主たる債務の契約書に併記するものは除きます。	200円	身元保証ニ関スル法律に定める身元保証に関する契約書
14	金銭又は有価証券の寄託に関する契約書	200円	
15	債権譲渡又は債務引受けに関する契約書	記載された契約金額が1万円以上のもの　200円 契約金額の記載のないもの　　　　　　200円	記載された契約金額が1万円未満のもの
16	配当金領収証、配当金振込通知書	記載された配当金額が3千円以上のもの　200円 配当金額の記載のないもの　　　　　　200円	記載された配当金額が3千円未満のもの
17	1 売上代金に係る金銭又は有価証券の受取書 （注）1 売上代金とは、資産を譲渡することによる対価、資産を使用させること（権利を設定することを含みます。）による対価及び役務を提供することによる対価をいい、手付けを含みます。 2 株券等の譲渡代金、保険料、公社債及び預貯金の利子などは売上代金から除かれます。 （例）商品販売代金の受取書、不動産の賃貸料の受取書、請負代金の受取書、広告料の受取書など	記載された受取金額が 　100万円以下のもの　　　　　　　　200円 　100万円を超え　200万円以下のもの　400円 　200万円を超え　300万円以下　〃　　600円 　300万円を超え　500万円以下　〃　1千円 　500万円を超え1千万円以下　〃　　2千円 　1千万円を超え2千万円以下　〃　　4千円 　2千万円を超え3千万円以下　〃　　6千円 　3千万円を超え5千万円以下　〃　　1万円 　5千万円を超え　1億円以下　〃　　2万円 　1億円を超え　　2億円以下　〃　　4万円 　2億円を超え　　3億円以下　〃　　6万円 　3億円を超え　　5億円以下　〃　10万円 　5億円を超え　　10億円以下　〃　15万円 　10億円を超えるもの　　　　　　　　20万円 受取金額の記載のないもの　　　　　　200円	次の受取書は非課税 1 記載された受取金額が3万円未満（※）のもの 2 営業に関しないもの 3 有価証券、預貯金証書など特定の文書に追記した受取書 ※ 平成26年4月1日以降作成されるものについては、記載された受取金額が、5万円未満のものが非課税となります。
	2 売上代金以外の金銭又は有価証券の受取書 （例）借入金の受取書、保険金の受取書、損害賠償金の受取書、補償金の受取書、返還金の受取書	200円	
18	預金通帳、貯金通帳、信託通帳、掛金通帳、保険料通帳	1年ごとに　　　　　　　　　　　　　200円	1 信用金庫など特定の金融機関の作成する預貯金通帳 2 所得税が非課税となる普通預金通帳など 3 納税準備預金通帳
19	消費貸借通帳、請負通帳、有価証券の預り通帳、金銭の受取通帳などの通帳 （注）18に該当する通帳を除きます。	1年ごとに　　　　　　　　　　　　　400円	
20	判取帳	1年ごとに　　　　　　　　　　　　　4千円	

事項索引

事　項　索　引

【あ】

	ページ
愛児成長保険証券	242

【い】

育成者権の譲渡契約書	128
一般社団法人・一般財団法人が作成する定款	294
インターネット通信販売	248

【う】

請負契約書	139
広告——	151
作業——	154
食肉加工——	137
納品代行業務——	164
請書	
工事の注文書および——	144
自動車借上げについての——	357
受取書	225
元利金弁済金の——	317
金銭の——	225
金銭又は有価証券の——	314
定期積金の——	330
旅館等が作成するタクシー代等の——	336
売上代金と売上代金以外の金額を併記した領収書	316
売掛債権譲渡契約書	201
運送基本契約書	160
運送業務契約書	163
運送契約書	161

【え】

永小作権設定契約書	108
エレベーターの保守契約	147

【お】

大型機械の売買契約書	320
お買上票	320
お買上明細および領収書	345
お通帳	341
覚書	
株式買取りについての——	299
警備保障に関する——	364
自動車損害賠償責任保険のインターネット通信販売の取扱いに関する——	249
商品販売リベートの収受についての——	367
団体信用生命保険に関する——	243
賃貸借料変更の——	88
利率変更についての——	186
お約束書き	
商品拡売についての——	59

【か】

カードローン申込書	188
会員制度による物品売買基本約定書	359
外交員報酬受領書	349
外国証券配当金（金利）のお知らせ	308
外国法人の発行する債券	312
介護サービス契約書	158
解体（建物）した部材の売買契約書	71

会費領収欄のある会員証	343
解約合意書	373
回路配置利用権の通常利用権設定契約書	126
加工（規格）製作契約書	139
加工トマト契約書	47
火災保険証券	246
貸室賃貸借契約書	101
貸付有価証券契約書	289
ガス料金集金契約書	174
学校債券	309
合併契約一部変更契約書	296
合併契約書	295
株券	304
株式申込受付票	302
株式買取りについての覚書	299
株主総会の委任状	179
加盟店取引約定書	361
貨物の運送契約書	161
貨物引換証	370
貨物寄託契約書	274
貨物保管および荷役契約書	275
仮領収書	325
借入申込書	185
為替手形	264
元金と利息の明細を記した計算書	318
監査契約書	146
元利金弁済金の受取書	317
元利金領収書	317

【き】

キャッシュカード利用申込書	228
吸収分割契約書	301
牛乳・乳製品等取引契約書	51
給与台帳	348
給与明細書	350
業務委託契約書	169

金（ゴールド）預り証	278
金預り証	278
銀行間の約束手形	262
金銭消費貸借契約証書	180
金銭信託以外の金銭の信託	287
金銭信託証書	283
金銭の受取書	225, 313
金銭の信託契約書	287
金銭又は有価証券の受取書	314

【く】

倉荷証券	279
クリーニング承り票	156
クレジット販売の場合の領収書	332

【け】

計算書	318
元金と利息の明細を記した――	318
警備保障に関する覚書	364
化粧品コーナー設置契約書	358
建築申込書	141

【こ】

鉱業権譲渡契約書	116
広告請負契約書	151
工事請負基本契約書	351
工事の注文書および請書	144
構築物売買契約書	65
購入品品質保証契約書	55
国内海外旅行・航空損害保険契約証	253
戸建住宅・賃借権	84
顧問契約書	177
コンサルタント業務契約書	178

【さ】

債権譲渡承諾書	203
債権譲渡証書	200
財産形成信託取引証	284
財産形成積立定期預金契約の証	222
債務承認書	184
債務引受けに関する同意書	209
債務保証についての念書	210
債務履行引受契約証書	207
再売買予約契約書	72
再発行した領収書	334
作業請負契約書	154
産業廃棄物処理委託契約書	171

【し】

CER売買契約書	133
事業譲渡契約書	297
実施許諾契約書	121
実用新案権の譲渡契約書	123
指定金銭信託証書	283
自動車借上げについての請書	357
自動車損害賠償責任保険のインターネット通信販売の取扱いに関する覚書	248
自動車損害賠償責任保険代理店委託契約	248
借用金変更約定書	187
借用証書	190
社債券	309
社債登録請求承諾書	310
社内売店委託契約書	173
砂利採取契約書	114
車両賃貸借契約書	105
集金契約書	174
住宅ローン完済通知書	333
住宅資金借用証	189
住宅信託契約書	280
出願権の譲渡契約書	118
商号譲渡契約書	130
承諾書	199
債権譲渡——	203
社債登録請求——	310
地線埋設——	95
抵当権譲渡——	199
土地の使用——	94
連帯保証——	215
譲渡性預金証書	234
譲渡担保権設定契約書	191
商取引基本契約書	353
商標使用契約書	124
商品拡売についてのお約束書	59
商品寄託契約書	272
商品売買基本契約書	45
商品販売リベートの収受についての覚書	367
商品輸送についての契約書	362
商品輸送契約書	362
食肉加工請負契約書	137
白地手形	265
新設分割計画書	301
信託契約書	
金銭信託以外の金銭の——	287
住宅——	280
生命保険——	282
信託行為に関する通帳	286
信託財産領収書	291
信用状	372

【せ】

精算票	320
清掃業務請負基本契約書	368
清掃契約書	152
生命保険証券	240
生命保険信託契約書	282

生命保険の代理店契約書	238	調査委託契約書	175
誓約書	218, 219	著作物利用許諾契約書	131
入社——	218	賃貸借料変更の覚書	88
税理士委嘱契約書	176		
専用実施権設定契約書	120	**【つ】**	
		通貨および金利交換取引契約証書	205
【そ】		通常実施権許諾契約書	121
		通知書	
送金取組依頼書	226	住宅ローン完済——	333
倉庫証券	370	単価決定——	365
相殺したことを証明する領収書	323	配当金振込——	307
相済の請求書	326	振替済——	337
租鉱権設定契約書	112	保険契約更新——	258
損失補償契約書	78	通帳	341
		積金通帳	230
【た】			
		【て】	
代金取立手形通帳	270		
代金取立手形預り証	269	定款	292
代物弁済契約証書	69	一般社団法人・一般財団法人が	
代理店契約書	238	作成する——	294
たけのこ缶詰売買契約書	49	定期借地権設定契約書	84
建物賃貸借契約書	97	定期建物賃貸借契約書	99
単価決定通知書	365	定期積金の受取書	330
団体信用生命保険に関する覚書	243	定期用船契約書	166
団体取扱契約証書	245	定期預金証書	232
暖房設備保守契約書	149	抵当権譲渡承諾書	199
担保品預り証	195	抵当権設定金銭消費貸借契約証書	182
		抵当権設定契約書	197
【ち】		手形支払依頼書	267
		手付金の領収書	328
地位承継覚書	204	電子計算機を賃借することの約定	
地役権設定契約書	110	書	106
チェーン・ストア契約書	355		
地線埋設承諾書	95	**【と】**	
駐車場用地賃貸借契約書	92		
注文書	143	同意書	
工事の——および請書	144	債務引受けに関する——	209
見積書に基づく——	143		

事項索引

動産総合保険証券	254
動産総合保険商品付帯契約特約書	256
土地の使用承諾書	94
土地の賃貸借契約書	82
土地賃貸借契約の更新契約書	86
土地賃貸借契約書	86
土地売買に関する契約書	67
土地付建物売買契約書	64
特許権	
──の専用実施権設定契約書	120
──の通常実施権許諾契約書	121

【に】

入金記録控	237
入金証明書	329
入社誓約書	218

【ね】

念書	
債務保証についての──	210

【の】

農地停止条件付売買契約書	74
納品代行業務請負契約書	164

【は】

排出量取引に関する売買契約書	133
配当金支払帳	305
配当金振込通知書	307, 308
配当金領収証	306
売買契約書	
大型機械の──	320
解体（建物）した部材の──	71
構築物──	65

CER──	133
たけのこ缶詰──	49
土地付建物──	64
農地停止条件付──	74
排出量取引に関する──	133
ビール大麦──	354
物件移転を伴う土地──	67
不動産の──	61
分譲住宅地──	62
裸用船契約書	103
判取帳	347, 349
販売代理店契約書	356
販売用・陸送自動車等包括保険特約書	251

【ひ】

ビール大麦売買契約書	354
品質保証協定書	57

【ふ】

普通預金通帳	237
物件移転を伴う土地売買契約書	67
物件移転契約書	79
不動産の売渡証書	61
不動産の売買契約書	61
不動産売買契約変更契約書	76
船荷証券	370
振替済通知書	337
振込入金のお礼	339
プリペイドカード	321
分譲住宅地売買契約書	62

【へ】

ヘリコプター賃貸借契約書	168

【ほ】

訪問販売の領収書	324
保険契約更新通知書	258
保険証券	242
保守契約書	148
エレベーター――	147
暖房設備――	149
補償契約書	78
損失――	78
保証差入書	211
保証書	213
墓地永代賃貸借契約書	90

【ま】

マンション購入申込書	81

【み】

見積書に基づく注文書	143
身元保証書	217

【も】

申込書	
カードローン――	188
借入――	185
キャッシュカード利用――	228
建築――	141
マンション購入――	81

【や】

夜間預金金庫使用証	236
約束書き	59
約束手形	260
銀行間の――	262
家賃の領収通帳	346

【ゆ】

有価証券の寄託に関する預り証	277
有料老人ホーム入居契約書	159

【よ】

預金契約書	220
預金残高証明書	229
預金担保差入証	193
預金の預り証	223

【り】

リース契約に関する業務協定書	53
領収書	
売上代金と売上代金以外の金額を併記した――	316
お買上明細および――	345
仮――	325
元利金――	317
クレジット販売の場合の――	332
再発行した――	334
信託財産――	291
相殺したことを証明する――	323
手付金の――	328
訪問販売の――	324
領収証明書	335
旅館等が作成するタクシー代等の受取書	336
利率変更についての覚書	186

【れ】

レシート	320, 321
連帯保証承諾書	215

印紙税　課否判定の手引

不許複製	平成25年10月2日　初版発行
	共著　原　　　　幸
	恒　吉　良　典
	鈴　木　澄　子
	発行者　新日本法規出版株式会社
	代表者　服　部　昭　三

発行所	新日本法規出版株式会社	
本社 総轄本部	(460-8455)	名古屋市中区栄1－23－20 電話　代表　052(211)1525
東京本社	(162-8407)	東京都新宿区市谷砂土原町2－6 電話　代表　03(3269)2220
支　社		札幌・仙台・東京・関東・名古屋・大阪・広島 高松・福岡
ホームページ		http://www.sn-hoki.co.jp/

50837　印紙税課否判定　　　　　※落丁・乱丁本はお取替えします。

　　　　　　　　　　　　　　　　　ⓒ原幸 他 2013 Printed in Japan
　　　　　　　　　　　　　　　　　ISBN978-4-7882-7790-8